世界遺産シリーズ

世界遺産マップス

―地図で見るユネスコの世界遺産―

2023改訂版

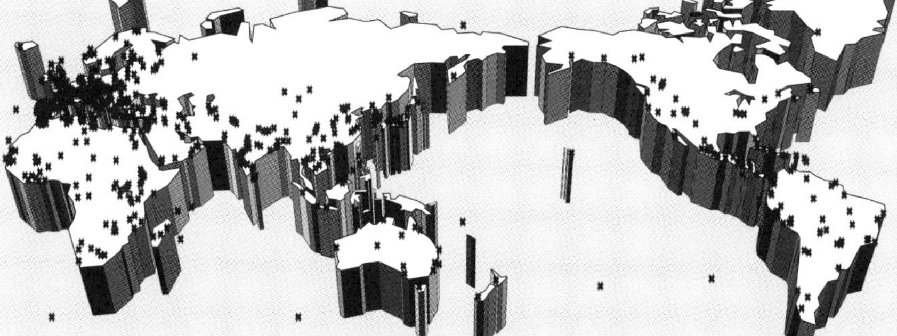

《目　次》

■世界遺産分布図等

■世界遺産地域別・国別データ

目次

■索　引

（裏表紙写真）奄美大島、徳之島、沖縄島北部及び西表島
（Amami-Oshima Island, Tokunoshima Island, Northern part of Okinawa Island, and Iriomote Island）
自然遺産（登録基準(x)）　2021年　鹿児島県、沖縄県
写真は、西表島の仲間川のマングローブ林

グラフで見るユネスコの世界遺産

遺産種別

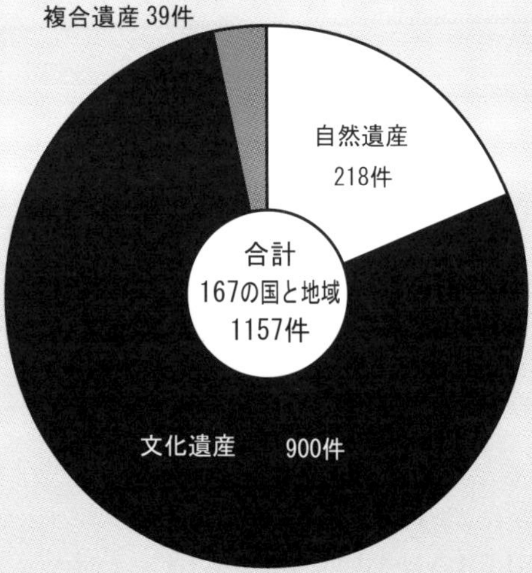
複合遺産 39件
自然遺産
218件
合計
167の国と地域
1157件
文化遺産　900件

地域別

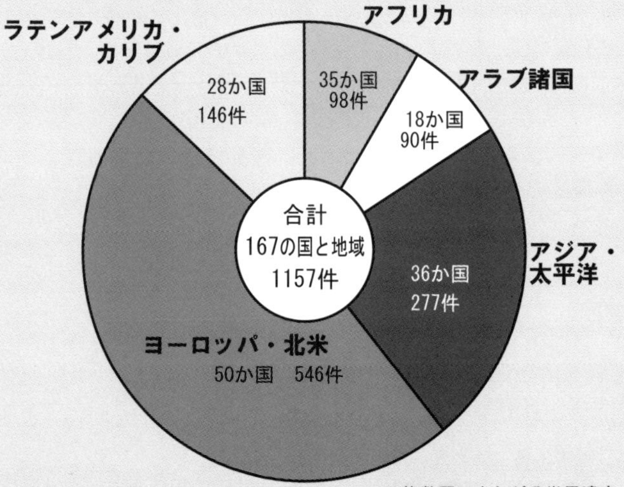
ラテンアメリカ・
カリブ
28か国
146件
アフリカ
35か国
98件
アラブ諸国
18か国
90件
アジア・
太平洋
36か国
277件
ヨーロッパ・北米
50か国　546件
合計
167の国と地域
1157件

※複数国にまたがる世界遺産　43

2023年2月現在

世界遺産分布図等

ボローニャの柱廊群
（The Porticoes of Bologna）
第44回世界遺産委員会福州（中国）会議　2021年7月登録
文化遺産　登録基準（iv）
イタリア　エミリア・ロマーニャ州ボローニャ

世界遺産分布図

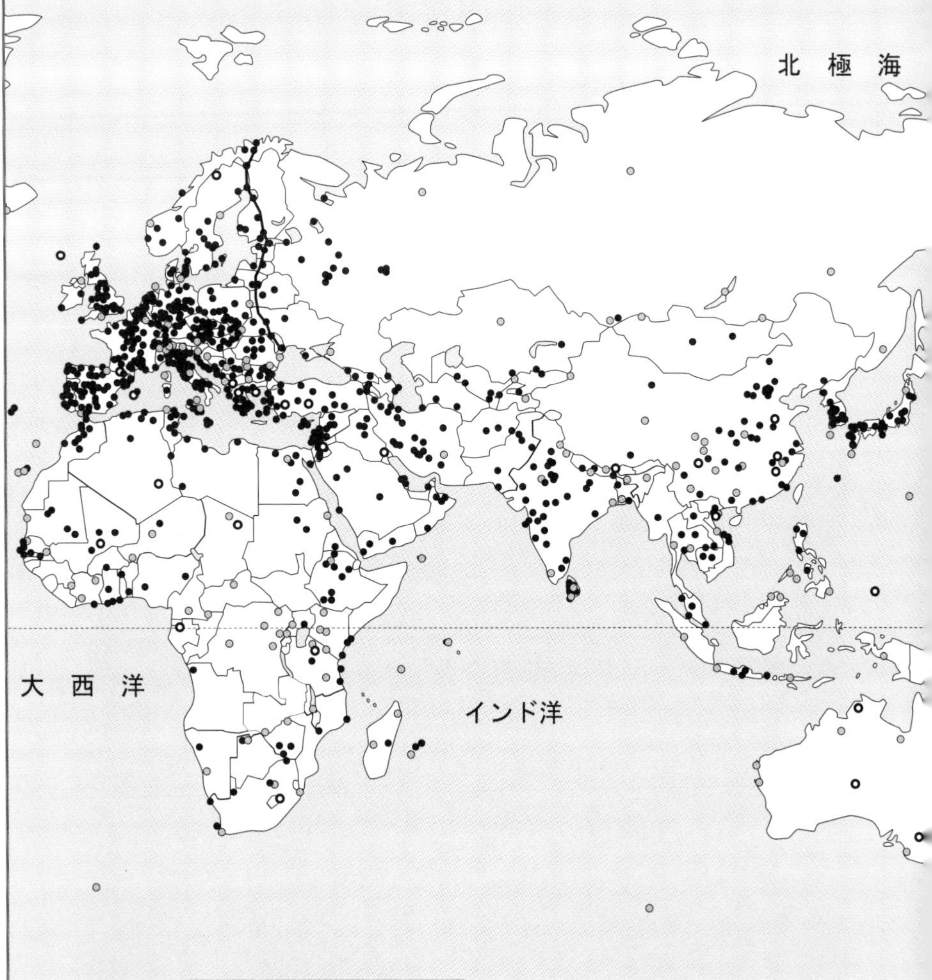
北極海
大西洋
インド洋

世界遺産の数

● 自然遺産	218物件
● 文化遺産	900物件
○ 複合遺産	39物件
合計	1157物件

(2023年2月現在)

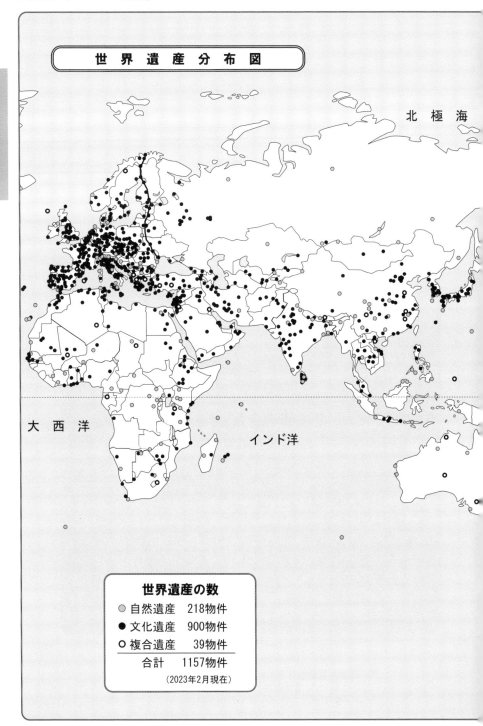

大 西 洋
太 平 洋
赤 道

自 然 遺 産 分 布 図

北 極 海
大 西 洋
インド洋

世界遺産の数

● 自然遺産	218物件
○ 複合遺産	39物件
合計	257物件

（2023年2月現在）

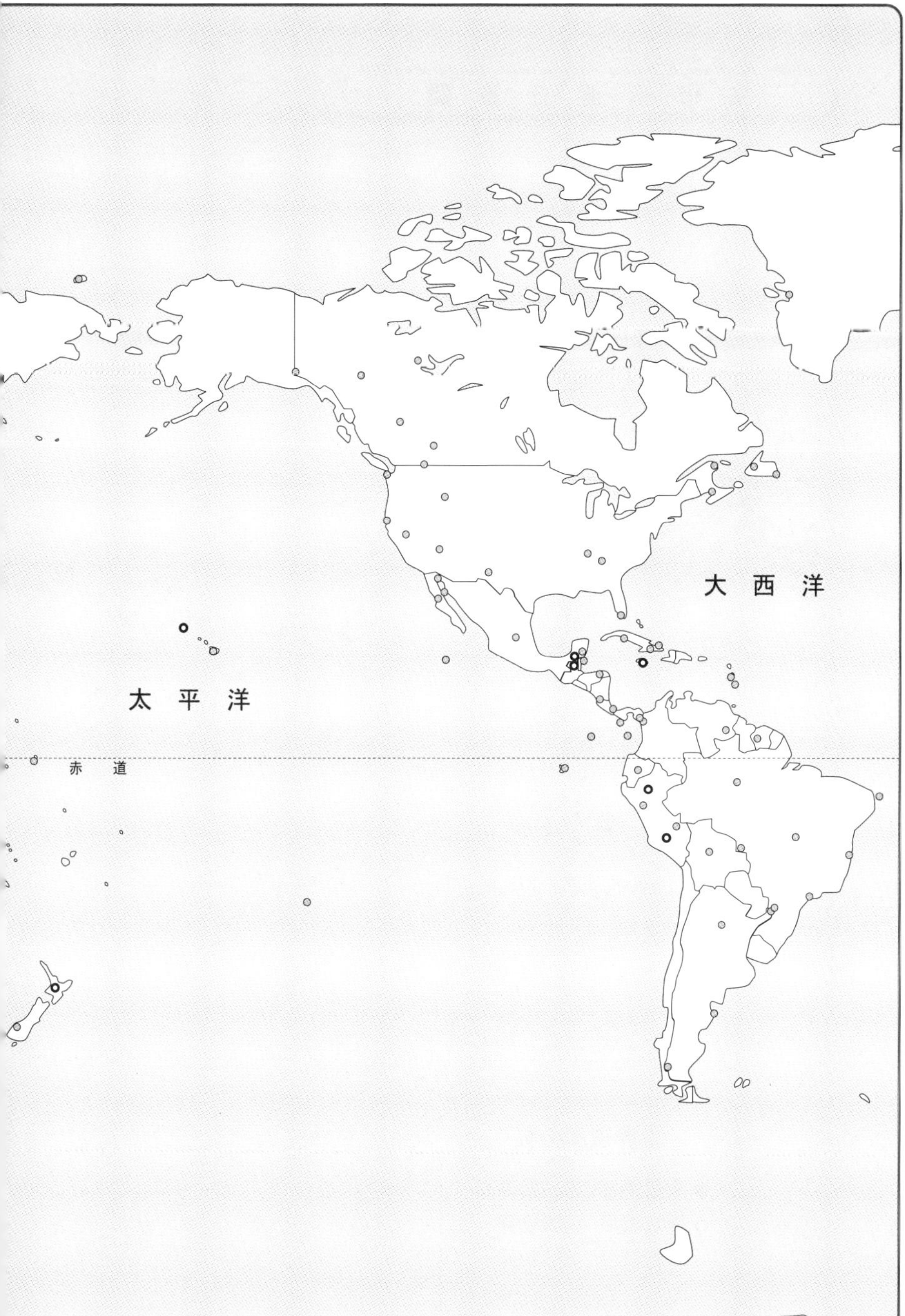
大　西　洋
太　平　洋
赤　道

世界遺産分布図等

文化遺産分布図

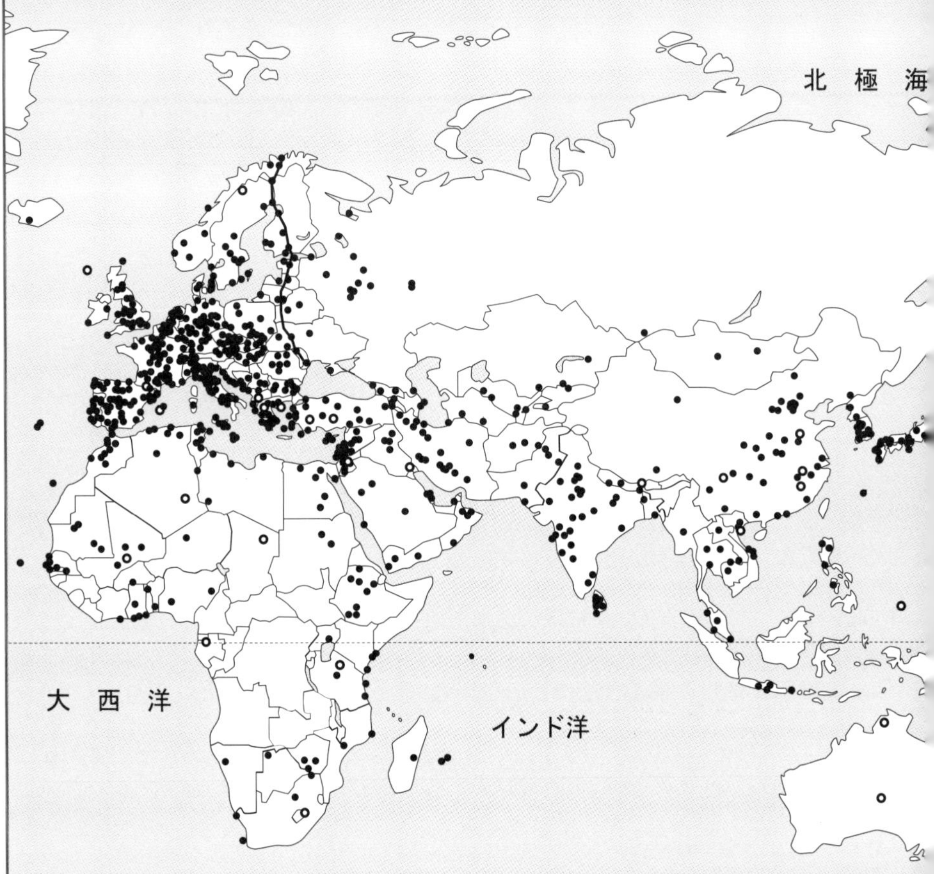
北極海
大西洋
インド洋

世界遺産の数

● 文化遺産	900物件
○ 複合遺産	39物件
合計	939物件

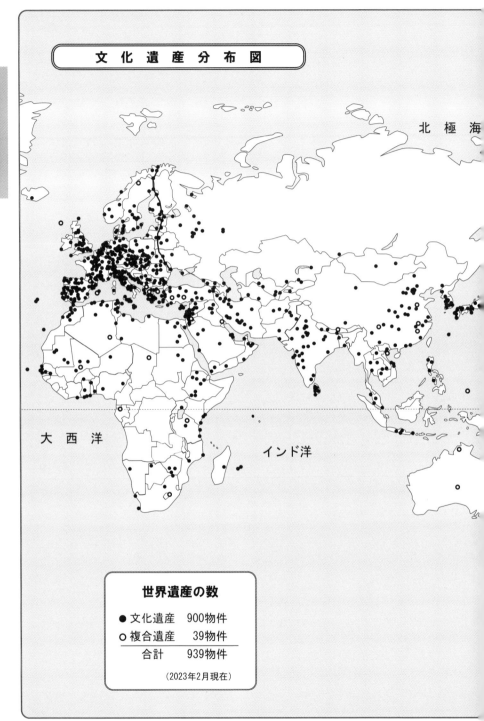

（2023年2月現在）

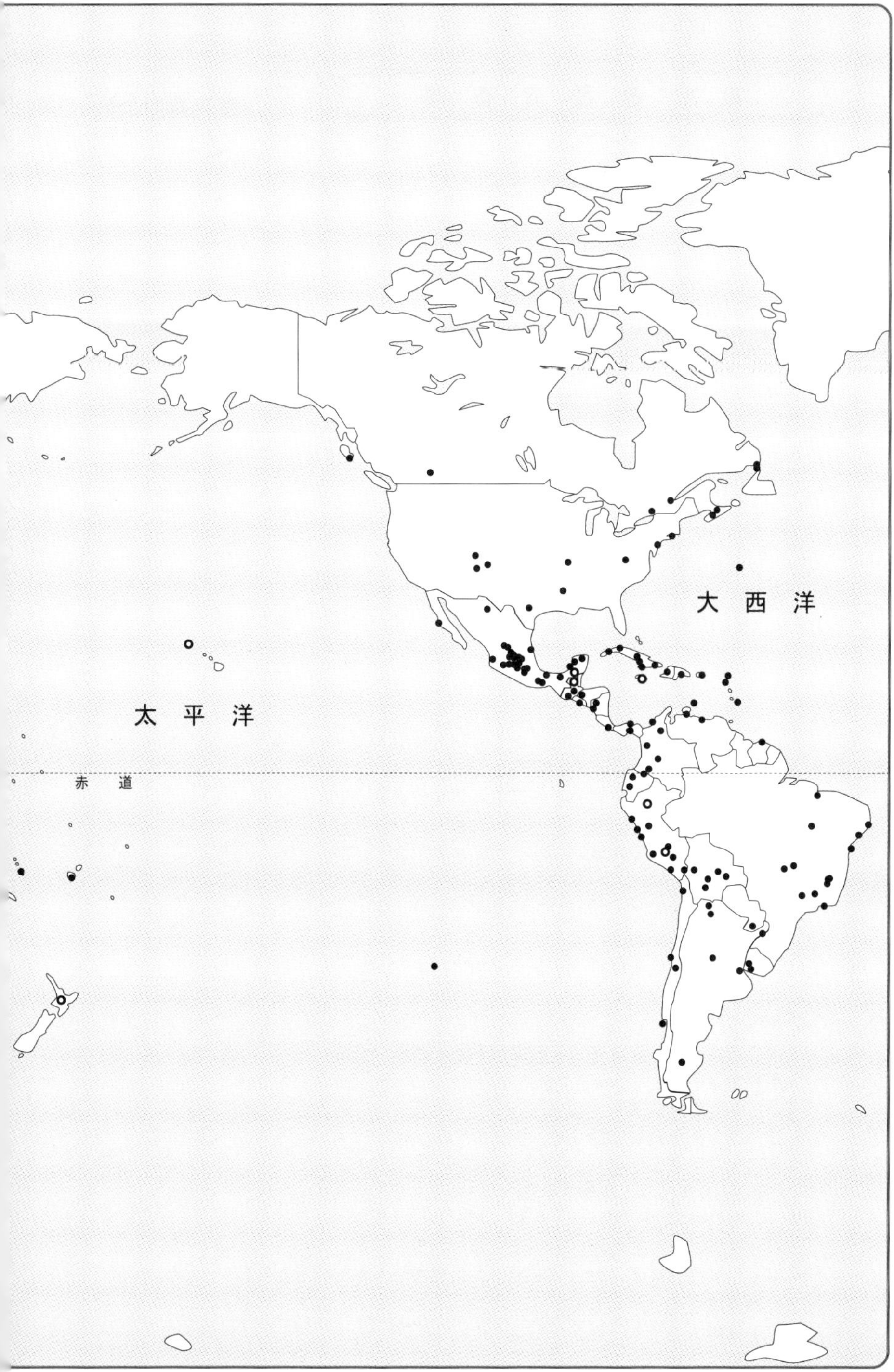
大　西　洋
太　平　洋
赤　道

複　合　遺　産　分　布　図

世界遺産の数

複合遺産　　39物件

（2023年2月現在）

26
スウェーデン
22
英国
フランス
23
スペイン
24
マケドニア
25
20
19
18
トルコ
21
ギリシャ
イラク
6
ヨルダン
34
アルジェリア
5
マリ
2
33
チャド
1
ガボン
3
タンザニア
4
南アフリカ
レソト
中国
8
9
11
10
35
インド
7
ヴェトナム
パラオ
17
12
オーストラリ
15

1 ロペ・オカンダの生態系と残存する文化的景観（ガボン）
2 バンディアガラの絶壁（ドゴン族の集落）（マリ）
3 ンゴロンゴロ保全地域（タンザニア）
4 マロティ-ドラケンスバーグ公園（南アフリカ／レソト）
5 タッシリ・ナジェール（アルジェリア）
6 ワディ・ラム保護区（ヨルダン）
7 チャンアン景観遺産群（ヴェトナム）
8 泰山（中国）
9 黄山（中国）
10 楽山大仏風景名勝区を含む峨眉山風景名勝区（中国）
11 武夷山（中国）
12 カカドゥ国立公園（オーストラリア）
13 ウィランドラ湖群地域（オーストラリア）
14 タスマニア原生地域（オーストラリア）
15 ウルル-カタ・ジュタ国立公園（オーストラリア）
16 トンガリロ国立公園（ニュージーランド）
17 ロックアイランドの南部の干潟（パラオ）
18 ギョレメ国立公園とカッパドキアの岩窟群（トルコ）
19 ヒエラポリス・パムッカレ（トルコ）
20 アトス山（ギリシャ）

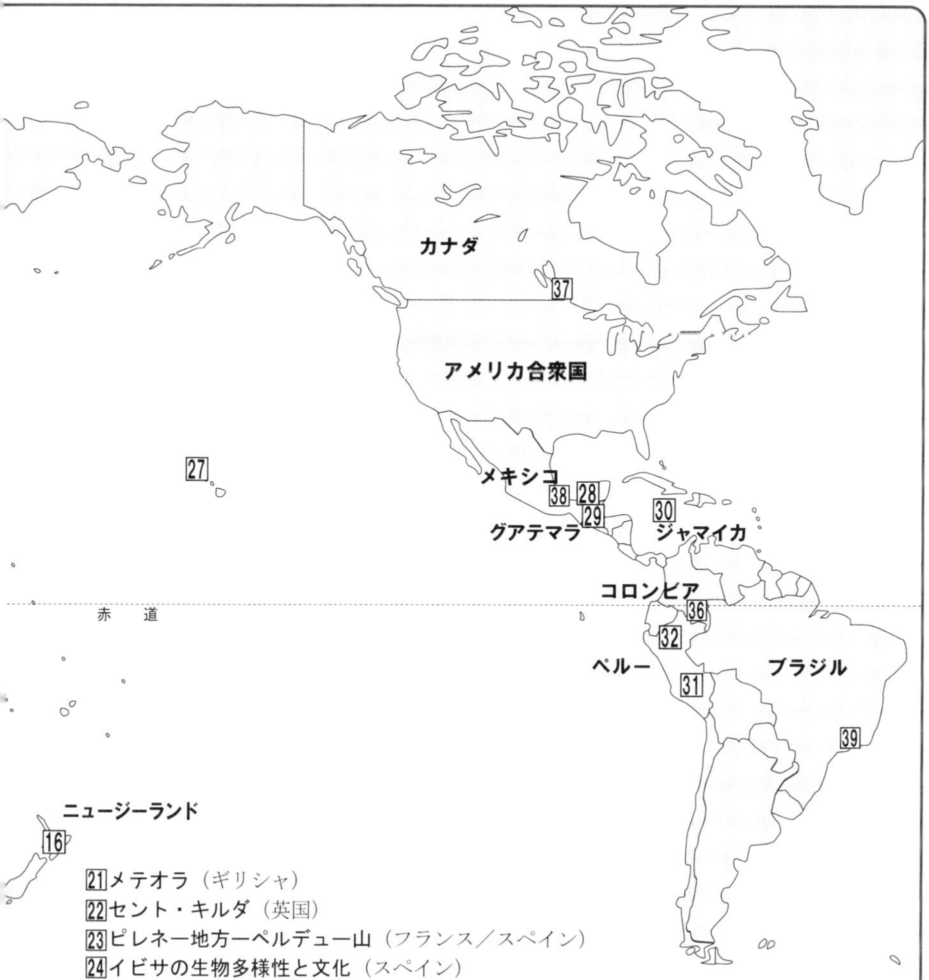
カナダ
37
アメリカ合衆国
27
メキシコ
38
28
29
グアテマラ
30
ジャマイカ
コロンビア
赤　道
36
32
ペルー
31
ブラジル
39
ニュージーランド
16

21メテオラ（ギリシャ）
22セント・キルダ（英国）
23ピレネー地方－ペルデュー山（フランス／スペイン）
24イビサの生物多様性と文化（スペイン）
25オフリッド地域の自然・文化遺産（マケドニア）
26ラップ人地域（スウェーデン）
27パパハナウモクアケア（アメリカ合衆国）
28カンペチェ州、カラクムルの古代マヤ都市と熱帯林保護区（メキシコ）
29ティカル国立公園（グアテマラ）
30ブルー・ジョン・クロウ山脈（ジャマイカ）
31マチュ・ピチュの歴史保護区（ペルー）
32リオ・アビセオ国立公園（ペルー）
33エネディ山地の自然と文化的景観（チャド）
34イラク南部の湿原：生物多様性の安全地帯とメソポタミア都市群の残存景観（イラク）
35カンチェンジュンガ国立公園（インド）
36チリビケテ国立公園－ジャガーの生息地（コロンビア）
37ピマチオウィン・アキ（カナダ）
38テワカン・クイカトラン渓谷：メソアメリカの起源となる環境（メキシコ）
39パラチとイーリャ・グランデ－文化と生物多様性（ブラジル）

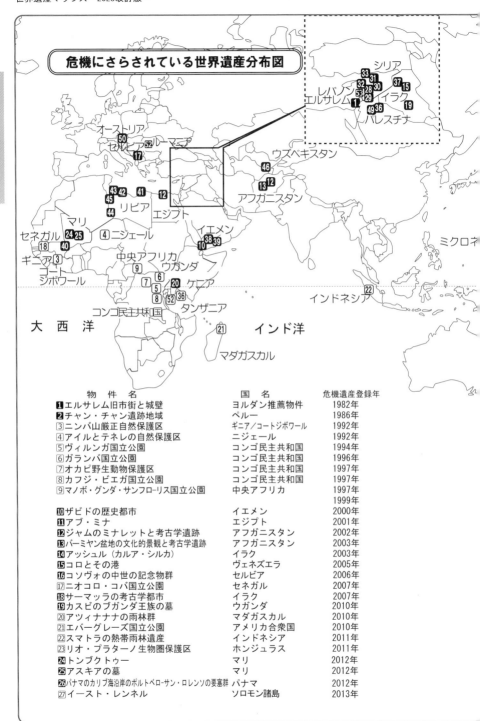

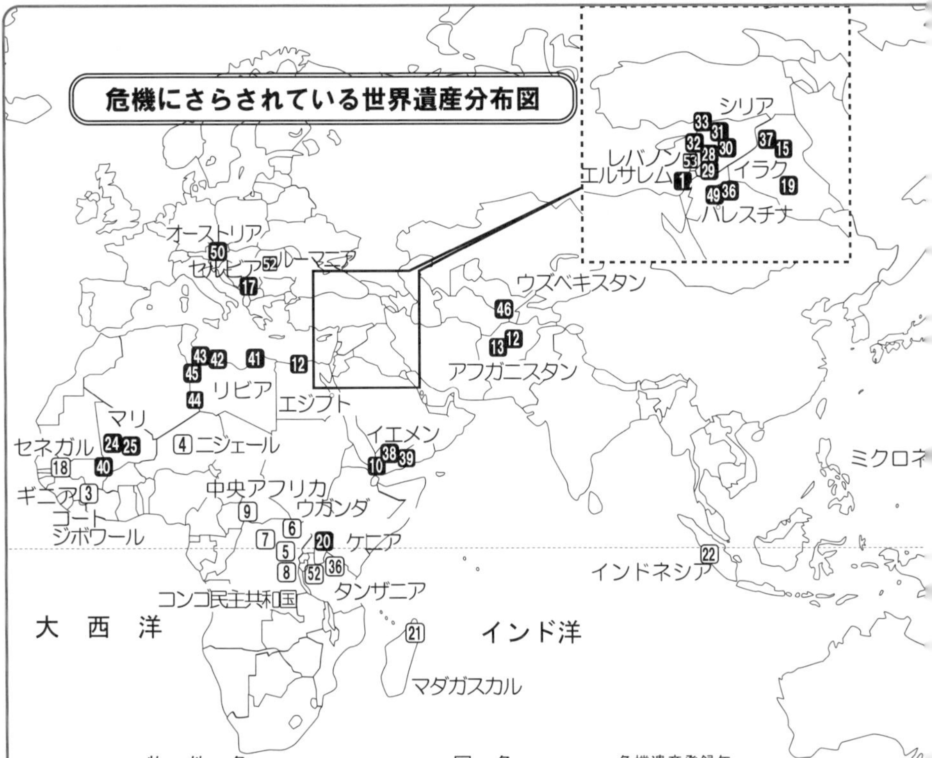
危機にさらされている世界遺産分布図
シリア
33
31
32
28
30
37
15
レバノン
53
29
イラク
エルサレム
1
19
49
36
パレスチナ
オーストリア
50
セルビア
52
ルーマニア
17
ウズベキスタン
46
13
12
アフガニスタン
43
42
41
12
45
リビア
44
エジプト
マリ
イエメン
24
25
4
ニジェール
セネガル
38
39
10
18
40
ミクロネシア
ギニア
3
中央アフリカ
ウガンダ
9
コート
ジボワール
6
7
20
ケニア
5
22
インドネシア
8
52
36
タンザニア
コンゴ民主共和国
大西洋
21
インド洋
マダガスカル

物件名	国名	危機遺産登録年
1エルサレム旧市街と城壁	ヨルダン推薦物件	1982年
2チャン・チャン遺跡地域	ペルー	1986年
3ニンバ山厳正自然保護区	ギニア/コートジボワール	1992年
4アイルとテネレの自然保護区	ニジェール	1992年
5ヴィルンガ国立公園	コンゴ民主共和国	1994年
6ガランバ国立公園	コンゴ民主共和国	1996年
7オカピ野生動物保護区	コンゴ民主共和国	1997年
8カフジ・ビエガ国立公園	コンゴ民主共和国	1997年
9マノボ・グンダ・サンフローリス国立公園	中央アフリカ	1997年
		1999年
10ザビドの歴史都市	イエメン	2000年
11アブ・ミナ	エジプト	2001年
12ジャムのミナレットと考古学遺跡	アフガニスタン	2002年
13バーミヤン盆地の文化的景観と考古学遺跡	アフガニスタン	2003年
14アッシュル（カルア・シルカ）	イラク	2003年
15コロとその港	ヴェネズエラ	2005年
16コソヴォの中世の記念物群	セルビア	2006年
17ニオコロ・コバ国立公園	セネガル	2007年
18サーマッラの考古学都市	イラク	2007年
19カスビのブガンダ王族の墓	ウガンダ	2010年
20アツィナナナの雨林群	マダガスカル	2010年
21エバーグレーズ国立公園	アメリカ合衆国	2010年
22スマトラの熱帯雨林遺産	インドネシア	2011年
23リオ・プラターノ生物圏保護区	ホンジュラス	2011年
24トンブクトゥー	マリ	2012年
25アスキアの墓	マリ	2012年
26パナマのカリブ海沿岸のポルトベロ-サン・ロレンツの要塞群	パナマ	2012年
27イースト・レンネル	ソロモン諸島	2013年

アメリカ合衆国
大 西 洋
51
21
太 平 洋
ホンジュラス
23
15
26
ヴェネズエラ
パナマ
赤 道
ソロモン諸島
2
ペルー
ボリヴィア
35

物 件 名	国 名	危機遺産登録年
28 古代都市ダマスカス	シリア	2013年
29 古代都市ボスラ	シリア	2013年
30 パルミラの遺跡	シリア	2013年
31 古代都市アレッポ	シリア	2013年
32 シュバリエ城とサラ・ディーン城塞	シリア	2013年
33 シリア北部の古村群	シリア	2013年
34 セルース動物保護区	タンザニア	2014年
35 ポトシ市街	ボリヴィア	2014年
36 オリーブとワインの地パレスチナ-エルサレム南部のバティール村の文化的景観	パレスチナ	2014年
37 ハトラ	イラク	2015年
38 サナアの旧市街	イエメン	2015年
39 シバーム城塞都市	イエメン	2015年
40 ジェンネの旧市街	マリ	2016年
41 キレーネの考古学遺跡	リビア	2016年
42 レプティス・マグナの考古学遺跡	リビア	2016年
43 サブラタの考古学遺跡	リビア	2016年
44 タドラート・アカクスの岩絵	リビア	2016年
45 ガダミースの旧市街	リビア	2016年
46 シャフリサーブスの歴史地区	ウズベキスタン	2016年
47 ナン・マドール：東ミクロネシアの祭祀センター	ミクロネシア	2016年
48 ウィーンの歴史地区	オーストリア	2017年
49 ヘブロン/アル・ハリルの旧市街	パレスチナ	2017年
50 ツルカナ湖の国立公園群	ケニア	2018年
51 カリフォルニア湾の諸島と保護地域	メキシコ	2019年
52 ロシア・モンタナの鉱山景観	ルーマニア	2021年
53 トリポリのラシッド・カラミ国際見本市	レバノン	2023年
54 オデーサの歴史地区	ウクライナ	2023年
55 古代サバ王国のランドマーク、マーリブ	イエメン	2023年

□ 自然遺産
■ 文化遺産

2023年2月現在

世界遺産委員会のこれまでの開催国と開催都市

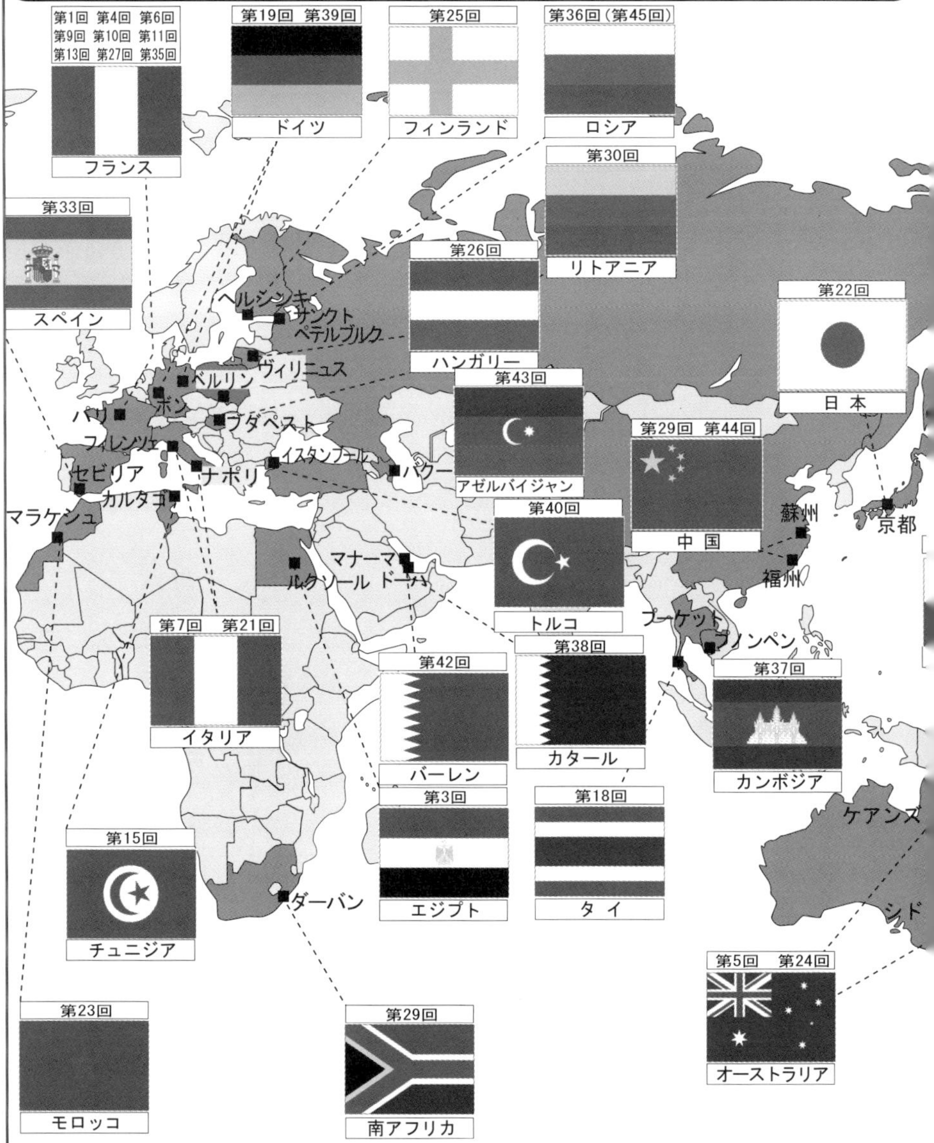

第1回 第4回 第6回 第9回 第10回 第11回 第13回 第27回 第35回
フランス
第19回 第39回
ドイツ
第25回
フィンランド
第36回（第45回）
ロシア
第30回
リトアニア
第33回
スペイン
第26回
ハンガリー
第22回
日 本
第43回
アゼルバイジャン
第29回 第44回
中 国
第40回
トルコ
第7回 第21回
イタリア
第38回
カタール
第42回
バーレン
第37回
カンボジア
第3回
エジプト
第18回
タ イ
第15回
チュニジア
第5回 第24回
オーストラリア
第23回
モロッコ
第29回
南アフリカ
ヘルシンキ
サンクト ペテルブルク
ヴィリニュス
ベルリン
ボン
パリ
ブダペスト
フィレンツェ
イスタンブール
バクー
セビリア
ナポリ
カルタゴ
マラケシュ
蘇州
京都
福州
マナーマ
ドーハ
ルクソール
プーケット
プノンペン
ケアンズ
シドニー
ダーバン

世界遺産条約締約国（193か国）

世界遺産委員会開催国

■ 世界遺産委員会開催都市

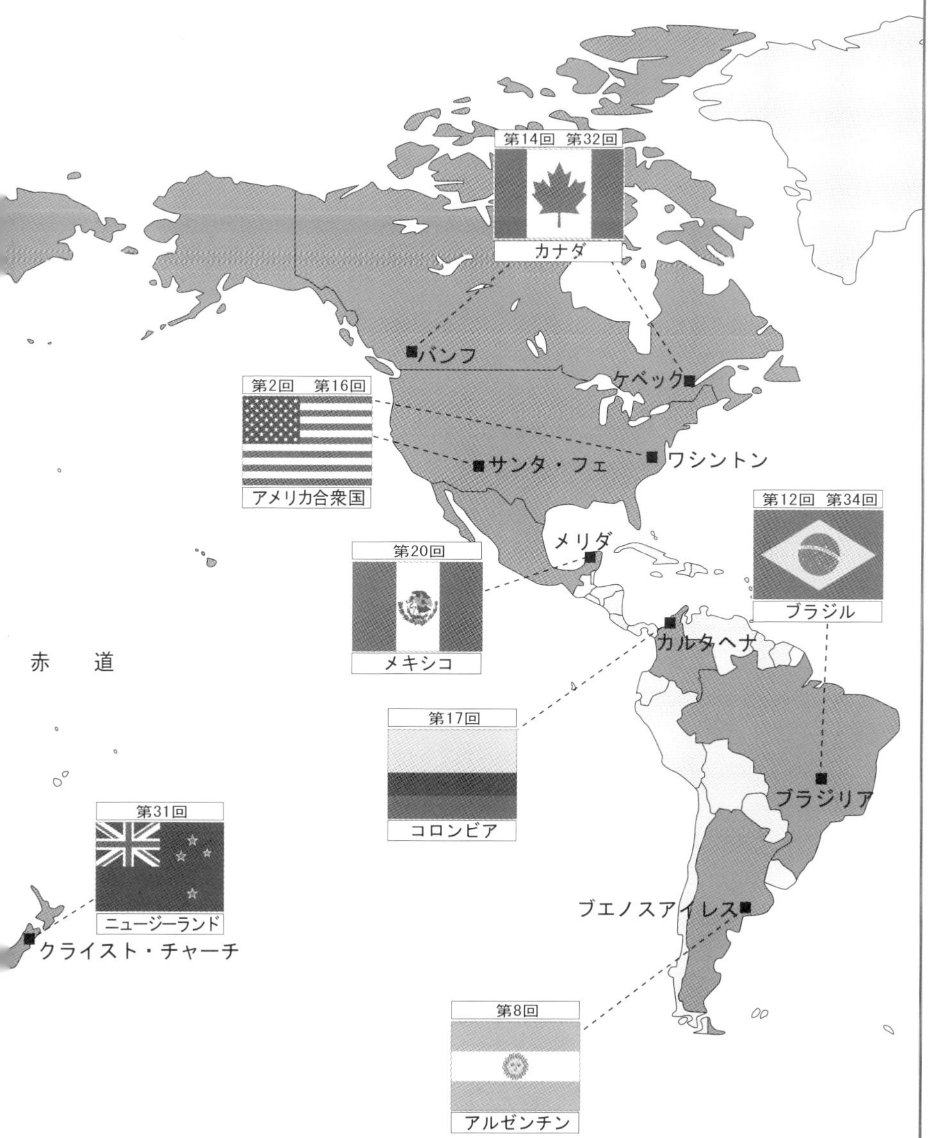
第14回 第32回
カナダ
バンフ
ケベック
第2回 第16回
アメリカ合衆国
サンタ・フェ
ワシントン
第12回 第34回
ブラジル
メリダ
第20回
メキシコ
カルタヘナ
赤 道
第17回
コロンビア
ブラジリア
第31回
ニュージーランド
クライスト・チャーチ
ブエノスアイレス
第8回
アルゼンチン

※ 世界遺産の登録基準

（i）人類の創造的天才の傑作を表現するもの。
→人類の創造的天才の傑作

（ii）ある期間を通じて、または、ある文化圏において、建築、技術、記念碑的芸術、町並み計画、景観デザインの発展に関し、人類の価値の重要な交流を示すもの。
→人類の価値の重要な交流を示すもの

（iii）現存する、または、消滅した文化的伝統、または、文明の、唯一の、または、少なくとも稀な証拠となるもの。
→文化的伝統、文明の稀な証拠

（iv）人類の歴史上重要な時代を例証する、ある形式の建造物、建築物群、技術の集積、または、景観の顕著な例。
→歴史上、重要な時代を例証する優れた例

（v）特に、回復困難な変化の影響下で損傷されやすい状態にある場合における、ある文化（または、複数の文化）或は、環境と人間との相互作用を代表する伝統的集落、または、土地利用の顕著な例。
→存続が危ぶまれている伝統的集落、土地利用の際立つ例

（vi）顕著な普遍的な意義を有する出来事、現存する伝統、思想、信仰、または、芸術的、文学的作品と、直接に、または、明白に関連するもの。
→普遍的出来事、伝統、思想、信仰、芸術、文学的作品と関連するもの

（vii）もっともすばらしい自然的現象、または、ひときわすぐれた自然美をもつ地域、及び、美的な重要性を含むもの。
→自然景観

（viii）地球の歴史上の主要な段階を示す顕著な見本であるもの。これには、生物の記録、地形の発達における重要な地学的進行過程、或は、重要な地形的、または、自然地理的特性などが含まれる。
→地形・地質

（ix）陸上、淡水、沿岸、及び、海洋生態系と動植物群集の進化と発達において、進行しつつある重要な生態学的、生物学的プロセスを示す顕著な見本であるもの。
→生態系

（x）生物多様性の本来的保全にとって、もっとも重要かつ意義深い自然生息地を含んでいるもの。これには、科学上、または、保全上の観点から、すぐれて普遍的価値をもつ絶滅の恐れのある種が存在するものを含む。
→生物多様性

世界遺産地域別・国別データ

ニース、冬のリゾート地リヴィエラ
(Nice, Winter Resort Town of the Riviera)
第44回世界遺産委員会福州（中国）会議　2021年7月登録
文化遺産　登録基準(ii)
フランス　アルプ・マリティーム県ニース市

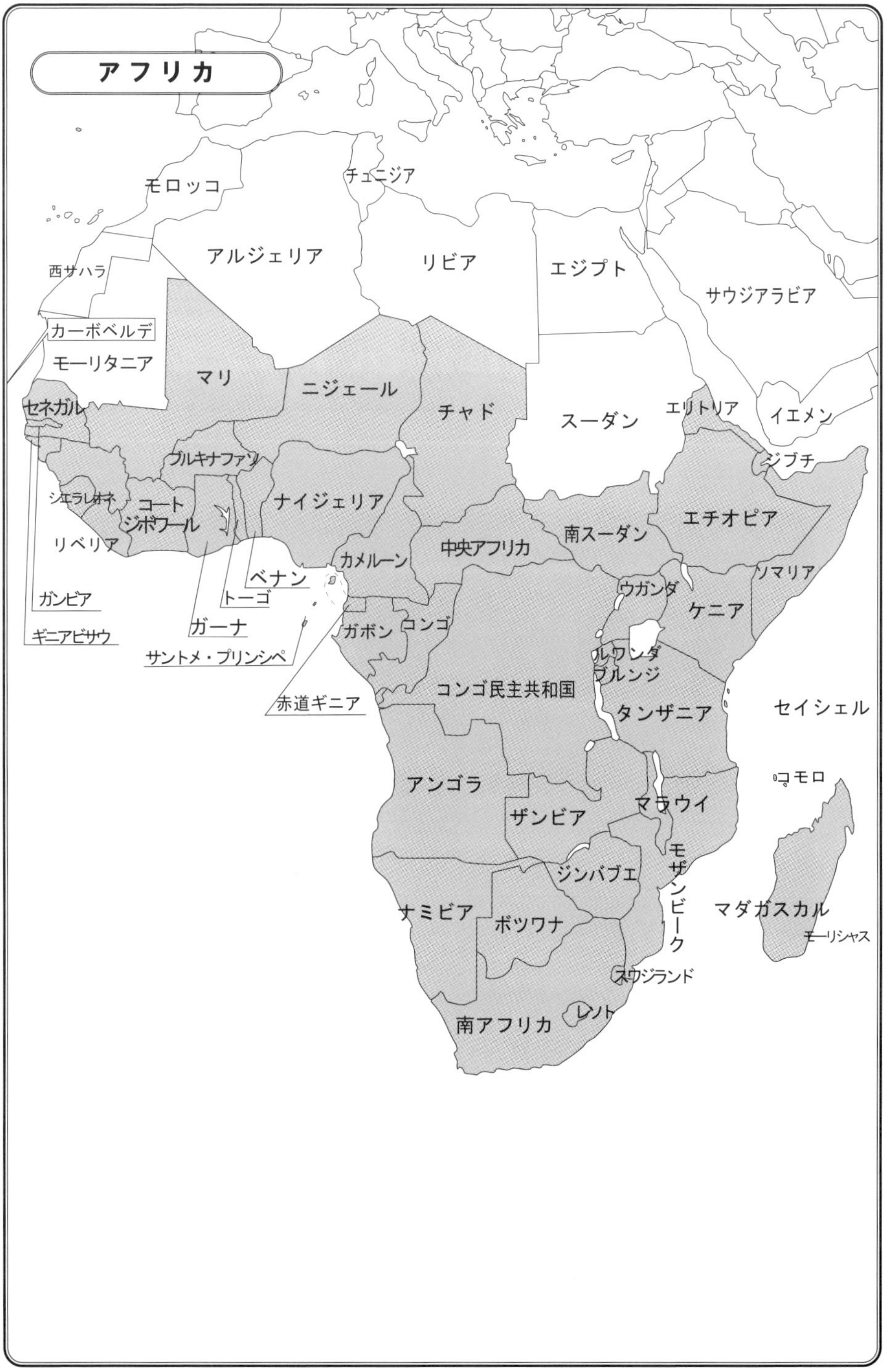
アフリカ
モロッコ
チュニジア
アルジェリア
リビア
エジプト
西サハラ
サウジアラビア
カーボベルデ
モーリタニア
マリ
ニジェール
チャド
スーダン
エリトリア
イエメン
セネガル
ブルキナファソ
ジブチ
シエラレオネ
コート
ジボワール
ナイジェリア
エチオピア
リベリア
中央アフリカ
南スーダン
カメルーン
ベナン
ソマリア
ウガンダ
ガンビア
トーゴ
ケニア
ガーナ
ガボン
コンゴ
ギニアビサウ
ルワンダ
ブルンジ
サントメ・プリンシペ
コンゴ民主共和国
赤道ギニア
タンザニア
セイシェル
コモロ
アンゴラ
マラウイ
ザンビア
モザンビーク
ジンバブエ
マダガスカル
ナミビア
ボツワナ
モーリシャス
スワジランド
レソト
南アフリカ

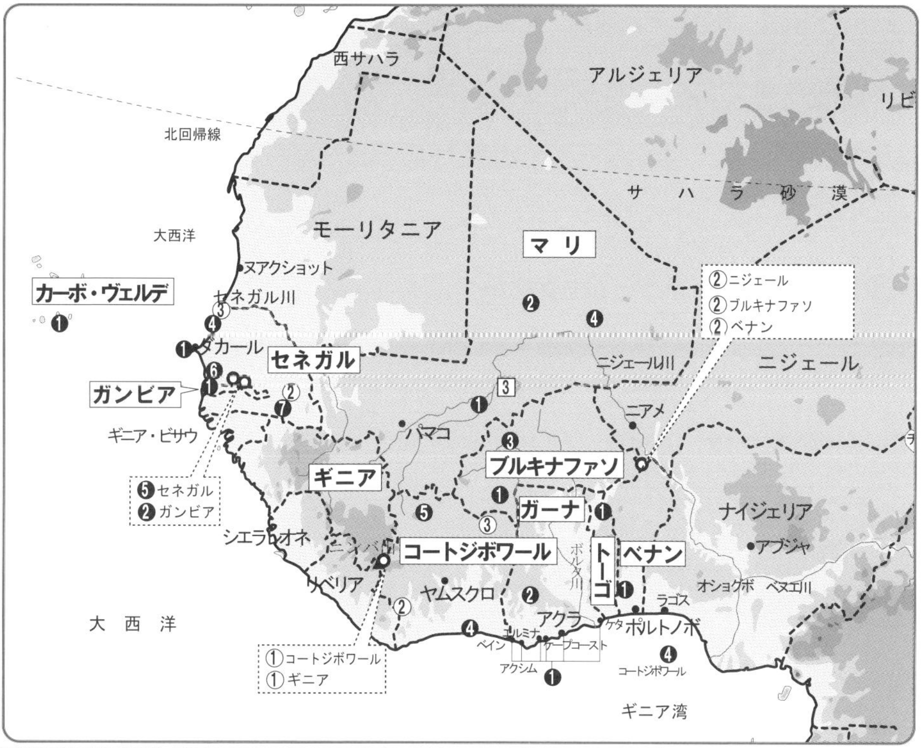
西サハラ
アルジェリア
リビ
北回帰線
サ　ハ　ラ　砂　漠
大西洋
モーリタニア
マ　リ
ヌアクショット
カーボ・ヴェルデ
❶
セネガル川
③
❹
❶
ダカール
❻
セネガル
ガンビア
❶
②
❼
ギニア・ビサウ
⑤セネガル
❷ガンビア
②
❹
②ニジェール
②ブルキナファソ
②ベナン
ニジェール川
ニジェール
3
❶
ニアメ
バマコ
❸
ブルキナファソ
ギニア
❶
❺
③
ガーナ
❶
ナイジェリア
シエラレオネ
ニンバ山
コートジボワール
ボルタ川
トーゴ
ベナン
アブジャ
リベリア
ヤムスクロ
❷
❶
オショグボ
ベヌエ川
ラゴス
大　西　洋
②
アクラ
ケタ
ポルトノボ
❹
エルミナ
ベイン
ケープコースト
❹
コートジボワール
①コートジボワール
①ギニア
アクシム
❶
ギニア湾

アフリカ

セネガル共和国　Republic of Senegal

地方行政管理区分　14州（regions）
面積　19.6万km²　人口　1,432万人　首都　ダカール（245.3万人）　日本との時差-9時間
主要言語　フランス語　宗教　イスラム教、伝統的宗教　通貨　CFAフラン
世界遺産の数　7（自然遺産　2　文化遺産　5　複合遺産　0）　世界遺産条約締約年　1976年

❶ゴレ島（Island of Goree）
文化遺産（登録基準(vi)）　1978年　カーボ・ヴェルデ地方

②ニオコロ・コバ国立公園（Niokolo-Koba National Park）
自然遺産（登録基準(x)）　1981年　★【危機遺産】2007年
ケドゥグ州

③ジュジ国立鳥類保護区（Djoudj National Bird Sanctuary）
自然遺産（登録基準(vii)(x)）　1981年　サン・ルイ州

❹サン・ルイ島（Island of Saint-Louis）
文化遺産（登録基準(ii)(iv)）　2000年／2007年
サン・ルイ州

❺セネガンビアの環状列石群（Stone Circles of Senegambia）
文化遺産（登録基準(i)(iii)）　2006年　カオラック州　セネガル／ガンビア

❻サルーム・デルタ（Saloum Delta）
文化遺産（登録基準(iii)(iv)(v)）　2011年
ティエス州、ファティック州

❼バサリ地方：バサリ族、フラ族、それにベディク族の文化的景観群
（Bassari Country : Bassari, Fula and Bedik Cultural Landscapes）
文化遺産（登録基準(iii)(v)(vi)）　2012年
ケドゥグ州サレマタ県・ケドゥグ県

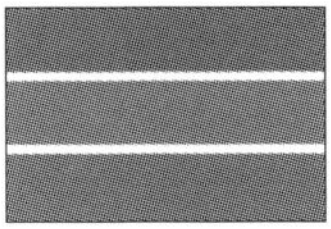

ガンビア共和国　Republic of The Gambia

地方行政管理区分　5地区（divisions）　1市（city）
面積　1.1万km²　**人口**　201万人　**首都**　バンジュール（36万人）　**日本との時差**　-9時間
主要言語　英語、マンディンカ語、ウォロフ語　**宗教**　イスラム教　**通貨**　ダラシ
世界遺産の数　2（自然遺産　0　文化遺産　2　複合遺産　0）　**世界遺産条約締約年**　1987年

❶クンタ・キンテ島と関連遺跡群（Kunta Kinteh Island and Related Sites）
文化遺産（登録基準（iii）（vi））　2003年　ロワアー・ニウミ地区、アッパー・ニウミ地区
❷セネガンビアの環状列石群（Stone Circles of Senegambia）
文化遺産（登録基準（i）（iii））　2006年　セントラル・リバー地区　セネガル／ガンビア

カーボヴェルデ共和国　Republic of Cape Verde

地方行政管理区分　22自治体（municipalities）
面積　4,033km²　**人口**　53.1万人　**首都**　プライア（12.8万人）　**日本との時差**　-10時間
主要言語　ポルトガル語　**宗教**　キリスト教　**通貨**　カーボヴェルデ・エスクード
世界遺産の数　1（自然遺産　0　文化遺産　1　複合遺産　0）　**世界遺産条約締約年**　1988年

❶シダーデ・ヴェリャ、リベイラ・グランデの歴史地区
（Cidade Velha, Historic Centre of Ribeira Grande）
文化遺産（登録基準（ii）（iii）（vi））　2009年　バルラヴェント諸島サンチャゴ島

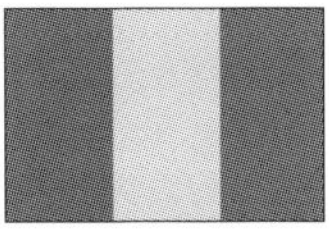

ギニア共和国　Republic of Guinea

地方行政管理区分　7州（regions）　1行政区（gouvernorat）
面積　24.6万km²　**人口**　1,209万人　**首都**　コナクリ（166万人）　**日本との時差**　-9時間
主要言語　フランス語　**宗教**　イスラム教　**通貨**　ギニア・フラン
世界遺産の数　1（自然遺産　1　文化遺産　0　複合遺産　0）　**世界遺産条約締約年**　1979年

①ニンバ山厳正自然保護区（Mount Nimba Strict Nature Reserve）
自然遺産（登録基準（ix）（x））　1981年／1982年
★【危機遺産】1992年　ンゼレコレ州ローラ県　ギニア／コートジボワール

コートジボワール共和国　Republic of Cote d'Ivoire

地方行政管理区分　12地方（districts）　2自治区（autonomous districts）
面積　32.2万km²　**人口**　2,374万人　**首都**　ヤムスクロ（35.6万人）　**日本との時差**　-9時間
主要言語　フランス語、各部族語　**宗教**　イスラム教、伝統宗教、キリスト教　**通貨**　CFAフラン
世界遺産の数　5（自然遺産　3　文化遺産　2　複合遺産　0）　**世界遺産条約締約年**　1981年

①ニンバ山厳正自然保護区（Mount Nimba Strict Nature Reserve）
自然遺産（登録基準（ix）（x））　1981年／1982年
★【危機遺産】1992年　モンタグネス地方　コートジボワール／ギニア
②タイ国立公園（Tai National Park）
自然遺産（登録基準（vii）（x））　1982年　サッサンドラ地方
③コモエ国立公園（Comoe National Park）
自然遺産（登録基準（ix）（x））　1983年　★【危機遺産】2003年　ザンザン地方
❹グラン・バッサムの歴史都市（Historic town of Grand-Bassam）
文化遺産（登録基準（iii）（iv））　2012年　コモエ地方南コモエ州グランバッサム
❺コートジボワール北部のスーダン様式のモスク群
（Sudanese style mosques in northern Côte d'Ivoire）
文化遺産（登録基準（ii（iv））　2021年　サヴァネス地区

トーゴ共和国 Republic of Togo
地方行政管理区分　5州（regions）
面積　5.7万km²　人口　776万人　首都　ロメ（84万人）　日本との時差 −9時間
主要言語　フランス語　宗教　伝統宗教、キリスト教、イスラム教　通貨　CFAフラン
世界遺産の数　1（自然遺産　0　文化遺産　1　複合遺産　0）　世界遺産条約締約年　1998年

❶バタムマリバ族の地　コウタマコウ（Koutammakou, the Land of the Batammariba）
文化遺産（登録基準(v)(vi)）　2004年　カラ州

マリ共和国 Republic of Mali
地方行政管理区分　8地方（regions）　1特別区（district）
面積　124万km²　人口　1,746万人　首都　バマコ（181万人）　日本との時差−9時間
主要言語　仏語、バンバラ語等　宗教　イスラム教　通貨　CFAフラン
世界遺産の数　4（自然遺産　0　文化遺産　3　複合遺産　1）　世界遺産条約締約年　1977年

❶ジェンネの旧市街（Old Towns of Djenne）
文化遺産（登録基準(iii)(iv)）　1988年　★【危機遺産】2016年　モプチ地方
❷トンブクトゥー（Timbuktu）
文化遺産（登録基準(ii)(iv)(v)）　1988年　★【危機遺産】2012年　トンブクトゥー地方
③バンディアガラの絶壁（ドゴン族の集落）（Cliff of Bandiagara（Land of the Dogons））
複合遺産（登録基準(v)(vii)）　1989年　バンディアガラ地方
❹アスキアの墓（Tomb of Askia）
文化遺産（登録基準(ii)(iii)(iv)）　2004年　★【危機遺産】2012年　ガオ地方

ガーナ共和国 Republic of Ghana
地方行政管理区分　10州（regions）
面積　23.9万km²　人口　2,691万人　首都　アクラ（229万人）　日本との時差 −9時間
主要言語　英語、各部族語など　宗教　キリスト教、イスラム教、伝統宗教　通貨　セディ
世界遺産の数　2（自然遺産　0　文化遺産　2　複合遺産　0）　世界遺産条約締約年　1975年

❶ヴォルタ、アクラ、中部、西部各州の砦と城塞
（Forts and Castles, Volta, Greater Accra, Central and Western Regions）
文化遺産（登録基準(vi)）　1979年　ヴォルタ州、グレーター・アクラ州、中部州、西部州
❷アシャンティの伝統建築物（Asante Traditional Buildings）
文化遺産（登録基準(v)）　1980年　アシャンティ州

ブルキナファソ Burkina Faso
地方行政管理区分　13州（regions）　45県（provinces）
面積　27.4万km²　人口　1,951万人　首都　ワガドゥグー（163万人）　日本との時差−9時間
主要言語　フランス語　宗教　伝統宗教、イスラム教、キリスト教　通貨　CFAフラン
世界遺産の数　3（自然遺産　1　文化遺産　2　複合遺産　0）　世界遺産条約締約年　1987年

❶ロロペニの遺跡群（Ruines of Loropeni）　文化遺産（登録基準(iii)）　2009年　南西部地方ポニ県
②W・アルリ・ペンジャリ国立公園遺産群（W-Arly-Pendjari Complex）
自然遺産（登録基準(ix)(x)）　1996年／2017年　東部地方タポア県　ニジェール／ベナン／ブルキナファソ
❸ブルキナファソの古代製鉄遺跡群（Ancient ferrous Metallurgy Sites of Burkina Faso）
文化遺産（登録基準((iii)(iv)(vi)）　2019年　サヘル地方

ベナン共和国 Republic of Benin
地方行政管理区分　12県（departments）
面積　11.3万km²　人口　1,070万人　首都　ポルトノボ（17.9万人）　日本との時差−8時間
主要言語　フランス語　宗教　キリスト教、イスラム教、伝統宗教　通貨　CFAフラン
世界遺産の数　2（自然遺産　1　文化遺産　1　複合遺産　0）　世界遺産条約締約年　1982年

❶アボメイの王宮群（Royal Palaces of Abomey）
文化遺産（登録基準(iii)(iv)）　1985年／2007年　ズー県
②W・アルリ・ペンジャリ国立公園遺産群（W-Arly-Pendjari Complex）
自然遺産（登録基準(ix)(x)）　1996年／2017年　アコタラ県 ニジェール／ベナン／ブルキナファソ

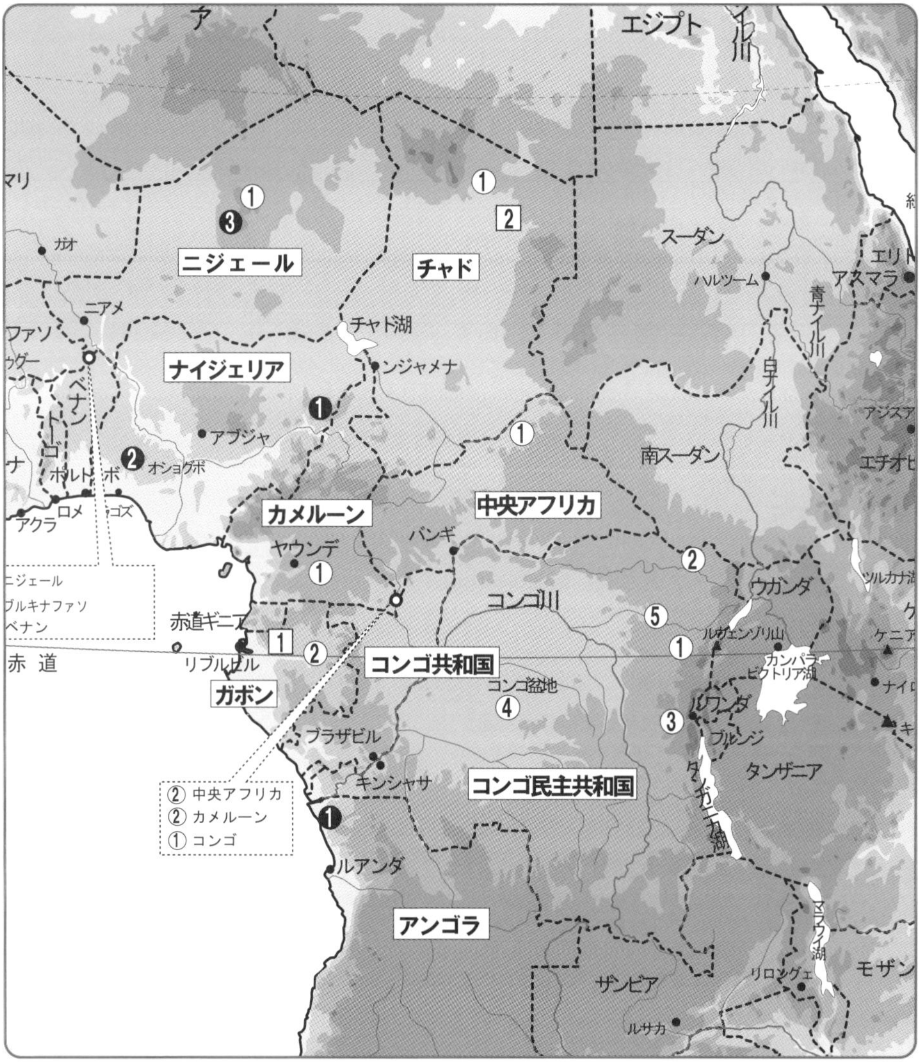
エジプト
ナイル川
マリ
ガオ
ニジェール
チャド
スーダン
ハルツーム
エリトリア
アスマラ
ニアメ
チャド湖
ブルキナファソ
ナイジェリア
ンジャメナ
青ナイル川
白ナイル川
ベナン
トーゴ
アブジャ
アジスアベバ
南スーダン
エチオピア
ポルトノボ
オショグボ
ロメ
ラゴス
アクラ
カメルーン
中央アフリカ
バンギ
ヤウンデ
ニジェール
ブルキナファソ
ベナン
コンゴ川
ウガンダ
トゥルカナ湖
赤道ギニア
ルウェンゾリ山
ケニア
カンパラ
ビクトリア湖
赤 道
リーブルビル
コンゴ共和国
ガボン
コンゴ盆地
ルワンダ
ブルンジ
ブラザビル
タンザニア
キンシャサ
コンゴ民主共和国
タンガニーカ湖
② 中央アフリカ
② カメルーン
① コンゴ
ルアンダ
アンゴラ
マラウイ湖
ザンビア
リロングウェ
モザンビーク
ルサカ

ニジェール共和国 Republic of Niger

地方行政管理区分　7州(regions)　1首都特別区 (capital district)

面積　127万km²　人口　1,864万人　首都　ニアメ（130万人）　日本との時差－8時間

主要言語　フランス語、ハウサ語等　宗教　イスラム教、その他　通貨　CFAフラン

世界遺産の数　3（自然遺産　2　文化遺産　1　複合遺産　0）　世界遺産条約締約年　1974年

①アイルとテネレの自然保護区（Air and Tenere Natural Reserves）
自然遺産(登録基準(vii)(ix)(x))　1991年
★【危機遺産】1992年　アガデス州

②ニジェールのW国立公園（W National Park of Niger）
自然遺産(登録基準(ix)(x))　1996年　ティラベリ州

❸アガデスの歴史地区（Historic Centre of Agadez）
文化遺産(登録基準(ii)(iii))　2013年　アガデス州アガデス市

○自然遺産　●文化遺産　□複合遺産　★危機遺産

ナイジェリア連邦共和国 Federal Republic of Nigeria

地方行政管理区分　36州 (states)、1連邦首都区 (Federal capital territory)
面積　92.4万km²　人口　18,605万人　首都　アブジャ (98万人)　日本との時差－8時間
主要言語　英語、各部族語　宗教　イスラム教、キリスト教　通貨　ナイラ
世界遺産の数　2（自然遺産　0　文化遺産　2　複合遺産　0）　世界遺産条約締約年　1974年

❶スクルの文化的景観 (Sukur Cultural Landscape)
文化遺産(登録基準(iii)(v)(vi))　1999年　アダマワ州
❷オスン・オショグボの聖なる森 (Osun-Osogbo Sacred Grove)
文化遺産(登録基準(ii)(iii)(vi))　2005年　オスン州

チャド共和国 Republic of Tchad

地方行政管理区分　23州 (regions)
面積　128.4万km²　人口　1,185万人　首都　ンジャメナ (109万人)　日本との時差－8時間
主要言語　仏語、アラビア語　宗教　イスラム教、キリスト教　通貨　CFAフラン
世界遺産の数　2（自然遺産　1　文化遺産　0　複合遺産　1）　世界遺産条約締約年　1999年

①ウニアンガ湖群 (Lakes of Ounianga)
自然遺産(登録基準(vii))　2012年　エネディ州西エネディ県
[2]エネディ山地の自然と文化的景観
(Ennedi Massif: Natural and Cultural Landscape)
複合遺産(登録基準(iii)(vii)(ix))　2016年　東エネディ州、西エネディ州

カメルーン共和国 Republic of Cameroon

地方行政管理区分　10州 (regions)
面積　47.5万km²　人口　2,436万人　首都　ヤウンデ (244万人)　日本との時差 －8時間
主要言語　仏語、英語、その他　宗教　キリスト教、イスラム教、伝統宗教　通貨　CFAフラン
世界遺産の数　2（自然遺産　2　文化遺産　0　複合遺産　0）　世界遺産条約締約年　1982年

①ジャ・フォナル自然保護区 (Dja Faunal Reserve)
自然遺産(登録基準(ix)(x))　1987年　南部州、東部州
②サンガ川の三か国流域 (Sangha Trinational)
自然遺産(登録基準(ix)(x))　2012年　東部州　コンゴ／カメルーン／中央アフリカ

中央アフリカ共和国 Central African Republic

地方行政管理区分　14州 (prefectures)　2経済州 (economic prefectures)　1首都 (commune)
面積　62.3万km²　人口　550万人　首都　バンギ (73万人)　日本との時差－8時間
主要言語　フランス語、サンゴ語　宗教　伝統宗教、キリスト教、その他　通貨　CFAフラン
世界遺産の数　2（自然遺産　2　文化遺産　0　複合遺産　0）　世界遺産条約締約年　1980年

①マノヴォ・グンダ・サン・フローリス国立公園
(Manovo-Gounda St Floris National Park)
自然遺産(登録基準(ix)(x))　1988年　★【危機遺産】1997年　バミンギ・バンゴラン州
②サンガ川の三か国流域 (Sangha Trinational)
自然遺産(登録基準(ix)(x))　2012年　サンガ・ムバエレ州　コンゴ／カメルーン／中央アフリカ

ガボン共和国 Republic of Gabon

地方行政管理区分　9州 (provinces)
面積　26.8万km²　人口　174万人　首都　リーブルヴィル (80万人)　日本との時差－8時間
主要言語　仏語、各部族語　宗教　キリスト教　通貨　CFAフラン
世界遺産の数　2（自然遺産　1　文化遺産　0　複合遺産　1）　世界遺産条約締約年　1986年

[1]ロペ・オカンダの生態系と残存する文化的景観 (Ecosystem and Relict Cultural Landscape of Lope-Okanda)
複合遺産(登録基準(iii)(iv)(ix)(x))　2007年　オゴウェ・イヴィンド州、オゴウェ・ロロ州
②イヴィンド国立公園 (Ivindo National Park)
自然遺産(登録基準(ix)(x))　2021年

コンゴ共和国 Republic of Congo

地方行政管理区分　12省（departments）
面積　34.2万km²　人口　485万人　首都　ブラザビル（183万人）　日本との時差-8時間
主要言語　仏語、リンガラ語、その他　宗教　キリスト教、伝統宗教　通貨　CFAフラン
世界遺産の数　1（自然遺産　1　文化遺産　0　複合遺産　0）　世界遺産条約締約年　1987年

①サンガ川の三か国流域（Sangha Trinational）
自然遺産（登録基準(ix)(x)）　2012年　サンガ省　コンゴ／カメルーン／中央アフリカ

コンゴ民主共和国（旧ザイール） Democratic Republic of Congo

地方行政管理区分　26州（provinces）
面積　235万km²　人口　8,133万人　首都　キンシャサ（1,012万人）　日本との時差 -8～-7時間
主要言語　フランス語、キコンゴ語ほか　宗教　キリスト教、伝統宗教　通貨　コンゴ・フラン
世界遺産の数　5（自然遺産　5　文化遺産　0　複合遺産　0）　世界遺産条約締約年　1974年

①ヴィルンガ国立公園（Virunga National Park）
自然遺産（登録基準(vii)(viii)(x)）　1979年　★【危機遺産】1994年
北キヴ州、イトゥリ州
②ガランバ国立公園（Garamba National Park）
自然遺産（登録基準(vii)(x)）　1980年　★【危機遺産】1996年
高ウエレ州
③カフジ・ビエガ国立公園（Kahuzi-Biega National Park）
自然遺産（登録基準(x)）　1980年　★【危機遺産】1997年
南キヴ州
④サロンガ国立公園（Salonga National Park）
自然遺産（登録基準(vii)(ix)）　1984年　★【危機遺産】1999年／解除　2021年
ツアパ州、マイ・ンドンベ州、カサイ州
⑤オカピ野生動物保護区（Okapi Wildlife Reserve）
自然遺産（登録基準(x)）　1996年　★【危機遺産】1997年
高ウエレ州

アンゴラ共和国 Republic of Angola

地方行政管理区分　18州（províncias）
面積　125万km²　人口　2,438人 万人　首都　ルアンダ（450万人）　日本との時差-8時間
主要言語　ポルトガル語　宗教　キリスト教など　通貨　クワンザ
世界遺産の数　1（自然遺産　0　文化遺産　1　複合遺産　0）　世界遺産条約締約年　1991年

❶ンバンザ・コンゴ、かつてのコンゴ王国の首都の面影
（Mbanza Kongo, Vestiges of the Capital of the former Kingdom of Kongo）
文化遺産（登録基準(iii)(iv)(vi)）　2017年　ザイーレ州

ウガンダ共和国 Republic of Uganda

地方行政管理区分　111県（districts）　1首都（capital city）
面積　24.1万km²　人口　3,831万人　首都　カンパラ（166万人）　日本との時差-6時間
主要言語　英語、スワヒリ語など　宗教　キリスト教など　通貨　ウガンダ・シリング
世界遺産の数　3（自然遺産　2　文化遺産　1　複合遺産　0）　世界遺産条約締約年　1987年

①ブウィンディ原生国立公園（Bwindi Impenetrable National Park）
自然遺産（登録基準(vii)(x)）　1994年
西部地域　カバレ県、キソロ県、ルクンギリ県
②ルウェンゾリ山地国立公園（Rwenzori Mountains National Park）
自然遺産（登録基準(vii)(x)）　1994年
西部地域　カバロレ県
❸カスビのブガンダ王族の墓（Tombs of Buganda Kings at Kasubi）
文化遺産（登録基準(i)(iii)(iv)(vi)）　2001年　★【危機遺産】2010年
中央地域　カンパラ県

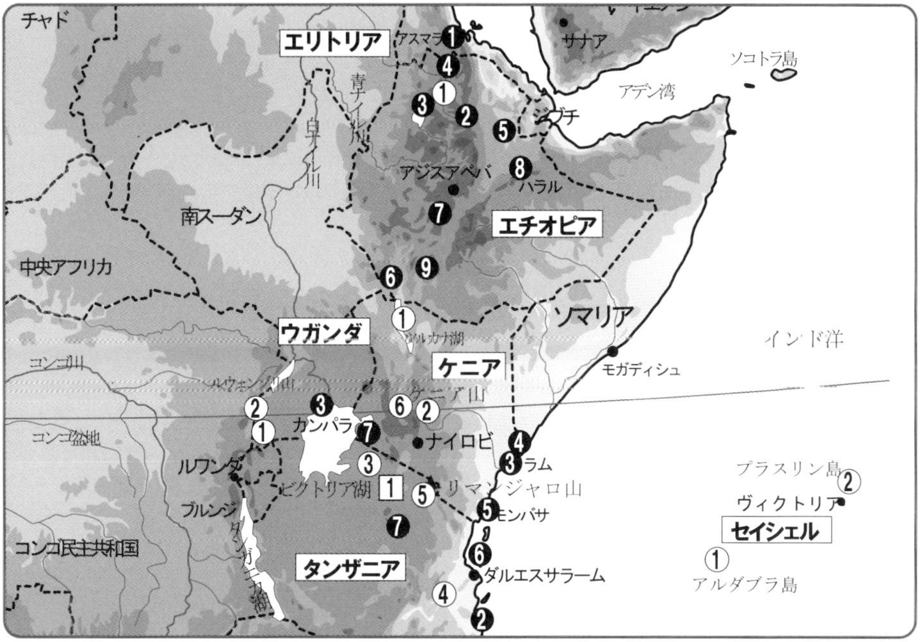

チャド
エリトリア
アスマラ
サナア
ソコトラ島
アデン湾
青ナイル川
白ナイル川
ジブチ
アジスアベバ
ハラル
南スーダン
エチオピア
中央アフリカ
ソマリア
ウガンダ
トゥルカナ湖
インド洋
コンゴ川
ケニア
モガディシュ
ルウェンゾリ山
ケニア山
カンパラ
ナイロビ
コンゴ盆地
ラム
プラスリン島
ルワンダ
キリマンジャロ山
ビクトリア湖
ヴィクトリア
ブルンジ
モンバサ
セイシェル
タンガニーカ湖
コンゴ民主共和国
タンザニア
ダルエスサラーム
アルダブラ島

エチオピア連邦民主共和国 Federal Democratic Republic of Ethiopia

地方行政管理区分　9州（ethnically-based states）2自治区（self-governing adminstrations）
面積　113万km²　**人口**　10,237万人　**首都**　アディスアベバ(327万人)　**日本との時差**　-6時間
主要言語　アムハラ語、オロモ語、英語　**宗教**　伝統宗教、キリスト教、イスラム教　**通貨**　ブル
世界遺産の数　9（自然遺産　1　文化遺産　8　複合遺産　0）　世界遺産条約締約年　1977年

①**シミエン国立公園**（Simien National Park）
　自然遺産(登録基準(vii)(x))　1978年　★【危機遺産】1996年　アムハラ州　ゴンダール地方
❷**ラリベラの岩の教会**（Rock-Hewn Churches, Lalibela）
　文化遺産(登録基準(i)(ii)(iii))　1978年　アムハラ州
❸**ゴンダール地方のファジル・ゲビ**（Fasil Ghebbi, Gondar Region）
　文化遺産(登録基準(ii)(iii))　1979年　アムハラ州　ゴンダール地方
❹**アクスム**（Aksum）　文化遺産(登録基準(i)(iv))　1980年　ティグライ州
❺**アワッシュ川下流域**（Lower Valley of the Awash）
　文化遺産(登録基準(ii)(iii)(iv))　1980年　アファール州
❻**オモ川下流域**（Lower Valley of the Omo）文化遺産(登録基準(iii)(iv))　1980年　南部諸民族州
❼**ティヤ**（Tiya）　文化遺産(登録基準(i)(iv))　1980年　南部諸民族州
❽**ハラール・ジュゴール、要塞歴史都市**（Harar Jugol, the Fortified Historic Town）
　文化遺産(登録基準(ii)(iii)(iv)(v))　2006年　ハラリ州
❾**コンソ族の文化的景観**（Konso Cultural Landscape）
　文化遺産(登録基準(iii)(v))　2011年　南部諸民族州

エリトリア国

State of Eritrea
首都　アスマラ
世界遺産の数　1　世界遺産条約締約年　2001年

❶**アスマラ：現代的なアフリカ都市**（Asmara: A Modernist African City）
　文化遺産(登録基準(ii)(iv))　2017年　＊2018年、登録遺産名(英語表記)変更。

セイシェル共和国　Republic of Seychelles

地方行政管理区分　25地方行政区（administrative districts）
面積　455km²　**人口**　9.3万人　**首都**　ヴィクトリア（2.6万人）　**日本との時差**　－5時間
主要言語　クレオール語、英語、仏語　**宗教**　キリスト教など　**通貨**　セイシェル・ルピー
世界遺産の数　2（自然遺産　2　文化遺産　0　複合遺産　0）　世界遺産条約締約年　1980年

①**アルダブラ環礁**（Aldabra Atoll）
自然遺産（登録基準（vii）（ix）（x））　1982年　アルダブラ諸島
②**バレ・ドゥ・メ自然保護区**（Vallee de Mai Nature Reserve）
自然遺産（登録基準（vii）（viii）（ix）（x））　1983年　プラスリン島

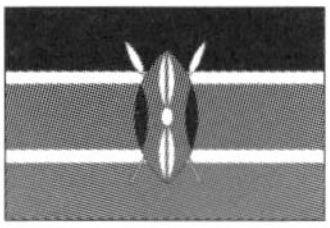

ケニア共和国　Republic of Kenya

地方行政管理区分　47県（counties）
面積　58万km²　**人口**　4,679万人　**首都**　ナイロビ（314万人）　**日本との時差**－6時間
主要言語　スワヒリ語、英語　**宗教**　キリスト教、イスラム教など　**通貨**　ケニア・シリング
世界遺産の数　6（自然遺産　3　文化遺産　3　複合遺産　0）　世界遺産条約締約年　1991年

アフリカ

①**ツルカナ湖の国立公園群**（Lake Turkana National Parks）
自然遺産（登録基準（viii）（x））　1997年／2001年　マルサビット県（東部州）
②**ケニア山国立公園／自然林**（Mount Kenya National Park/Natural Forest）
自然遺産（登録基準（vii）（ix））　1997年／2013年　ニエリ県（中央州）
❸**ラムの旧市街**（Lamu Old Town）
文化遺産（登録基準（ii）（iv）（vi））　2001年　ラム県（沿岸州）
❹**神聖なミジケンダ族のカヤ森林群**（Sacred Mijikenda Kaya Forests）
文化遺産（登録基準（iii）（v）（vi））　2008年　キリフィ県（沿岸州）
❺**モンバサのジーザス要塞**（Fort Jesus, Mombasa）
文化遺産（登録基準（ii）（v））　2011年　モンバサ県（沿岸州）
⑥**大地溝帯のケニアの湖水システム**（Kenya Lake System in the Great Rift Valley）
自然遺産（登録基準（vii）（ix）（x））　2011年　ナクル県、バリンコ県（リフトバレー州）

タンザニア連合共和国　United Republic of Tanzania

地方行政管理区分　30州（regions）
面積　94.7万km²　**人口**　5,248万人　**首都**　ドドマ（41万人）　**日本との時差**－6時間
主要言語　スワヒリ語、英語、現地語　**宗教**　キリスト教、イスラム教など
通貨　タンザニア・シリング
世界遺産の数　7（自然遺産　3　文化遺産　3　複合遺産　1）　世界遺産条約締約年　1977年

[1]**ンゴロンゴロ保全地域**（Ngorongoro Conservation Area）
複合遺産（登録基準（iv）（vii）（viii）（ix）（x））　1979年／2010年　アルーシャ州
❷**キルワ・キシワーニとソンゴ・ムナラの遺跡**
（Ruins of Kilwa Kisiwani and Ruins of Songo Mnara）
文化遺産（登録基準（iii））　1981年　リンディ州
③**セレンゲティ国立公園**（Serengeti National Park）
自然遺産（登録基準（vii）（x））　1981年　マラ州、アルーシャ州、シニャンガ州
④**セルース動物保護区**（Selous Game Reserve）
自然遺産（登録基準（ix）（x））　1982年
★【危機遺産】2014年　プワニ州、モロゴロ州、リンディ州、ムトワラ州、ルヴマ州
⑤**キリマンジャロ国立公園**（Kilimanjaro National Park）
自然遺産（登録基準（vii））　1987年　キリマンジャロ州
❻**ザンジバル島のストーン・タウン**（Stone Town of Zanzibar）
文化遺産（登録基準（ii）（iii）（vi））　2000年　ザンジバル都市部西部州
❼**コンドアの岩画遺跡群**（Kondoa Rock-Art Sites）
文化遺産（登録基準（iii）（vi））　2006年　ドドマ州

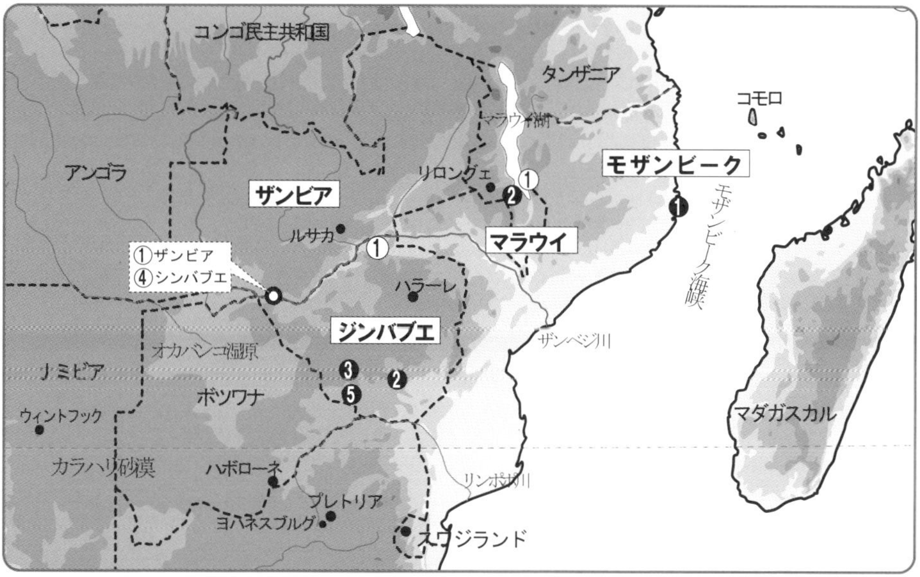

コンゴ民主共和国
タンザニア
コモロ
マラウイ湖
アンゴラ
ザンビア
リロングェ
モザンビーク
モザンビーク海峡
ルサカ
マラウイ
①ザンビア
④ジンバブエ
ハラーレ
ジンバブエ
ザンベジ川
オカバンゴ湿原
ナミビア
ボツワナ
ウィントフック
マダガスカル
カラハリ砂漠
ハボローネ
リンポポ川
プレトリア
ヨハネスブルグ
スワジランド

モザンビーク共和国　Republic of Mozambique

地方行政管理区分　10州（provinces）1市（city）
面積　80万km²　人口　2,722万人　首都　マプート（288万人）　日本との時差-7時間
主要言語　ポルトガル語、マクア語など　宗教　キリスト教、イスラム教、原始宗教
通貨　メティカル
世界遺産の数　1（自然遺産　0　文化遺産　1　複合遺産　0）　世界遺産条約締約年　1982年

❶モザンビーク島（Island of Mozambique）
文化遺産（登録基準（iv）（vi））　1991年
ナンプラ州

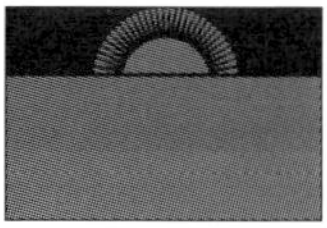

マラウイ共和国　Republic of Malawi

地方行政管理区分　3州（regions）　28地域（districts）
面積　11.8万km²　人口　1,857万人　首都　リロングウェ（107万人）　日本との時差-7時間
主要言語　チェワ語、英語など　宗教　キリスト教、イスラム教、伝統宗教
通貨　マラウィ・クワチャ
世界遺産の数　2（自然遺産　1　文化遺産　1　複合遺産　0）　世界遺産条約締約年　1982年

①マラウイ湖国立公園（Lake Malawi National Park）
自然遺産（登録基準（vii）（ix）（x））　1984年　南部州マンゴチ地域、中部州サリマ地域
❷チョンゴニの岩画地域（Chongoni Rock-Art Area）
文化遺産（登録基準（iii）（vi））　2006年　中部州デッザ地域

ザンビア共和国　Republic of Zambia

地方行政管理区分　10州（provinces）
面積　75.3万km²　人口　1,551万人　首都　ルサカ（174万人）　日本との時差-7時間
主要言語　英語、ベンバ語など　宗教　キリスト教など　通貨　ザンビア・クワチャ
世界遺産の数　1（自然遺産　1　文化遺産　0　複合遺産　0）　世界遺産条約締約年　1984年

①モシ・オア・トゥニャ（ヴィクトリア瀑布）（Mosi-oa-Tunya/ Victoria Falls）
自然遺産（登録基準（vii）（viii））　1989年
南部州リヴィングストン地区　ザンビア／ジンバブエ

ジンバブエ共和国　Republic of Zimbabwe

地方行政管理区分　8州（provinces）　2市（cities）
面積　39.1万km²　**人口**　1,455万人　**首都**　ハラレ（217万人）　**日本との時差**−7時間
主要言語　英語、ショナ語、ンデベレ語　**宗教**　キリスト教　**通貨**　南ア・ランド
世界遺産の数　5（自然遺産　2　文化遺産　3　複合遺産　0）　世界遺産条約締約年　1982年

①マナ・プールズ国立公園、サピとチェウォールのサファリ地域
（Mana Pools National Park, Sapi and Chewore Safari Areas）
自然遺産（登録基準（vii）（ix）（x））　1984年　マショナランド州
❷グレート・ジンバブエ遺跡（Great Zimbabwe National Monument）
文化遺産（登録基準（i）（iii）（vi））　1986年　マスビンゴ州
❸カミ遺跡国立記念物（Khami Ruins National Monument）
文化遺産（登録基準（iii）（iv））　1986年　北マタベレランド州
④モシ・オア・トゥニャ（ヴィクトリア瀑布）（Mosi-oa-Tunya/ Victoria Falls）
自然遺産（登録基準（vii）（viii））　1989年
北マタベレランド州ワンゲ地区
ジンバブエ／ザンビア
❺マトボ丘陵（Matobo Hills）
文化遺産（登録基準（iii）（v）（vi））　2003年
南マタベレランド州

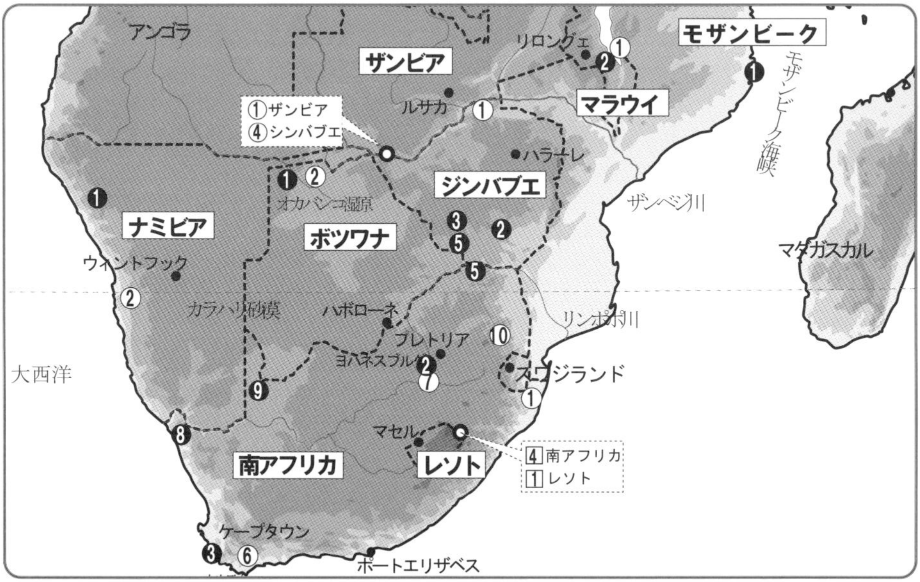

アンゴラ
ザンビア
リロングェ
モザンビーク
モザンビーク海峡
マラウイ
ルサカ
①ザンビア
④ジンバブエ
ハラーレ
ジンバブエ
オカバンゴ湿原
ナミビア
ボツワナ
ザンベジ川
マダガスカル
ウィントフック
カラハリ砂漠
ハボローネ
リンポポ川
プレトリア
ヨハネスブルグ
大西洋
スワジランド
マセル
4 南アフリカ
1 レソト
南アフリカ
レソト
ケープタウン
ポートエリザベス

ナミビア共和国　Republic of Namibia

地方行政管理区分　14州（regions）
面積　82.4万km²　**人口**　244万人　**首都**　ウィントフック（32万人）　**日本との時差**−8時間
主要言語　英語、アフリカーンス語、ズール語等　**宗教**　キリスト教、原始宗教　**通貨**　ナミビアドル
世界遺産の数　2（自然遺産　1　文化遺産　1　複合遺産　0）　世界遺産条約締約年　2000年

❶トワイフェルフォンテイン（Twyfelfontein or /Ui-//aes）
文化遺産（登録基準（iii）（v））　2007年　クネネ州
②ナミブ砂海（Namib Sand Sea）
自然遺産（登録基準（vii）（viii）（ix）（x））　2013年
ハルダプ州、カラス州

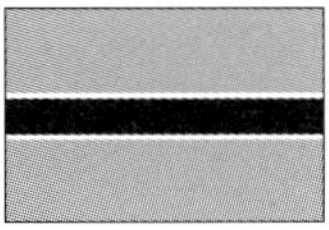

ボツワナ共和国　Republic of Botswana

地方行政管理区分　10地方（districts）　6市（town councills）
面積　58.2万km²　人口　221万人　首都　ハボローネ（23万人）　日本との時差-7時間
主要言語　英語、ツワナ語他　宗教　キリスト教、伝統宗教　通貨　プラ
世界遺産の数　2（自然遺産　1　文化遺産　1　複合遺産　0）　世界遺産条約締約年　1998年

❶ツォディロ（Tsodilo）
文化遺産（登録基準(i)(iii)(vi)）　2001年
北西地方　西ンガミランド地区
②オカヴァンゴ・デルタ（Okavango Delta）
自然遺産（登録基準(vii)(ix)(x)）　2014年
北西地方　デルタ地区

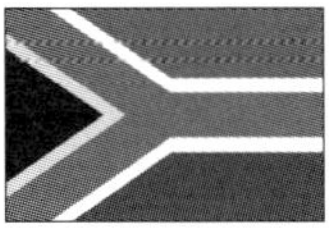

南アフリカ共和国　Republic of South Africa

地方行政管理区分　9州（provinces）
面積　122万km²　人口　5,430万人　首都　プレトリア（74万人）　日本との時差-7時間
主要言語　英語、アフリカーンス語、ズールー語　宗教　キリスト教他　通貨　ランド
世界遺産の数　10（自然遺産　4　文化遺産　5　複合遺産　1）　世界遺産条約締約年　1997年

①イシマンガリソ湿潤公園（iSimangaliso Wetland Park）
自然遺産（登録基準(vii)(ix)(x)）　1999年　クワズール・ナタール州
❷南アフリカの人類化石遺跡群（Fossil Hominid Sites of South Africa）
文化遺産（登録基準(iii)(vi)）　1999年／2005年　ガウテング州、リンポポ州、ノースウエスト州
❸ロベン島（Robben Island）
文化遺産（登録基準(iii)(vi)）　1999年　西ケープ州
④マロティ-ドラケンスバーグ公園（Maloti-Drakensberg Park）
複合遺産（登録基準(i)(iii)(vii)(x)）　2000年／2013年
クワズール・ナタール州　南アフリカ／レソト
❺マプングブウェの文化的景観（Mapungubwe Cultural Landscape）
文化遺産（登録基準(ii)(iii)(iv)(v)）　2003年　リンポポ州
⑥ケープ・フローラル地方の保護地域（Cape Floral Region Protected Areas）
自然遺産（登録基準(ix)(x)）　2004年／2015年　ケープ州
⑦フレデフォート・ドーム（Vredefort Dome）
自然遺産（登録基準(viii)）　2005年　ノースウエスト州、フリーステート州
❽リヒターズベルドの文化的な植物景観
（Richtersveld Cultural and Botanical Landscape）
文化遺産（登録基準(iv)(v)）　2007年　北ケープ州
❾コーマニの文化的景観（ǂKhomani Cultural Landscape）
文化遺産（登録基準(v)(vi)）　2017年　ノースケープ州アンドリースベイル地区
⑩バーバートン・マコンジュワ山脈（Barberton Makhornjwa Mountains）
自然遺産（登録基準(viii)）　2018年　ムプマランガ州の州都カーブバールクラトン市

レソト王国　Kingdom of Lesotho

地方行政管理区分　10県（deistrict）
面積　3.0万km²　人口　195万人　首都　マセル（22.8万人）　日本との時差 -7時間
主要言語　英語、ソト語　宗教　キリスト教、伝統宗教他　通貨　ロチ
世界遺産の数　1（自然遺産　0　文化遺産　0　複合遺産　1）　世界遺産条約締約年　2003年

①マロティ-ドラケンスバーグ公園（Maloti-Drakensberg Park）
複合遺産（登録基準(i)(iii)(vii)(x)）
2000年／2013年
クァクハスネック県　南アフリカ／レソト

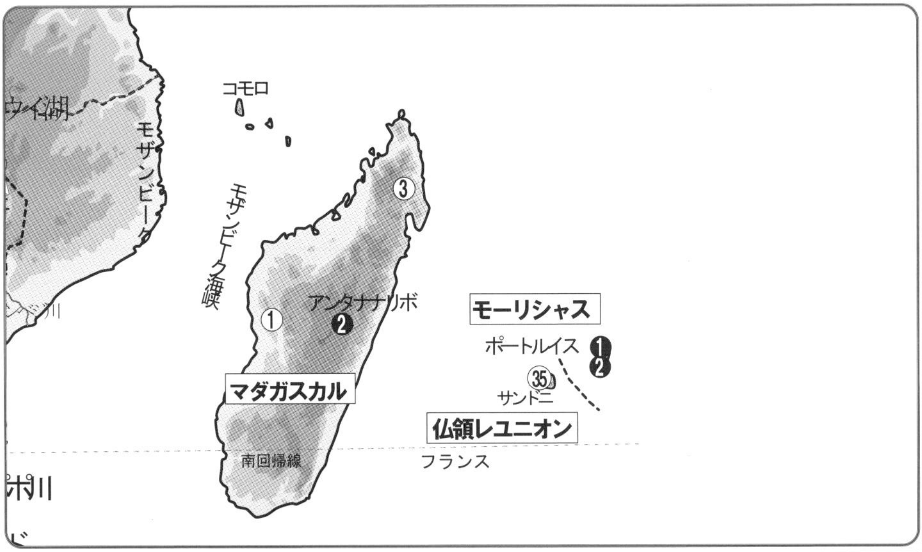
コモロ
モザンビーク
モザンビーク海峡
③
アンタナナリボ
①
❷
マダガスカル
モーリシャス
ポートルイス
❶
❷
㉟
サンドニ
仏領レユニオン
南回帰線
フランス

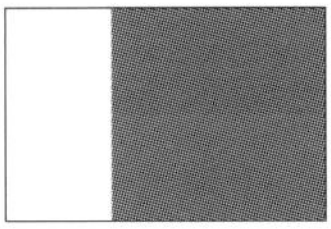

マダガスカル共和国 Republic of Madagascar

地方行政管理区分 6州（provinces）

面積 58.7万km² **人口** 2,443万人 **首都** アンタナナリボ(220万人) **日本との時差**-6時間

主要言語 マダガスカル語、フランス語 **宗教** キリスト教、伝統宗教 **通貨** アリアリ

世界遺産の数 3（自然遺産 2 文化遺産 1 複合遺産 0） **世界遺産条約締約年** 1983年

①ベマラハ厳正自然保護区のチンギ（Tsingy de Bemaraha Strict Nature Reserve）
自然遺産(登録基準(vii)(x)) 1990年
マハジャンガ州

❷アンボヒマンガの王丘（Royal Hill of Ambohimanga）
文化遺産(登録基準(iii)(iv)(vi)) 2001年
アンタナナリボ州

③アツィナナナの雨林群（Rainforests of the Atsinanana）
自然遺産(登録基準(ix)(x)) 2007年 ★【危機遺産】2010年
トアマシナ州

モーリシャス共和国 Republic of Mauritius

地方行政管理区分 9県（districts） 3属領（dependencies）

面積 2,040km² **人口** 135万人 **首都** ポートルイス(15万人) **日本との時差**-5時間

主要言語 クレオール語、英語、仏語 **宗教** ヒンドゥー教、カトリック教、イスラム教

通貨 モーリシャス・ルピー

世界遺産の数 2（自然遺産 0 文化遺産 2 複合遺産 0） **世界遺産条約締約年** 1995年

❶アアプラヴァシ・ガート（Aapravasi Ghat）
文化遺産(登録基準(vi)) 2006年
ポート・ルイス県（首都）

❷ル・モーンの文化的景観
（Le Morne Cultural Landscape）
文化遺産(登録基準(iii)(vi)) 2008年
ブラック・リバー県

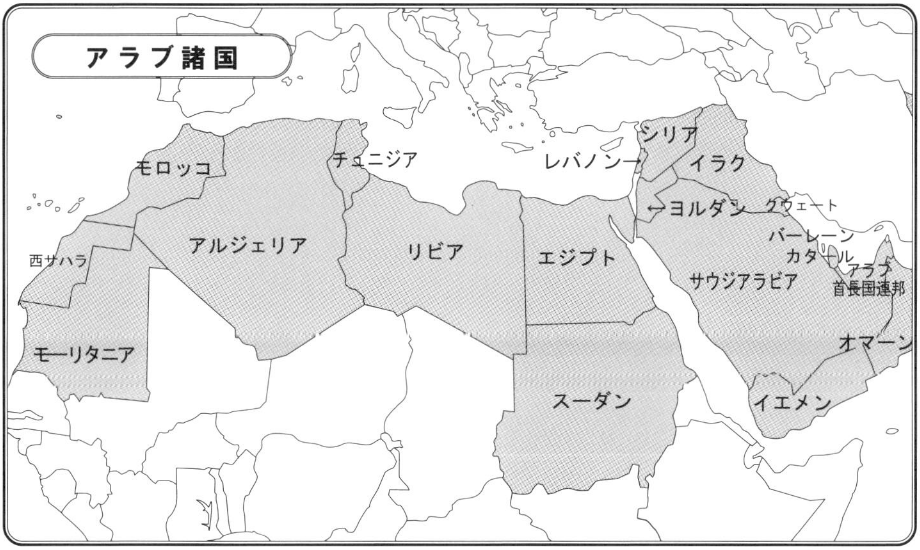
アラブ諸国
モロッコ
チュニジア
レバノン
シリア
イラク
ヨルダン
クウェート
バーレーン
カタール
アラブ首長国連邦
西サハラ
アルジェリア
リビア
エジプト
サウジアラビア
モーリタニア
オマーン
スーダン
イエメン

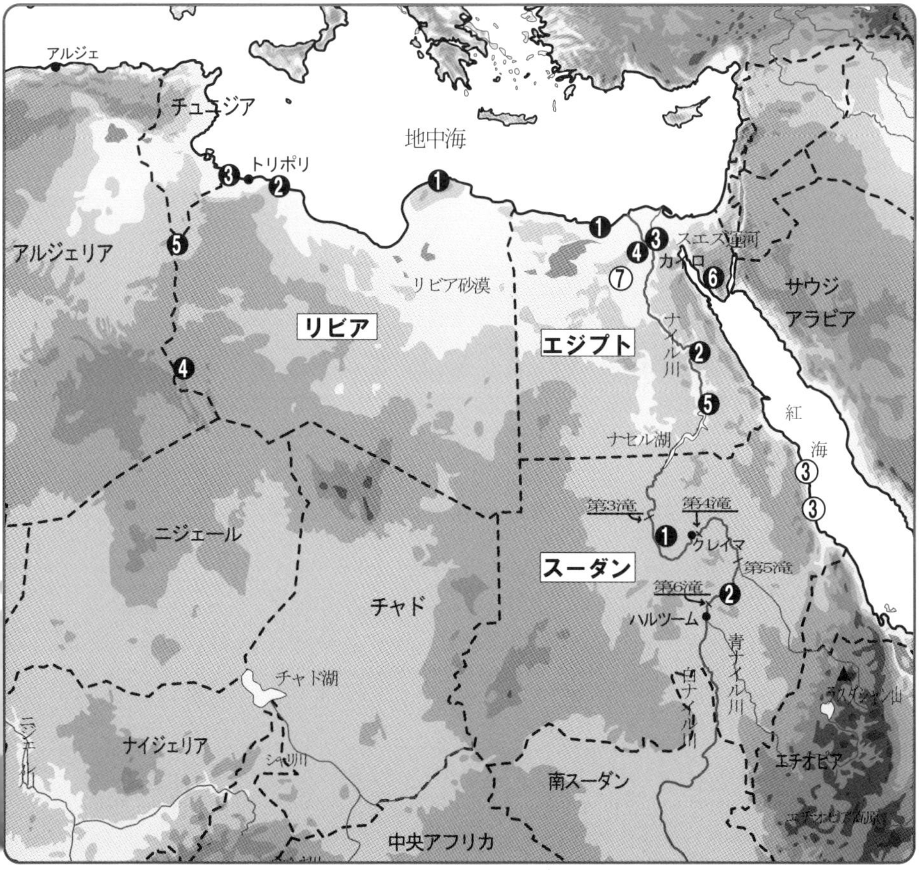
アルジェ
チュニジア
地中海
トリポリ
3
2
1
1
3
4
スエズ運河
カイロ
7
6
5
アルジェリア
リビア砂漠
サウジアラビア
リビア
エジプト
ナイル川
2
4
5
紅海
ナセル湖
3
3
第3滝
第4滝
1
クレイマ
スーダン
第5滝
第6滝
2
ニジェール
ハルツーム
チャド
青ナイル川
チャド湖
白ナイル川
ナイジェリア
シャリ川
エチオピア
南スーダン
中央アフリカ

アフリカ　アラブ諸国

エジプト・アラブ共和国 Arab Republic of Egypt

地方行政管理区分 27州 (governorates)
面積 100万km² **人口** 9,667万人 **首都** カイロ(1,023万人) **日本との時差**−7時間
主要言語 アラビア語 **宗教** イスラム教、キリスト教 **通貨** エジプト・ポンド
世界遺産の数 7(自然遺産 1 文化遺産 6 複合遺産 0) **世界遺産条約締約年** 1974年

❶アブ・ミナ(Abu Mena)
文化遺産(登録基準(iv)) 1979年
★【危機遺産】2001年 アレクサンドリア州

❷古代テーベとネクロポリス(Ancient Thebes with its Necropolis)
文化遺産(登録基準(i)(iii)(vi)) 1979年
キーナ州

❸カイロの歴史地区(Historic Cairo)
文化遺産(登録基準(i)(v)(vi)) 1979年 カイロ州

❹メンフィスとそのネクロポリス/ギザからダハシュールまでのピラミッド地帯
(Memphis and its Necropolis - the Pyramid Fields from Giza to Dahshur)
文化遺産(登録基準(i)(iii)(vi)) 1979年
ギザ州

❺アブ・シンベルからフィラエまでのヌビア遺跡群
(Nubian Monuments from Abu Simbel to Philae)
文化遺産(登録基準(i)(iii)(vi)) 1979年
アスワン州

❻聖キャサリン地域(Saint Catherine Area)
文化遺産(登録基準(i)(iii)(iv)(vi)) 2002年
南シナイ州ジャヌーブシーナ

⑦ワディ・アル・ヒタン(ホウェール渓谷)
(Wadi Al-Hitan (Whale Valley))
自然遺産(登録基準(viii)) 2005年
ファイユーム州

リビア Libya

地方行政管理区分 22県 (districts)
面積 176万km² **人口** 654万人 **首都** トリポリ(112万人) **日本との時差**−7時間
主要言語 アラビア語 **宗教** イスラム教 **通貨** リビア・ディナール
世界遺産の数 5(自然遺産 0 文化遺産 5 複合遺産 0) **世界遺産条約締約年** 1978年

❶キレーネの考古学遺跡(Archaeological Site of Cyrene)
文化遺産(登録基準(ii)(iii)(vi)) 1982年
★【危機遺産】2016年
ジャバル・アクダル県

❷レプティス・マグナの考古学遺跡(Archaeological Site of Leptis Magna)
文化遺産(登録基準(i)(ii)(iii)) 1982年
★【危機遺産】2016年 ムルクブ県

❸サブラタの考古学遺跡(Archaeological Site of Sabratha)
文化遺産(登録基準(iii)) 1982年
★【危機遺産】2016年 ザーウィヤ県

❹タドラート・アカクスの岩絵(Rock-Art Sites of Tadrart Acacus)
文化遺産(登録基準(iii)) 1985年
★【危機遺産】2016年 フェザーン地域

❺ガダミースの旧市街(Old Town of Ghadames)
文化遺産(登録基準(v)) 1986年
★【危機遺産】2016年 ナールート県

スーダン共和国　Republic of Sudan

地方行政管理区分　18州（states）
面積　186.1万km²　人口　3,673万人　首都　ハルツーム（518万人）　日本との時差−7時間
主要言語　アラビア語、英語　宗教　イスラム教、キリスト教、伝統宗教　通貨　スーダン・ポンド
世界遺産の数　3（自然遺産　3　文化遺産　2　複合遺産　0）　世界遺産条約締約年　1974年

❶ナパタ地方のゲベル・バーカルと遺跡群
（Gebel Barkal and the Sites of the Napatan Region）
文化遺産（登録基準(i)(ii)(iii)(iv)(vi)）　2003年
北部州メロエ地区

❷メロエ島の考古学遺跡群
（Archaeological Sites of the Island of Meroe）
文化遺産（登録基準(ii)(iii)(iv)(v)）　2011年
北部州メロエ地区

③サンガネブ海洋国立公園とドゥンゴナブ湾・ムッカワル島海洋国立公園
（Sanganeb Marine National Park and Dungonab Bay – Mukkawar Island Marine National Park）
自然遺産（登録基準(vii)(ix)(x)）　2016年
紅海州

チュニジア共和国　Republic of Tunisia

地方行政管理区分　24県（governorates）
面積　16.4万km²　人口　1,113万人　首都　チュニス（83万人）　日本との時差−8時間
主要言語　アラビア語、仏語　宗教　イスラム教　通貨　チュニジア・ディナール
世界遺産の数　8（自然遺産　1　文化遺産　7　複合遺産　0）　世界遺産条約締約年　1975年

❶エル・ジェムの円形劇場（Amphitheatre of El Jem）
文化遺産（登録基準(iv)(vi)）　1979年／2010年
マハディア県

❷カルタゴの考古学遺跡（Archaeological Site of Carthage）
文化遺産（登録基準(ii)(iii)(vi)）　1979年
チュニス県

❸チュニスのメディナ（Medina of Tunis）
文化遺産（登録基準(ii)(iii)(v)）　1979年／2010年
チュニス県

④イシュケウル国立公園（Ichkeul National Park）
自然遺産（登録基準(x)）　1980年　ビゼルタ県

❺ケルクアンの古代カルタゴの町とネクロポリス
（Punic Town of Kerkuane and its Necropolis）
文化遺産（登録基準(iii)）　1985年／1986年
ナブール県

❻カイルアン（Kairouan）
文化遺産（登録基準(i)(ii)(iii)(v)(vi)）　1988年／2010年
カイルアン県

❼スースのメディナ（Medina of Sousse）
文化遺産（登録基準(iii)(iv)(v)）　1988年／2010年
カイルアン県

❽ドゥッガ／トゥッガ（Dougga / Thugga）
文化遺産（登録基準(ii)(iii)）　1997年　ベジャ県

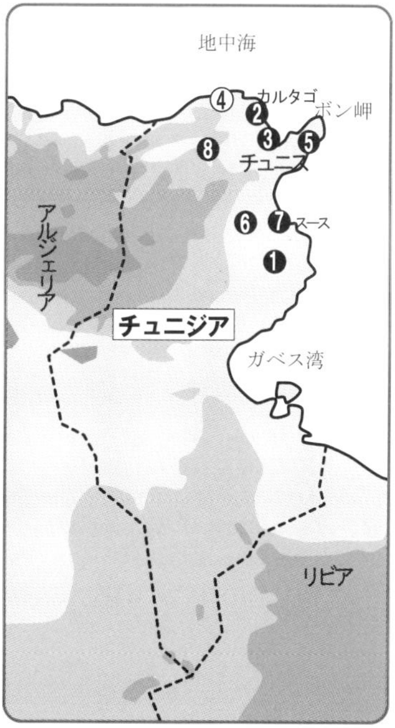
地中海
④
カルタゴ
❷
ボン岬
❸
❺
❽
チュニス
アルジェリア
❻
❼
スース
❶
チュニジア
ガベス湾
リビア

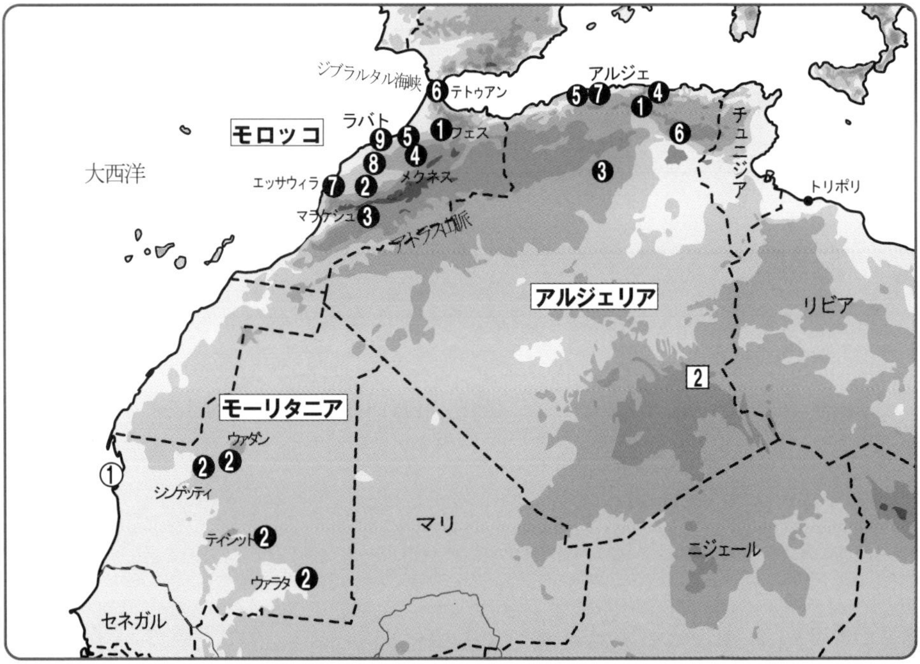

ジブラルタル海峡
テトゥアン
アルジェ
モロッコ
ラバト
フェス
大西洋
メクネス
エッサウィラ
マラケシュ
アトラス山脈
チュニジア
トリポリ
アルジェリア
リビア
モーリタニア
ウァダン
シンゲッティ
ティシット
ウァラタ
マリ
ニジェール
セネガル

アルジェリア民主人民共和国 Democratic People's Republic of Algeria

地方行政管理区分　48県（provinces）

面積　238.2万km²　人口　4,026万人　首都　アルジェ（342万人）　日本との時差-8時間

主要言語　アラビア語、ベルベル語、仏語　宗教　イスラム教　通貨　アルジェリア・ディナール

世界遺産の数　7（自然遺産　0　文化遺産　6　複合遺産　1）　世界遺産条約締約年　1974年

❶ベニ・ハンマド要塞（Al Qal'a of Beni Hammad）
文化遺産（登録基準(iii)）　1980年　ムシラ県

2タッシリ・ナジェール（Tassili n'Ajjer）
複合遺産（登録基準(i)(iii)(vii)(viii)）1982年
タマンガセット県

❸ムザブの渓谷（M'Zab Valley）
文化遺産（登録基準(ii)(iii)(v)）　1982年　ガルダイヤ県

❹ジェミラ（Djemila）
文化遺産（登録基準(iii)(iv)）　1982年　セティフ県

❺ティパサ（Tipasa）
文化遺産（登録基準(iii)(iv)）　1982年
ティパサ県

❻ティムガット（Timgad）
文化遺産（登録基準(ii)(iii)(iv)）　1982年
バトナ県

❼アルジェのカスバ（Kasbah of Algiers）
文化遺産（登録基準(ii)(v)）　1992年　アルジェ県

○自然遺産　●文化遺産　□複合遺産　★危機遺産

モロッコ王国 Kingdom of Morocco

地方行政管理区分　11地方（regions）
面積　44.7万km²　**人口**　3,392万人　**首都**　ラバト（58万人）　**日本との時差**－9時間
主要言語　アラビア語、ベルベル語、仏語　**宗教**　イスラム教　**通貨**　ディルハム
世界遺産の数　9（自然遺産　0　文化遺産　9　複合遺産　0）　**世界遺産条約締約年**　1975年

❶フェズのメディナ（Medina of Fez）
文化遺産（登録基準(ii)(v)）　1981年　フェズ・メクネス地方フェズ県

❷マラケシュのメディナ（Medina of Marrakesh）
文化遺産（登録基準(i)(ii)(iv)(v)）　1985年
マラケシュ・サフィ地方マラケシュ県

❸アイット–ベン–ハドゥの集落（Ksar of Ait-Ben-Haddou）
文化遺産（登録基準(iv)(v)）　1987年
スース・マサ地方ワルザザート県

❹古都メクネス（Historic City of Meknes）
文化遺産（登録基準(iv)）　1996年
フェズ・メクネス地方メクネス県

❺ヴォルビリスの考古学遺跡（Archaeological Site of Volubilis）
文化遺産（登録基準(ii)(iii)(iv)(vi)）
1997年／2008年　フェズ・メクネス地方メクネス県

❻テトゥアン（旧ティタウィン）のメディナ
（Medina of Tetouan (formerly known as Titawin)）
文化遺産（登録基準(ii)(iv)(v)）　1997年
タンジェ・テトゥアン・アル・ホセイマン地方テトゥアン県

❼エッサウィラ（旧モガドール）のメディナ
（Medina of Essaouira（formerly Mogador））
文化遺産（登録基準(ii)(iv)）　2001年
マラケシュ・サフィ地方エッサウィラ県

❽マサガン（アル ジャディーダ）のポルトガル街区
（Portuguese City of Mazagan（El Jadida））
文化遺産（登録基準(ii)(iv)）　2004年
カサブランカ・セタット地方アル・ジャディーダ県

❾ラバト、現代首都と歴史都市：分担する遺産
（Rabat, modern capital and historic city: a shared heritage）
文化遺産（登録基準(ii)(iv)）　2012年
ラバト・サレ・ケニトラ地方ラバト市

モーリタニア・イスラム共和国 Islamic Republic of Mauritania

地方行政管理区分　15州（regions）
面積　103万km²　**人口**　367万人　**首都**　ヌアクショット（96万人）　**日本との時差**－9時間
主要言語　アラビア語、プラール語、ソニンケ語、ウォロフ語、仏語　**宗教**　イスラム教
通貨　ウギア
世界遺産の数　2（自然遺産　1　文化遺産　1　複合遺産　0）　**世界遺産条約締約年**　1981年

①アルガン岩礁国立公園（Banc d'Arguin National Park）
自然遺産（登録基準(ix)(x)）　1989年
ダフレト・ヌアディブ州

❷ウァダン、シンゲッティ、ティシット、ウァラタのカザール古代都市
（Ancient *Ksour* of Ouadane, Chinguetti, Tichitt and Oualata）
文化遺産（登録基準(iii)(iv)(v)）　1996年
アドラル州ウァダン、シンゲッティ
タガント州ティシット
ホズ・エッシャルギ州ウァラタ

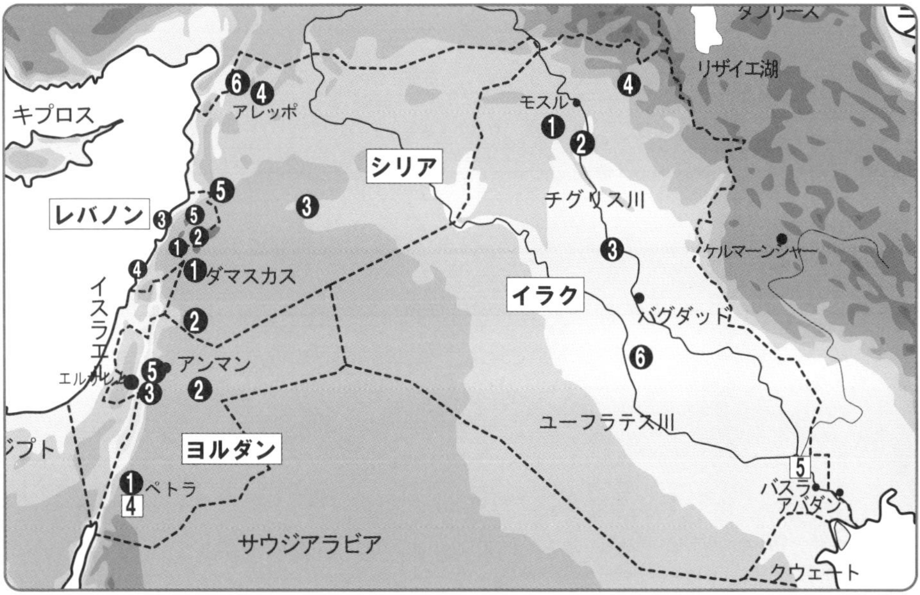
リザイエ湖
キプロス
アレッポ
モスル
シリア
レバノン
チグリス川
ダマスカス
ケルマーンシャー
イラク
バグダッド
アンマン
ユーフラテス川
ヨルダン
ペトラ
バスラ
アバダン
サウジアラビア
クウェート

シリア・アラブ共和国 **Syrian Arab Republic**

地方行政管理区分　14県（provinces）
面積　18.5万km²　**人口**　1,719万人　**首都**　ダマスカス（200万人）　**日本との時差**−7時間
主要言語　アラビア語　**宗教**　イスラム教、キリスト教　**通貨**　シリア・ポンド
世界遺産の数　6（自然遺産　0　文化遺産　6　複合遺産　0）　**世界遺産条約締約年**　1975年

❶古代都市ダマスカス（Ancient City of Damascus）
文化遺産（登録基準(i)(ii)(iii)(iv)(vi)）　1979年
★【危機遺産】2013年
ディマシュク県ダマスカス（首都）

❷古代都市ボスラ（Ancient City of Bosra）
文化遺産（登録基準(i)(iii)(vi)）　1980年
★【危機遺産】2013年
ダルアー県ボスラ

❸パルミラの遺跡（Site of Palmyra）
文化遺産（登録基準(i)(ii)(iv)）　1980年
★【危機遺産】2013年
ホムス県

❹古代都市アレッポ（Ancient City of Aleppo）
文化遺産（登録基準(iii)(iv)）　1986年
★【危機遺産】2013年
アレッポ県アレッポ

❺シュバリエ城とサラ・ディーン城塞（Crac des Chevaliers and Qal'at Salah El-Din）
文化遺産（登録基準(ii)(iv)）　2006年
★【危機遺産】2013年
ホムス県アル・フォスン市、ラタキーヤ県ハフェ市

❻シリア北部の古村群（Ancient Villages of Northern Syria）
文化遺産（登録基準(iii)(iv)(v)）　2011年
★【危機遺産】2013年
イドリブ県、アレッポ県

○自然遺産　●文化遺産　□複合遺産　★危機遺産

イラク共和国 Republic of Iraq

地方行政管理区分　18県（governorates）
面積　43.8万km²　人口　3,815万人　首都　バグダッド（718万人）　日本との時差－6時間
主要言語　アラビア語、クルド語　宗教　イスラム教　通貨　イラク・ディナール
世界遺産の数　6（自然遺産　0　文化遺産　5　複合遺産　1）　世界遺産条約締約年　1974年

❶ハトラ（Hatra）
文化遺産（登録基準（ii）（iii）（iv）（vi））　1985年
★【危機遺産】2015年　ニーナワー県

❷アッシュル（カルア・シルカ）（Ashur（Qala'at Sherqat））
文化遺産（登録基準（iii）（iv））　2003年
★【危機遺産】2003年　サラハディン県

❸サーマッラの考古学都市（Samarra Archaeological City）
文化遺産（登録基準（ii）（iii）（iv））　2007年
★【危機遺産】2007年　サラハディン県

❹エルビルの城塞（Erbil Citadel）
文化遺産（登録基準（iv））　2014年　エルビル県

5イラク南部の湿原：生物多様性の安全地帯とメソポタミア都市群の残存景観
（The Ahwar of Southern Iraq: Refuge of Biodiversity and the Relict Landscape of the Mesopotamian Cities）
複合遺産（登録基準（iii）（v）（ix）（x））　2016年
ムサンナー県、ディヤーラー県、マイサーン県、バスラ県

❻バビロン（Babylon）
文化遺産（登録基準（（iii）（vi））　2019年　バグダード県バグダード市

ヨルダン・ハシミテ王国 Hashemite Kingdom of Jordan

地方行政管理区分　12県（governorates）
面積　8.9万km²　人口　818万人　首都　アンマン（252万人）　日本との時差　－7時間
主要言語　アラビア語　宗教　イスラム教　通貨　ヨルダン・ディナール
世界遺産の数　6（自然遺産　0　文化遺産　5　複合遺産　1）　世界遺産条約締約年　1975年

❶ペトラ（Petra）
文化遺産（登録基準（i）（iii）（iv））　1985年　マアン県

❷アムラ城塞（Quseir Amra）
文化遺産（登録基準（i）（iii）（iv））　1985年　ザルカ県

❸ウム・エル・ラサス（カストロン・メファー）
（Um er-Rasas（Kastrom Mefa'a））
文化遺産（登録基準（i）（iv）（vi））　2004年　マダバ県

4ワディ・ラム保護区（Wadi Rum Protected Area）
複合遺産（登録基準（iii）（v）（vii））　2011年　アカバ特別経済地域

❺ヨルダン川の対岸の洗礼の地、ベタニア（アル・マグタス）
（Baptism Site "Bethany Beyond the Jordan"（Al-Maghtas））
文化遺産（登録基準（ii）（iii））　2015年　バルカ県

❻サルト－寛容と都会的ホスピタリティの場所
（As-Salt - The Place of Tolerance and Urban Hospitality）
文化遺産（登録基準（ii）（iii））　2021年
バルカ県サルト市

エルサレム Jerusalem

❶エルサレム旧市街と城壁（Old City of Jerusalem and its Walls）
文化遺産（登録基準（ii）（iii）（vi））　1981年
ヨルダン推薦物件
★【危機遺産】1982年　エルサレム

パレスチナ　Palestine

地方行政管理区分　2地区（area）　16県（govemorates）
面積　約6,020km²　人口　1,160人　本部　ラマッラ（2.7万人）　日本との時差 -7時間
主要言語　アラビア語　宗教　イスラム教　通貨　新シェケル
世界遺産の数　3（自然遺産　0　文化遺産　3　複合遺産　0）　世界遺産条約締約年　2011年

❶イエスの生誕地：ベツレヘムの聖誕教会と巡礼の道
（Birthplace of Jesus: Church of the Nativity and the Pilgrimage Route, Bethlehem）
文化遺産（登録基準(iv)(vi)）　2012年
ヨルダン川西岸地区ベツレヘム県ベツレヘム

❷オリーブとワインの地パレスチナ-エルサレム南部バティール村の文化的景観
（Palestine:Land of Olives and Vines-Cultural Landscape of Southern Jerusalem, Battir）
文化遺産（登録基準(iv)(v)）　2014年
★【危機遺産】2014年
ヨルダン川西岸地区中央高原

❸ヘブロン/アル・ハリールの旧市街
（Hebron/Al-Khalil Old Town）
文化遺産（登録基準(ii)(iv)(vi)）
2017年
ヨルダン川西岸地区ヘブロン県ヘブロン市
★【危機遺産】2017年

レバノン
ダマスカス
地中海
ハイファ
ゴラン高原
イスラエル
シリア
西岸地区
ヨルダン川
ナブルス
テルアビブ
ラマッラ
アンマン
エルサレム
パレスチナ
ガザ地区
マサダ
死海
エジプト
ヨルダン

レバノン共和国　Republic of Lebanon

地方行政管理区分　8県（governorates）
面積　1万km²　人口　624万人　首都　ベイルート（220万人）　日本との時差-7時間
主要言語　アラビア語　宗教　イスラム教、キリスト教　通貨　レバノン・ポンド
世界遺産の数　6（自然遺産　0　文化遺産　6　複合遺産　0）　世界遺産条約締約年　1983年

❶アンジャル（Anjar）
文化遺産（登録基準(iii)(iv)）1984年　ベカー県

❷バールベク（Baalbek）
文化遺産（登録基準(i)(iv)）1984年　ベカー県

❸ビブロス（Byblos）
文化遺産（登録基準(iii)(iv)(vi)）　1984年
ベイルート県

❹ティール（Tyre）
文化遺産（登録基準(iii)(vi)）　1984年
南レバノン県

❺カディーシャ渓谷（聖なる谷）と神の杉の森（ホルシュ・アルゼ・ラップ）
（Ouadi Qadisha（the Holy Valley）and the Forest of the Cedars of God（Horsh Arz el-Rab））
文化遺産（登録基準(iii)(iv)）1998年　ベカー県

❻トリポリのラシッド・カラミ国際見本市
（Rachid Karami International Fair-Tripoli）
文化遺産（登録基準(ii)(iv)　2023年
★【危機遺産】2023年
北レバノン県トリポリ郡

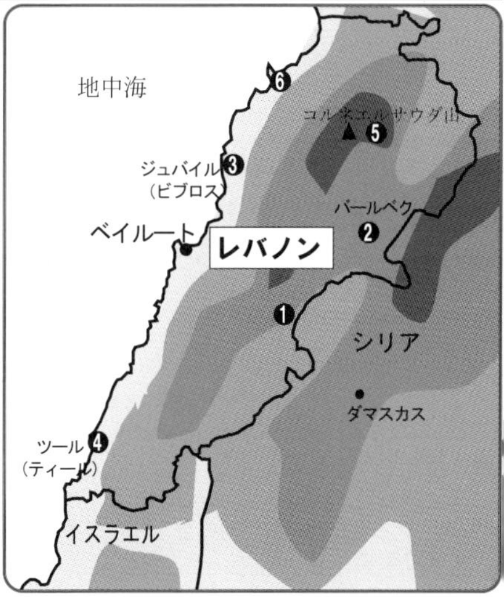
地中海
ジュバイル
（ビブロス）
バールベク
ベイルート
レバノン
シリア
ダマスカス
ツール
（ティール）
イスラエル

○自然遺産　●文化遺産　□複合遺産　★危機遺産

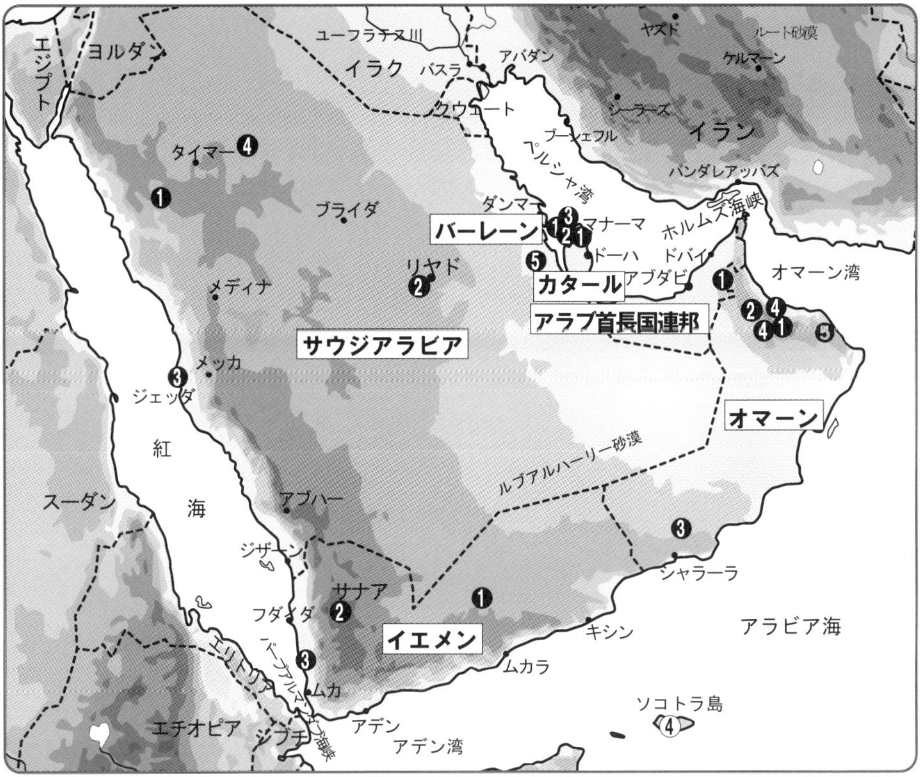

ユーフラテス川
ヤズド
ルート砂漠
エジプト
ヨルダン
イラク
バスラ
アバダン
ケルマーン
クウェート
シーラーズ
ブーシェフル
イラン
タイマー
ペルシャ湾
バンダレアッバズ
ダンマーム
ブライダ
ホルムズ海峡
バーレーン
マナーマ
ドーハ
ドバイ
リヤド
オマーン湾
アブダビ
メディナ
カタール
アラブ首長国連邦
サウジアラビア
メッカ
ジェッダ
オマーン
紅
ルブアルハーリー砂漠
スーダン
海
アブハー
ジザーン
シャラーラ
サナア
フダイダ
アラビア海
キシン
イエメン
エリトリア
バーブアルマンデブ海峡
ムカラ
モカ
ソコトラ島
エチオピア
ジブチ
アデン
アデン湾

サウジアラビア王国　Kingdom of Saudi Arabia

地方行政管理区分　13州（provinces）

面積　215万km²　人口　2,816万人　首都　リヤド（713万人）　日本との時差　-6時間

主要言語　アラビア語　宗教　イスラム教　通貨　サウジ・リヤル

世界遺産の数　6（自然遺産　0　文化遺産　6　複合遺産　0）　世界遺産条約締約年　1978年

❶ヘグラの考古遺跡（アル・ヒジュル/マダイン・サーレハ）（Al-Hijr Archaeological Site (Madâin Sâlih)）
文化遺産（登録基準(ii)(iii)）　2008年
アル・メディナ州

❷ディライーヤのツライフ地区
（At-Turaif District in ad-Dir'iyah）
文化遺産（登録基準(iv)(v)(vi)）　2010年
リヤド州ディライーヤ

❸歴史都市ジェッダ、メッカへの門
（Historic Jeddah, the Gate to Makkah）
文化遺産（登録基準(ii)(iv)(vi)）　2014年
マッカ・アル・ムカッラマ地方マッカ州

❹サウジアラビアのハーイル地方の岩絵（Rock Art in the Hail Region of Saudi Arabia）
文化遺産（登録基準(i)(iii)）　2015年　ハーイル地方北部国境州

❺アハサー・オアシス、進化する文化的景観（Al-Ahsa Oasis, an evolving Cultural Landscape）
文化遺産（登録基準(iii)(iv)(v)）　2018年　東部州

❻ヒマーの文化地域（Ḥimā Cultural Area）
文化遺産（登録基準(iii)　2021年　ナジュラーン州ヒマー地域

アラブ諸国

イエメン共和国　Republic of Yemen

地方行政管理区分　22県（governorates）
面積　55.5万km²　**人口**　2,816万人　**首都**　サナア（174万人）　**日本との時差**－6時間
主要言語　アラビア語　**宗教**　イスラム教　**通貨**　イエメン・リアル
世界遺産の数　5（自然遺産　1　文化遺産　4　複合遺産　0）　世界遺産条約締約年　1980年

❶シバーム城塞都市（Old Walled City of Shibam）
文化遺産（登録基準（iii）（iv）（v））　1982年
★【危機遺産】2015年
ハドラマウト県

❷サナアの旧市街（Old City of Sana'a）
文化遺産（登録基準（iv）（v）（vi））　1986年
★【危機遺産】2015年
サナア県サナア

❸ザビドの歴史都市（Historic Town of Zabid）
文化遺産（登録基準（ii）（iv）（vi））　1993年
★【危機遺産】2000年
アルフダイダ県

④ソコトラ諸島（Socotra Archipelago）
自然遺産（登録基準（x））　2008年
ソコトラ県

❺古代サバ王国のランドマーク、マーリブ
（Landmarks of the Ancient Kingdom of Saba, Marib）
文化遺産（登録基準（iii）（iv））　2023年
★【危機遺産】2023年　マーリブ県

オマーン国　Sultanate of Oman

地方行政管理区分　11行政区（governorates）
面積　31万km²　**人口**　442万人　**首都**　マスカット（81万人）　**日本との時差**－5時間
主要言語　アラビア語、英語　**宗教**　イスラム教　**通貨**　オマーン・リアル
世界遺産の数　5（自然遺産　0　文化遺産　5　複合遺産　0）　世界遺産条約締約年　1981年

❶バフラ城塞（Bahla Fort）
文化遺産（登録基準（iv））　1987年
ダヒラ行政区

❷バット、アルフトゥムとアルアインの考古学遺跡
（Archaeological Sites of Bat, Al-Khutm and Al- Ayn）
文化遺産（登録基準（iii）（iv））　1988年
ダヒラ行政区

❸フランキンセンスの地（The Land of Frankincense）
文化遺産（登録基準（iii）（iv））　2000年
ドファール特別行政区

❹オマーンのアフラジ灌漑施設（*Aflaj* Irrigation System of Oman）
文化遺産（登録基準（v））　2006年
ダヒラ行政区、南シャルキーヤ行政区、バティナ行政区

❺古代都市カルハット（Ancient City of Qalhat）
文化遺産（登録基準（ii）（iii））　2018年

※アラビアン・オリックス保護区（Arabian Oryx Sanctuary）
自然遺産（登録基準（x））　1994年世界遺産登録　**→2007年登録抹消。**
ウスタ行政区

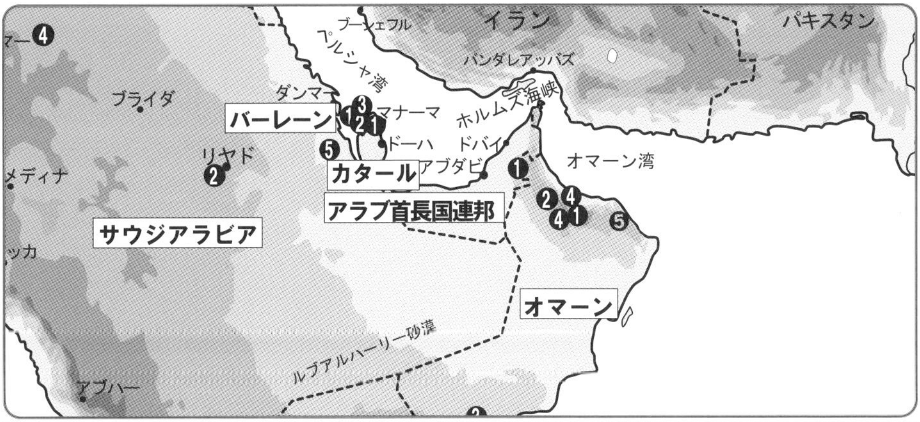
イラン
パキスタン
ブーシェフル
ペルシャ湾
バンダレアッバズ
ホルムズ海峡
ダンマーム
バーレーン
マナーマ
ドーハ
ドバイ
アブダビ
オマーン湾
ブライダ
リヤド
メディナ
カタール
アラブ首長国連邦
サウジアラビア
メッカ
オマーン
ルブアルハーリー砂漠
アブハー

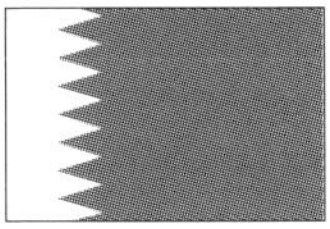

バーレーン国　**State of Bahrain**
地方行政管理区分　4県（governorates）
面積　760km²　人口　137万人　首都　マナーマ（16万人）　日本との時差-6時間
主要言語　アラビア語、英語　宗教　イスラム教　通貨　バーレーン・ディナール
世界遺産の数　3（自然遺産　0　文化遺産　3　複合遺産　0）　世界遺産条約締約年　1991年

❶バーレーン要塞-古代の港湾とディルムン文明の首都
（Qal'at al-Bahrain-Ancient Harbour and Capital of Dilmun）
文化遺産（登録基準（ii）（iii）（iv））　2005年／2008年　北部県
❷真珠採り、島の経済の証し（Pearling, testimony of an island economy）
文化遺産（登録基準（iii））　2012年　首都圏、ムハーラク県
❸ディルムンの墳墓群（Dilmun Burial Mounds）
文化遺産（登録基準（（iii）（iv））　2019年　北部県、南部県

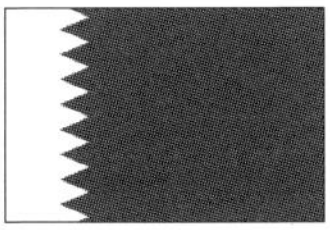

カタール国　**State of Qatar**
地方行政管理区分　7地域（municipalities）
面積　11,427km²　人口　225万人　首都　ドーハ（135万人）　日本との時差-6時間
主要言語　アラビア語　宗教　イスラム教　通貨　カタール・リヤル
世界遺産の数　1（自然遺産　0　文化遺産　1　複合遺産　0）　世界遺産条約締約年　1984年

❶アル・ズバラ考古学遺跡（Al Zubarah Archaeological Site）
文化遺産（登録基準（iii）（iv）（v））　2013年
アッ・シャマール地域マディナ・アッシュ・シャマル町アル・ズバラ村

アラブ首長国連邦　**United Arab Emirates（UAE）**
地方行政管理区分　7首長国（emirates）
面積　83,600km²　人口　945万人　首都　アブダビ（92万人）　日本との時差-5時間
主要言語　アラビア語　宗教　イスラム教　通貨　ディルハム
世界遺産の数　1（自然遺産　0　文化遺産　1　複合遺産　0）　世界遺産条約締約年　2001年

❶アル・アインの文化遺跡群（ハフィート、ヒリ、ビダー・ビント・サウドとオアシス地域群）
（Cultural Sites of Al Ain（Hafit, Hili, Bidaa Bint Saud and Oases Areas））
文化遺産（登録基準（iii）（iv）（v））　2011年
アブダビ首長国

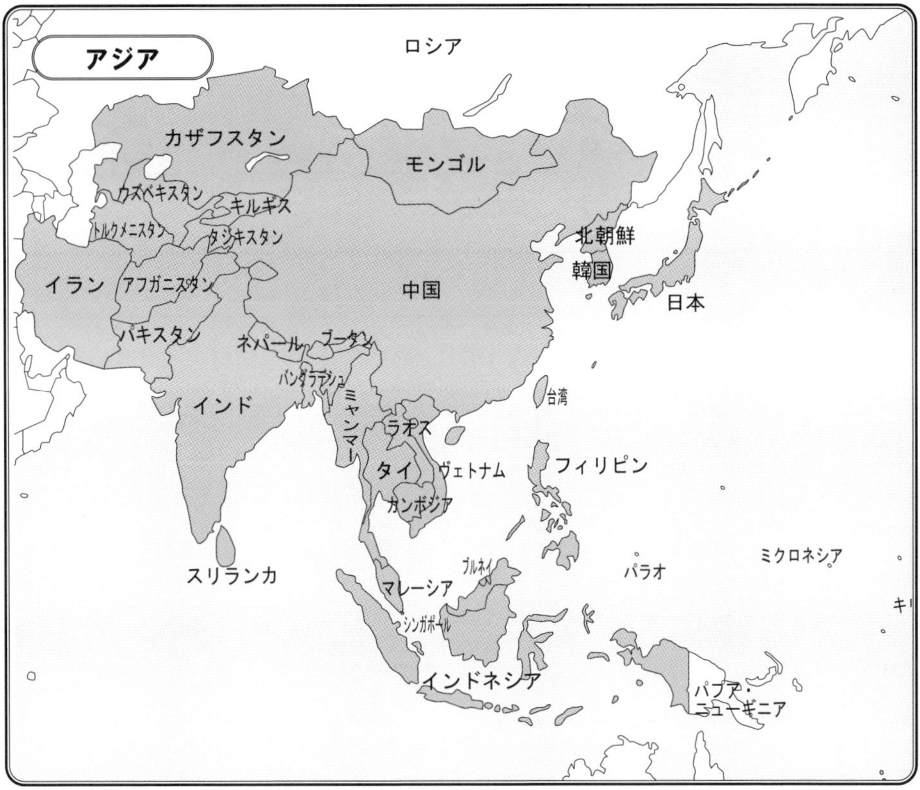

アジア
ロシア
カザフスタン
モンゴル
ウズベキスタン
キルギス
トルクメニスタン
タジキスタン
北朝鮮
韓国
イラン
アフガニスタン
中国
日本
パキスタン
ネパール
ブータン
バングラデシュ
台湾
インド
ミャンマー
ラオス
タイ
ヴェトナム
フィリピン
カンボジア
スリランカ
ブルネイ
パラオ
ミクロネシア
マレーシア
シンガポール
インドネシア
パプア・
ニューギニア

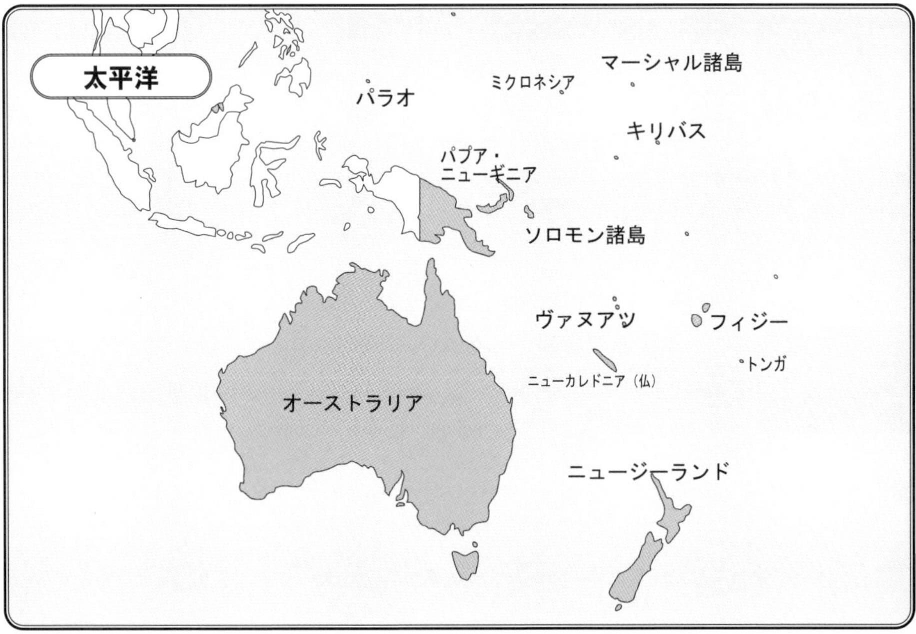

太平洋
マーシャル諸島
ミクロネシア
パラオ
キリバス
パプア・
ニューギニア
ソロモン諸島
ヴァヌアツ
フィジー
トンガ
ニューカレドニア（仏）
オーストラリア
ニュージーランド

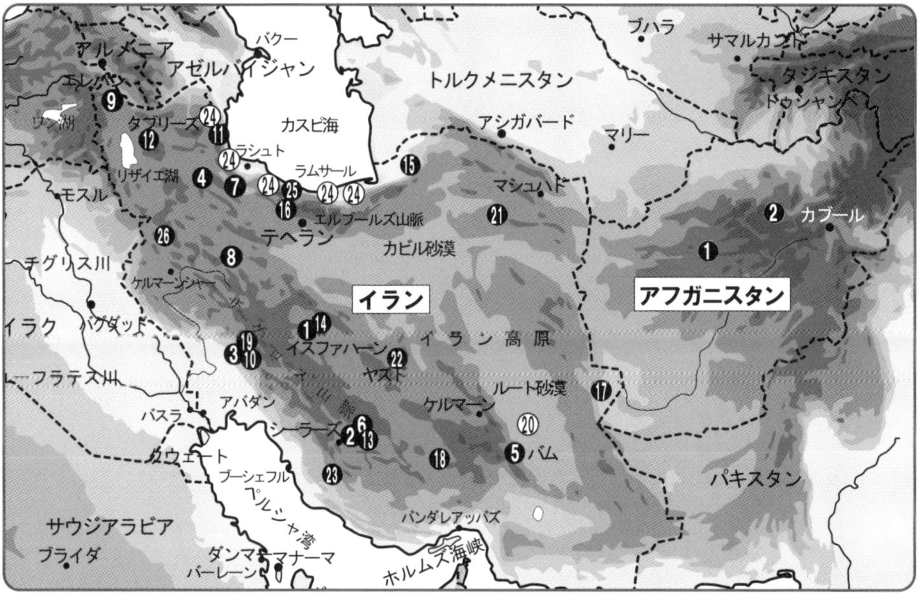
ブハラ
サマルカンド
タジキスタン
ドゥシャンベ
トルクメニスタン
アシガバード
マリー
バクー
アルメニア
エレバン
アゼルバイジャン
ワン湖
タブリーズ
カスピ海
ラシュト
ラムサール
リザイエ湖
モスル
マシュハド
カブール
エルブールズ山脈
テヘラン
カビル砂漠
チグリス川
ケルマーンシャー
イラン
アフガニスタン
イラク
バグダッド
イスファハーン
イラン高原
ヤズド
フラテス川
アバダン
バスラ
ルート砂漠
ケルマーン
シーラーズ
バム
クウェート
ブーシェフル
パキスタン
ペルシャ湾
サウジアラビア
ブライダ
バンダレアッバズ
ダンマン
マナーマ
バーレーン
ホルムズ海峡

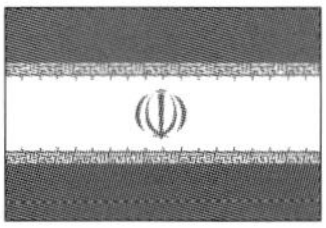

イラン・イスラム共和国 **Islamic Republic of Iran**

地方行政管理区分　31州（provinces）

面積　164.8万km²　**人口**　8,280万人　**首都**　テヘラン(884万人)　**日本との時差**－5.5時間

主要言語　ペルシア語　**宗教**　イスラム教　**通貨**　イラン・リアル

世界遺産の数　26（自然遺産　2　文化遺産　24　複合遺産　0）　**世界遺産条約締約年**　1975年

アジア

❶イスファハンのイマーム広場（Meidan Emam, Esfahan）
文化遺産（登録基準(i)(v)(vi)）　1979年　イスファハン州

❷ペルセポリス（Persepolis）
文化遺産（登録基準(i)(iii)(vi)）　1979年　ファールス州

❸チョーガ・ザンビル（Tchogha Zanbil）
文化遺産（登録基準(iii)(iv)）　1979年　フーゼスターン州

❹タクテ・ソレイマン（Takht-e Soleyman）
文化遺産（登録基準(i)(ii)(iii)(iv)(vi)）2003年　西アゼルバイジャン州

❺バムとその文化的景観（Bam and its Cultural Landscape）
文化遺産（登録基準(ii)(iii)(iv)(v)）　2004年／2007年
ケルマン州

❻パサルガディ（Pasargadae）
文化遺産（登録基準(i)(ii)(iii)(iv)）　2004年　ファールス州

❼ソルタニーイェ（Soltaniyeh）
文化遺産(登録基準(ii)(iii)(iv))　2005年　ザンジャーン州

❽ビソトゥーン（Bisotun）
文化遺産(登録基準(ii)(iii))　2006年　ケルマーンシャー州

❾イランのアルメニア正教の修道院建築物群（Armenian Monastic Ensembles of Iran）
文化遺産(登録基準(ii)(iii)(vi))　2008年
西アゼルバイジャン州、東アゼルバイジャン州

❿シューシュタルの歴史的水利施設（Shushtar Historical Hydraulic System）
文化遺産(登録基準(i)(ii)(v))　2009年　フーゼスターン州

⓫アルダビールのシェイフ・サフィール・ディーン聖殿の建築物群
(Sheikh Safi al-din Khanegah and Shrine Ensemble in Ardabil)
文化遺産(登録基準(i)(ii)(iv))　2010年　アルダビール州

⓬タブリーズの歴史的なバザールの建造物群（Tabriz Historical Bazaar Complex）
文化遺産（登録基準(ii)(iii)(iv)）　2010年　東アゼルバイジャン州
⓭ペルシャの庭園（The Persian Garden）
文化遺産（登録基準(i)(ii)(iii)(iv)(vi)）　2011年
ファールス州シーラーズ市、イスファハン州イスファハン市、マーザンダラーン州ベフシャフル市、ケルマーン州マーハーン市、ヤズド州ヤズド市とメフリーズ市、南ホラーサーン州ビールジャンド市
⓮イスファハンの金曜モスク（Masjed-e Jame of Isfahan）
文化遺産（登録基準(ii)）　2012年　イスファハン州イスファハン市
⓯カーブース墓廟（Gonbad-e Qabus）
文化遺産（登録基準(i)(ii)(iii)(iv)）　2012年　テヘラン州テヘラン市
⓰ゴレスタン宮殿（Golestan Palace）　文化遺産（登録基準(i)(ii)(iii)(iv)）　2013年　ゴレスターン州
⓱シャフリ・ソフタ（Sharhr-i Sokhta）　文化遺産（登録基準(ii)(iii)(iv)）　2014年　シースターン州
⓲メイマンドの文化的景観（Cultural Landscape of Maymand）
文化遺産（登録基準(v)）　2015年　ケルマーン州シャフレバーバク郡
⓳スーサ（Susa）　文化遺産（登録基準(i)(ii)(iii)(iv)）　2015年　フージスターン州シューシュ
⑳ルート砂漠（Lut Desert）
自然遺産（登録基準(vii)(viii)）　2016年
ケルマーン州、ホラーサーン州、シースターン・バ・バルチスターン州
㉑ペルシャのカナート（The Persian Qanat）　文化遺産（登録基準(iii)(iv)）　2016年
ホラーサーン州、ヤズド州、マルキャズィー州、ケルマン州
㉒ヤズドの歴史都市（Historic City of Yazd）
文化遺産（登録基準(iii)(v)）　2017年　ヤズド州
㉓ファールス地域のサーサーン朝の考古学景観
（Sassanid　Archaeological Landscape of Fars Region）
文化遺産（登録基準(ii)(iii)(v)）　2018年
ファールス州フィールーザーバード郡、ビーシャープール郡、サルベスターン郡
㉔ヒルカニア森林群（Hyrcanian Forests）　自然遺産（登録基準((ix)）　2019年
ギーラーン州、マーザンダラーン州、ゴレスターン州
㉕イラン縦貫鉄道（Trans-Iranian Railway）
文化遺産（登録基準(ii)(iv)　2021年　ゴレスターン州、マーザンダラーン州、セムナーン州、テヘラン州、ゴム州、マルキャズィー州、ロレスターン州、フーゼスターン州
㉖ハウラマン／ウラマナトの文化的景観
（Cultural Landscape of Hawraman/Uramanat）
文化遺産（登録基準(iii)　(v)　2021年　コルデスターン州、ケルマーンシャー州

アフガニスタン・イスラム国　Islamic State of Afghanistan

地方行政管理区分　34州（provinces）
面積　65.2万km²　**人口**　3,333万人　**首都**　カブール（369万人）　**日本との時差**-4.5時間
主要言語　ダリー語（ペルシア語）、パシュト語など　**宗教**　イスラム教　**通貨**　アフガニ
世界遺産の数　2（自然遺産　0　文化遺産　2　複合遺産　0）　世界遺産条約締約年　1979年

❶ジャムのミナレットと考古学遺跡
（Minaret and Archaeological Remains of Jam）
文化遺産（登録基準(ii)(iii)(iv)）　2002年
★【危機遺産】2002年
ゴール州
❷バーミヤン盆地の文化的景観と考古学遺跡
（Cultural Landscape and Archaeological Remains of the Bamiyan Valley）
文化遺産（登録基準(i)(ii)(iii)(iv)(vi)）　2003年
★【危機遺産】2003年
バーミヤン州

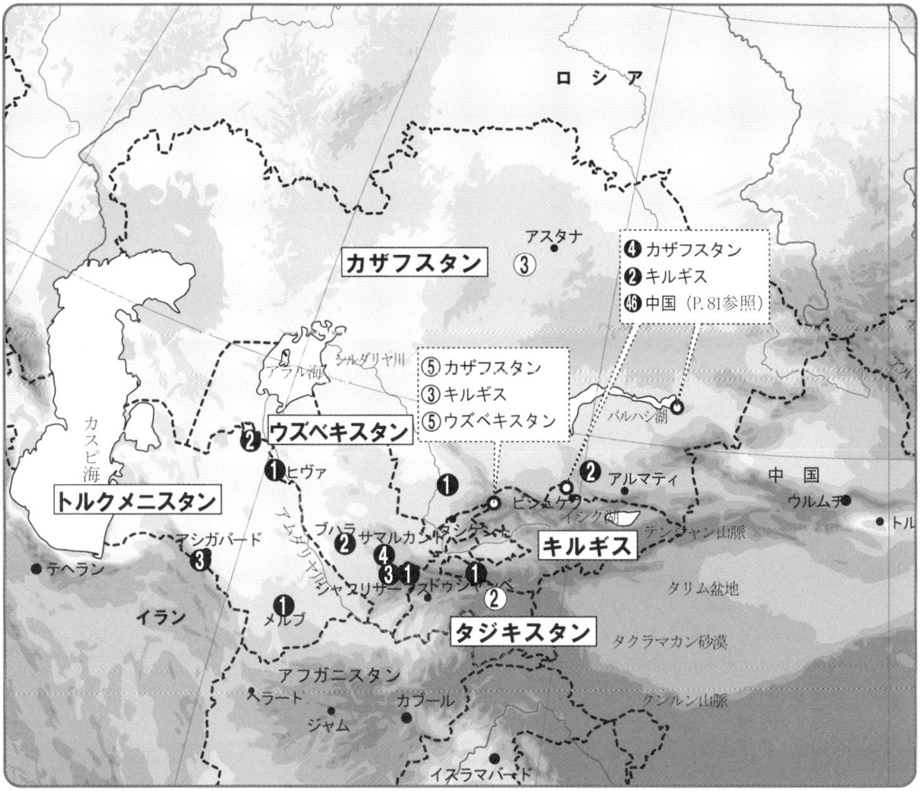

ロ シ ア
アスタナ
カザフスタン
③
❹カザフスタン
❷キルギス
㊻中国（P.81参照）
シルダリヤ川
アラル海
⑤カザフスタン
③キルギス
⑤ウズベキスタン
バルハシ湖
カスピ海
❷
ウズベキスタン
❶ヒヴァ
❶
❷ アルマティ
中 国
トルクメニスタン
ビシュケク
ウルムチ
イシク湖
トル
アシガバード
ブハラ
❷サマルカンド
タシケント
キルギス
テンシャン山脈
アムダリヤ川
❸
❹
❸❶
❶
テヘラン
シャフリサーブス
ドゥシャンベ
②
タリム盆地
❶
イラン
メルブ
タジキスタン
タクラマカン砂漠
アフガニスタン
ヘラート
カブール
クンルン山脈
ジャム
イスラマバード

カザフスタン共和国 Republic of Kazakhstan

地方行政管理区分 14州（provinces） 3市（cities）
面積 272.7万km^2 **人口** 1,836万人 **首都** アスタナ（100万人） **日本との時差**-3時間
主要言語 カザフ語、ロシア語 **宗教** イスラム教、ロシア正教 **通貨** テンゲ
世界遺産の数 5（自然遺産 2 文化遺産 3 複合遺産 0） 世界遺産条約締約年 1994年

❶コジャ・アフメド・ヤサウィ廟（Mausoleum of Khoja Ahmed Yasawi）
文化遺産（登録基準(i)(iii)(iv)） 2003年 南カザフスタン州

❷タンバリの考古的景観にある岩絵群
（Petroglyphs within the Archaeological Landscape of Tamgaly）
文化遺産（登録基準(iii)） 2004年 アルマティ州

③サリ・アルカ–カザフスタン北部の草原と湖沼群
（Saryarka - Steppe and Lakes of Northern Kazakhstan）
自然遺産（登録基準(ix)(x)） 2008年
コスタナイ州、アクモラ州、カラガンダ州

❹シルクロード：長安・天山回廊の道路網
（Silk Roads: the Routes Network of Chang'an Tianshan Corridor）
文化遺産（登録基準(ii)(iii)(v)(vi)） 2014年
アルマトイ州、ジャンブール州 中国／カザフスタン／キルギス

⑤西天山（Western Tien-Shan）
自然遺産（登録基準(x)） 2016年
カザフスタン州、南カザフスタン州
カザフスタン／キルギス／ウズベキスタン

ウズベキスタン共和国　Republic of Uzbekistan

地方行政管理区分　12州（provinces）　1自治共和国（autonomous republic）　1市（city）
面積　44.7万km²　**人口**　2,947万人　**首都**　タシケント（220万人）　**日本との時差**−4時間
主要言語　ウズベク語、ロシア語、タジク語　**宗教**　イスラム教、東方正教　**通貨**　スム
世界遺産の数　5（自然遺産　1　文化遺産　4　複合遺産　0）　世界遺産条約締約年　1993年

❶イチャン・カラ（Itchan Kala）
文化遺産（登録基準(iii)(iv)(v)）　1990年　ホラズム州
❷ブハラの歴史地区（Historic Centre of Bukhara）
文化遺産（登録基準(ii)(iv)(vi)）　1993年　ブハラ州
❸シャフリサーブスの歴史地区（Historic Centre of Shakhrisyabz）
文化遺産（登録基準(iii)(iv)）　2000年
★【危機遺産】2016年　カシュカダリヤ州
❹サマルカンド-文明の十字路（Samarkand - Crossroad of Cultures）
文化遺産（登録基準(i)(ii)(iv)）　2001年　サマルカンド州
⑤西天山（Western Tien-Shan）
自然遺産（登録基準(x)）　2016年
タシケント州　カザフスタン／キルギス／ウズベキスタン

トルクメニスタン　Turkmenistan

地方行政管理区分　5州（provinces）　1独立市（independent city）
面積　48.8万km²　**人口**　529万人　**首都**　アシガバード（86万人）　**日本との時差**−4時間
主要言語　トルクメン語、ウズベク語、ロシア語　**宗教**　イスラム教、東方正教　**通貨**　マナト
世界遺産の数　3（自然遺産　0　文化遺産　3　複合遺産　0）　世界遺産条約締約年　1994年

❶「古都メルブ」州立歴史文化公園（State Historical and Cultural Park"Ancient Merv"）
文化遺産（登録基準(ii)(iii)）　1999年
マリー州
❷クフナ・ウルゲンチ（Kunya-Urgench）
文化遺産（登録基準(ii)(iii)）　2005年
ダショグズ州
❸ニサのパルティア時代の要塞群（Parthian Fortresses of Nisa）
文化遺産（登録基準(ii)(iii)）　2007年
アハル州

キルギス共和国　Kyrgyz Republic

地方行政管理区分　7州（provinces）　2市（cities）
面積　19.9万km²　**人口**　573万人　**首都**　ビシュケク（94万人）　**日本との時差**−3時間
主要言語　キルギス語、ウズベク語、ロシア語　**宗教**　イスラム教、ロシア正教　**通貨**　ソム
世界遺産の数　3（自然遺産　1　文化遺産　2　複合遺産　0）　世界遺産条約締約年　1995年

❶スライマン・トォーの聖山（Sulamain-Too Sacred Mountain）
文化遺産（登録基準(iii)(vi)）　2009年　オシュ州オシュ市
❷シルクロード：長安・天山回廊の道路網
（Silk Roads: the Routes Network of Chang'an Tianshan Corridor）
文化遺産（登録基準(ii)(iii)(v)(vi)）　2014年
チュイ州　中国／カザフスタン／キルギス
③西天山（Western Tien-Shan）
自然遺産（登録基準(x)）　2016年
ナルイン州　カザフスタン／キルギス／ウズベキスタン

タジキスタン共和国　Republic of Tajikistan

地方行政管理区分　2州（provinces）　1自治州（autnomous provinces）
面積　14.3万km²　人口　833万人　首都　ドゥシャンベ（79万人）　日本との時差−3時間
主要言語　タジク語、ロシア語　宗教　イスラム教　通貨　ソモニ
世界遺産の数　2（自然遺産　1　文化遺産　1　複合遺産　0）　世界遺産条約締約年　1992年

❶サラズムの原始の都市遺跡（Proto-urban site of Sarazm）
文化遺産（登録 基準(ii)(iii)）　2010年
ソグド州パンジケント地区

②タジキスタン国立公園（パミールの山脈）
（Tajik National Park（Mountains of the Pamirs））
自然遺産（登録基準(vii)(viii)）　2013年
ゴルノ・バダフシャン自治州（ヴァンチ郡、ルシャン郡、シュグナン郡、ムルガム郡）
東カロテギン直轄地（タヴィルダラ郡、ジルガトール郡）

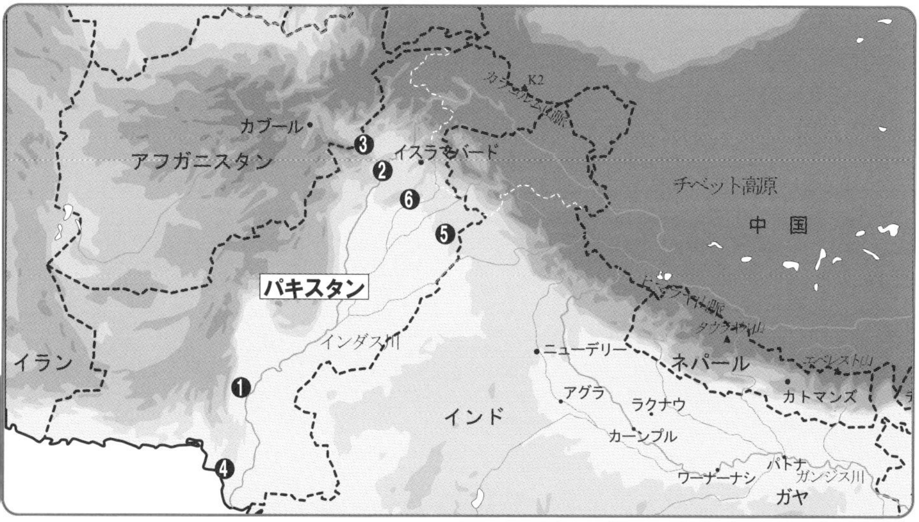

K2
カブール
❸
イスラマバード
アフガニスタン
②
❻
チベット高原
❺
中　国
パキスタン
インダス川
ニューデリー
イラン
ネパール
❶
アグラ
ラクナウ
カトマンズ
インド
カーンプル
❹
パトナ
ガンジス川
ガヤ

パキスタン・イスラム共和国　Islamic Republic of Pakistan

地方行政管理区分　4州（provinces）　1地域（territory）　1首都地域（capital territory）
面積　79.6万km²　人口　20,200万人　首都　イスラマバード（182万人）　日本との時差−4時間
主要言語　ウルドゥ語、パンジャビ語、英語　宗教　イスラム教　通貨　パキスタン・ルピー
世界遺産の数　6（自然遺産　0　文化遺産　6　複合遺産　0）　世界遺産条約締約年　1976年

❶モヘンジョダロの考古学遺跡（Archaeological Ruins at Moenjodaro）
文化遺産（登録基準(ii)(iii)）　1980年　シンド州

❷タクティ・バヒーの仏教遺跡と近隣のサハリ・バハロルの都市遺跡
（Buddhist Ruins of Takht-i-Bahi and Neighbouring City Remains at Sahr-i-Bahlol）
文化遺産（登録基準(iv)）　1980年　北西辺境州

❸タキシラ（Taxila）
文化遺産（登録基準(iii)(vi)）　1980年　パンジャブ州

❹ラホールの城塞とシャリマール庭園（Fort and Shalamar Gardens in Lahore）
文化遺産（登録基準(i)(ii)(iii)）　1981年
パンジャブ州

❺タッタ、マクリの丘の歴史的記念物群（Historical Monuments at Makli, Thatta）
文化遺産（登録基準(iii)）　1981年
パンジャブ州

❻ロータス要塞（Rohtas Fort）
文化遺産（登録基準(ii)(iv)）　1997年
パンジャブ州

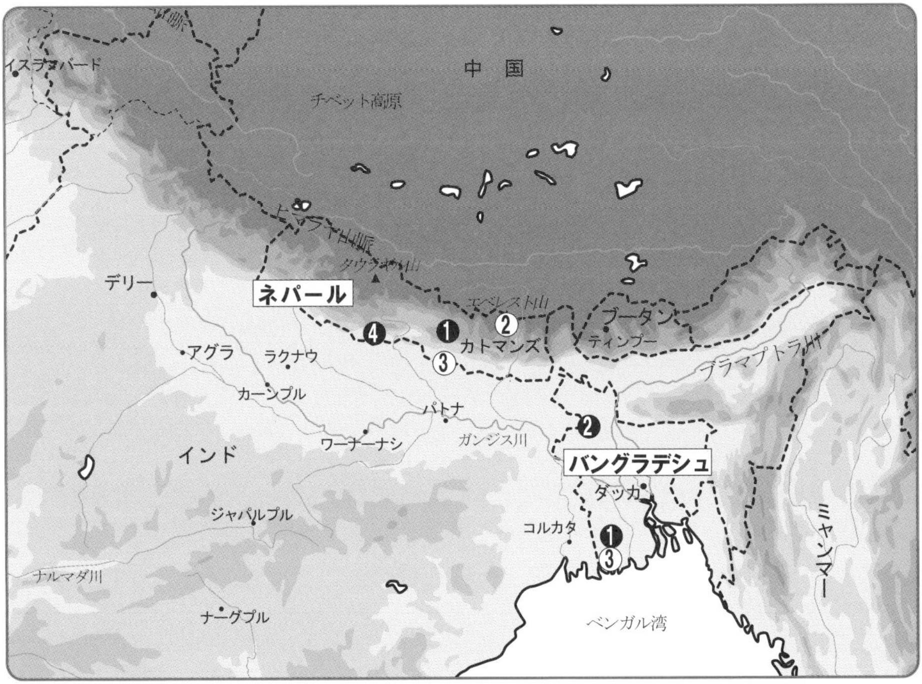

イスラマバード
中国
チベット高原
ヒマラヤ山脈
ダウラギリ山
デリー
ネパール
エベレスト山
❹
❶
②
カトマンズ
③
ブータン
ティンプー
アグラ
ラクナウ
カーンプル
パトナ
ブラマプトラ川
❷
ワーラーナシ
ガンジス川
インド
バングラデシュ
ダッカ
ジャバルプル
コルカタ
❶
③
ミャンマー
ナルマダ川
ナーグプル
ベンガル湾

アジア

バングラデシュ人民共和国　People's Republic of Bangladesh

地方行政管理区分　8州（divisions）
面積　14.8万km²　人口　15,619万人　首都　ダッカ（697万人）　日本との時差－3時間
主要言語　ベンガル語　宗教　イスラム教、ヒンドゥー教　通貨　タカ
世界遺産の数　3（自然遺産　1　文化遺産　2　複合遺産　0）　世界遺産条約締約年　1983年

❶バゲラートのモスク都市（Historic Mosque City of Bagerhat）
文化遺産（登録基準(iv)）　1985年
クルナ州バゲラート県

❷パハルプールの仏教寺院遺跡（Ruins of the Buddhist Vihara at Paharpur）
文化遺産（登録基準(i)(ii)(vi)）　1985年
ラジシャヒ州ナオガオン県

③サンダーバンズ（The Sundarbans）
自然遺産（登録基準(ix)(x)）　1997年
クルナ州

○自然遺産　●文化遺産　□複合遺産　★危機遺産

ネパール連邦民主共和国　Federal Democratic Republic of Nepal

地方行政管理区分　14県（zones）
面積　14.7万km²　**人口**　2,903万人　**首都**　カトマンズ（100万人）**日本との時差**－3.25時間
主要言語　ネパール語、マイティリ語、英語など　**宗教**　ヒンドゥー教、仏教
通貨　ネパール・ルピー
世界遺産の数　4（自然遺産　2　文化遺産　2　複合遺産　0）　世界遺産条約締約年　1978年

❶カトマンズ渓谷（Kathmandu Valley）
文化遺産（登録基準(iii)(iv)(vi)）　1979年／2006年
中部バグマチ県

②サガルマータ国立公園（Sagarmatha National Park）
自然遺産（登録基準(vii)）　1979年　東部サガルマータ県

③チトワン国立公園（Chitwan National Park）
自然遺産（登録基準(vii)(ix)(x)）　1984年　中部ナラヤニ県

❹釈迦生誕地ルンビニー（Lumbini, the Birthplace of the Lord Buddha）
文化遺産（登録基準(iii)(vi)）　1997年　西部ルンビニー県

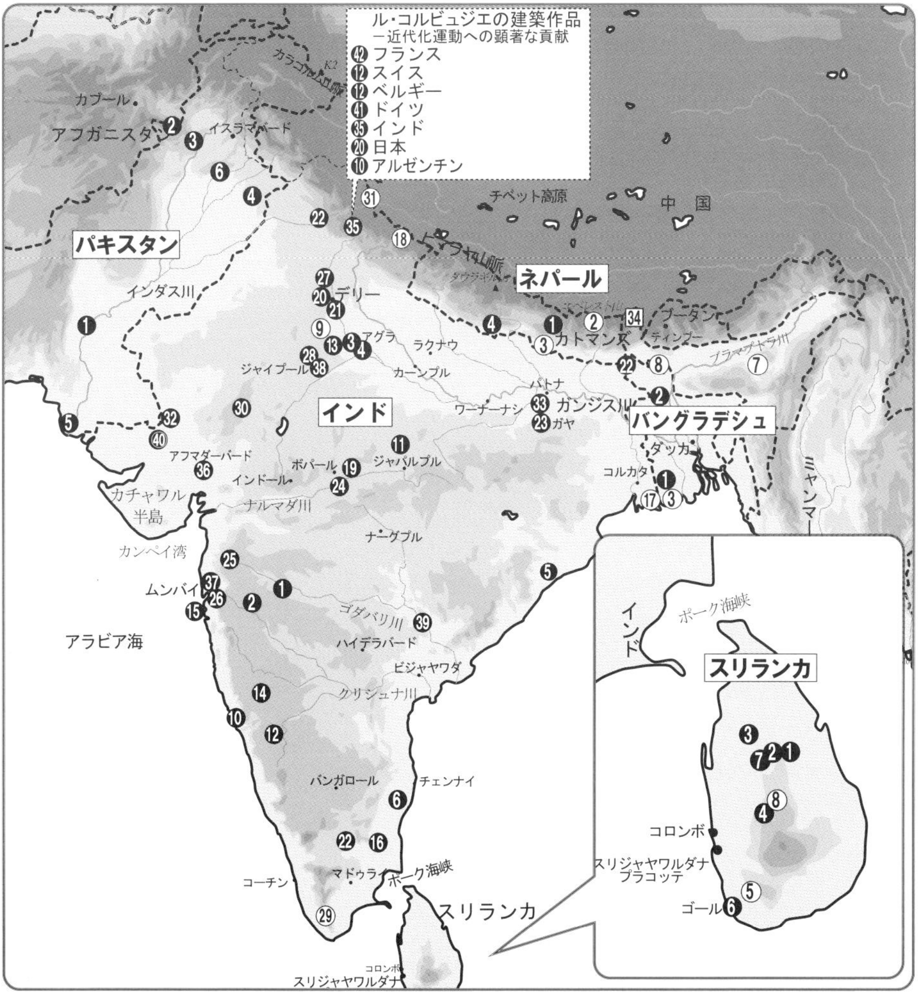
ル・コルビュジエの建築作品
－近代化運動への顕著な貢献
42 フランス
12 スイス
12 ベルギー
41 ドイツ
35 インド
20 日本
10 アルゼンチン
カラコルム山脈
K2
カブール
アフガニスタン
イスラマバード
チベット高原
中国
パキスタン
ヒマラヤ山脈
ネパール
インダス川
デリー
アグラ
ラクナウ
カトマンズ
ティンプー
ブータン
ブラマプトラ川
ジャイプール
カーンプル
パトナ
ワーラーナシ
ガンジス川
ガヤ
インド
バングラデシュ
ダッカ
アフマダーバード
ボパール
ジャバルプル
インドール
コルカタ
カチャワル半島
ナルマダ川
ナーグプル
カンベイ湾
ムンバイ
ゴダバリ川
アラビア海
ハイデラバード
ビジャヤワダ
クリシュナ川
バンガロール
チェンナイ
マドゥライ
コーチン
ポーク海峡
スリランカ
コロンボ
スリジャヤワルダナ
ミャンマー
インド
ポーク海峡
スリランカ
コロンボ
スリジャヤワルダナプラコッテ
ゴール

○自然遺産　●文化遺産　□複合遺産　★危機遺産

インド India

地方行政管理区分　29州（states）　7連邦直轄地域（union territories）
面積　328.8万km²　人口 126,688万人　首都　デリー(2,175万人)　日本との時差-3.5時間
主要言語　ヒンディー語、英語など　宗教 ヒンドゥー教、イスラム教など　通貨　ルピー
世界遺産の数　40（自然遺産　7　文化遺産　32　複合遺産　1）　世界遺産条約締約年　1977年

❶アジャンター石窟群（Ajanta Caves）
文化遺産(登録基準(i)(ii)(iii)(vi)) 1983年　マハーラーシュトラ州
❷エローラ石窟群　(Ellora Caves)
文化遺産(登録基準(i)(iii)(vi))　1983年　マハーラーシュトラ州
❸アグラ城塞（Agra Fort）
文化遺産(登録基準(iii))　1983年　ウッタル・プラデッシュ州
❹タージ・マハル（Taj Mahal）
文化遺産(登録基準(i))　1983年　ウッタル・プラデッシュ州
❺コナーラクの太陽神寺院（Sun Temple,Konarak）
文化遺産(登録基準(i)(iii)(vi))　1984年　オリッサ州
❻マハーバリプラムの建造物群（Group of Monuments at Mahabalipuram）
文化遺産(登録基準(i)(ii)(iii)(vi)) 1984年　タミル・ナードゥ州
⑦カジランガ国立公園（Kaziranga National Park）
自然遺産(登録基準(ix)(x))　1985年　アッサム州
⑧マナス野生動物保護区（Manas Wildlife Sanctuary）
自然遺産(登録基準(vii)(ix)(x))　1985年　アッサム州
⑨ケオラデオ国立公園（Keoladeo National Park）
自然遺産(登録基準(x))　1985年　ラジャスタン州
❿ゴアの教会と修道院（Churches and Convents of Goa）
文化遺産(登録基準(ii)(iv)(vi))　1986年　ゴア州
⓫カジュラホの建造物群（Khajuraho Group of Monuments）
文化遺産(登録基準(i)(iii))　1986年　マディヤ・プラデシュ州
⓬ハンピの建造物群（Group of Monuments at Hampi）
文化遺産(登録基準(i)(iii)(iv))　1986年
カルナータカ州
⓭ファテープル・シクリ（Fatehpur Sikri）
文化遺産(登録基準(ii)(iii)(iv))　1986年
ウッタル・プラデッシュ州
⓮パッタダカルの建造物群（Group of Monuments at Pattadakal）
文化遺産(登録基準(iii)(iv))　1987年　カルナータカ州
⓯エレファンタ石窟群（Elephanta Caves）
文化遺産(登録基準(i)(iii))　1987年　マハーラーシュトラ州
⓰チョーラ朝の現存する大寺院群（Great Living Chola Temples）
文化遺産(登録基準(i)(ii)(iii)(iv))　1987年／2004年　タミル・ナードゥ州
⑰スンダルバンス国立公園（Sundarbans National Park）
自然遺産(登録基準(ix)(x))　1987年　ウエスト・ベンガル州
⑱ナンダ・デヴィ国立公園とフラワーズ渓谷国立公園
(Nanda Devi and Valley of Flowers National Parks)
自然遺産(登録基準(vii)(x))　1988年／2005年　ウッタラーカンド州
⓳サーンチーの仏教遺跡（Buddhist Monuments at Sanchi）
文化遺産(登録基準(i)(ii)(iii)(iv)(vi))　1989年　マディヤ・プラデシュ州
⓴デリーのフマユーン廟（Humayun's Tomb, Delhi）
文化遺産(登録基準(ii)(iv))　1993年　デリー首都圏
㉑デリーのクトゥブ・ミナールと周辺の遺跡群
(Qutb Minar and its Monuments, Delhi)
文化遺産(登録基準(iv))　1993年　デリー首都圏
㉒インドの山岳鉄道群（Mountain Railways of India）

アジア

文化遺産(登録基準(ii)(iv)) 1999年／2005年／2008年
西ベンガル州、タミル・ナドゥー州、ヒマチャール・ブラデシュ州、ハリヤーナ州

㉓ブッダ・ガヤのマハボディ寺院の建造物群
(Mahabodhi Temple Complex at Bodh Gaya)
文化遺産(登録基準(i)(ii)(iii)(iv)(vi)) 2002年 ビハール州

㉔ビムベトカの岩窟群 (Rock Shelters of Bhimbetka)
文化遺産(登録基準(iii)(v)) 2003年 マディヤ・プラデシュ州

㉕チャンパネル・パヴァガドゥ考古学公園
(Champaner-Pavagadh Archaeological Park)
文化遺産(登録基準(iii)(iv)(v)(vi)) 2004年 グジャラート州

㉖チャトラパティ・シヴァージー駅（旧ヴィクトリア・ターミナス駅）
(Chhatrapati Shivaji Terminus (formerly Victoria Terminus))
文化遺産(登録基準(ii)(iv)) 2004年 マハラーシュトラ州

㉗レッド・フォートの建築物群 (Red Fort Complex)
文化遺産(登録基準(ii)(iii)(vi)) 2007年 デリー首都圏

㉘ジャイプールのジャンタル・マンタル (The Jantar Mantar, Jaipur)
文化遺産(登録基準(iii)(iv)) 2010年 ラジャスタン州

㉙西ガーツ山脈 (Western Ghats)
自然遺産(登録基準(ix)(x)) 2012年
グジャラート州、マハーラーシュトラ州、ゴア州、ケーララ州、タミル・ナードゥ州

㉚ラジャスタン地方の丘陵城塞群 (Hill Forts of Rajasthan)
文化遺産(登録基準(ii)(iii)) 2013年 ラジャスタン州

㉛グレート・ヒマラヤ国立公園保護地域
(Great Himalayan National Park Consevation Area)
自然遺産(登録基準(x)) 2014年 ヒマーチャル・プラデーシュ州クッルー県

㉜グジャラート州のパタンにあるラニ・キ・ヴァヴ（王妃の階段井戸）
(Rani-ki-Vav (the Queen's Stepwell) at Patan, Gujarat)
文化遺産(登録基準(i)(iv)) 2014年 グジャラート州パタン

㉝ビハール州ナーランダにあるナーランダ・マハーヴィハーラ（ナーランダ大学）の考古学遺跡
(Archaelogical Site of Nalanda Mahavihara at Nalanda , Bihar)
文化遺産(登録基準(iv)(vi)) 2016年 ビハール州ナーランダ

㉞カンチェンジュンガ国立公園 (Khangchendzonga National Park)
複合遺産(登録基準(iii)(vi)(vii)(x)) 2016年 シッキム州

㉟ル・コルビュジエの建築作品－近代化運動への顕著な貢献
(The Architectural Work of Le Corbusier, an Outstanding Contribution to the Modern Movement)
文化遺産(登録基準(i)(ii)(vi)) 2016年 パンジャブ州チャンディガール
フランス／スイス／ドイツ／ベルギー／日本／インド／アルゼンチン

㊱アフマダーバードの歴史都市 (Historic City of Ahmadabad)
文化遺産(登録基準(ii)(v)) 2017年 グジャラート州アフマダーバード県

㊲ムンバイのヴィクトリア様式とアール・デコ様式の建造物群
(Victorian and Art Deco Ensemble of Mumbai)
文化遺産(登録基準(ii)(iv)) 2018年 マハーラーシュトラ州

㊳ラージャスターン州のジャイプル市街 (Jaipur City, Rajasthan)
文化遺産(登録基準((ii)(iv)(vi)) 2019年 ラージャスターン州

㊴テランガーナ州のカカティヤ・ルドレシュワラ（ラマッパ）寺院
(Kakatiya Rudreshwara (Ramappa) Temple, Telangana)
文化遺産(登録基準((i)(iii))) 2021年 テランガーナ州ムルグ地区パランペット

㊵ドーラビーラ : ハラッパーの都市
(Dholavira: A Harappan City)
文化遺産(登録基準((iii)(iv)) 2021年
グジャラート州カッチ県ドーラビーラ村

アジア

スリランカ民主社会主義共和国　Democratic Socialist Republic of Sri Lanka

地方行政管理区分　9州（provinces）
面積　6.6万km²　人口　2,096万人　首都　スリジャヤワルダナプラコッテ（13万人）
日本との時差−3.5時間　主要言語　シンハラ語、タミール語、英語
宗教　仏教、ヒンドゥー教、イスラム教　通貨　スリランカ・ルピー
世界遺産の数　8（自然遺産　2　文化遺産　6　複合遺産　0）　世界遺産条約締約年　1980年

❶古代都市ポロンナルワ（Ancient City of Polonnaruwa）
文化遺産（登録基準(i)(iii)(vi)）　1982年　中部州

❷古代都市シギリヤ（Ancient City of Sigiriya）
文化遺産（登録基準(ii)(iii)(iv)）　1982年　中部州

❸聖地アヌラダプラ（Sacred City of Anuradhapura）
文化遺産（登録基準(ii)(iii)(vi)）　1982年　北中部州

❹聖地キャンディ（Sacred City of Kandy）
文化遺産（登録基準(iv)(vi)）　1988年　中部州

⑤シンハラジャ森林保護区（Sinharaja Forest Reserve）
自然遺産（登録基準(ix)(x)）　1988年
サバラガムワ州

❻ゴールの旧市街と城塞（Old Town of Galle and its Fortifications）
文化遺産（登録基準(iv)）　1988年　南部州

❼ランギリ・ダンブッラの石窟寺院（Rangiri Dambulla Cave Temple）
文化遺産（登録基準(i)(vi)）　1991年　中部州

⑧スリランカの中央高地（Central Highlands of Sri Lanka）
自然遺産（登録基準(ix)(x)）　2010年　中部州

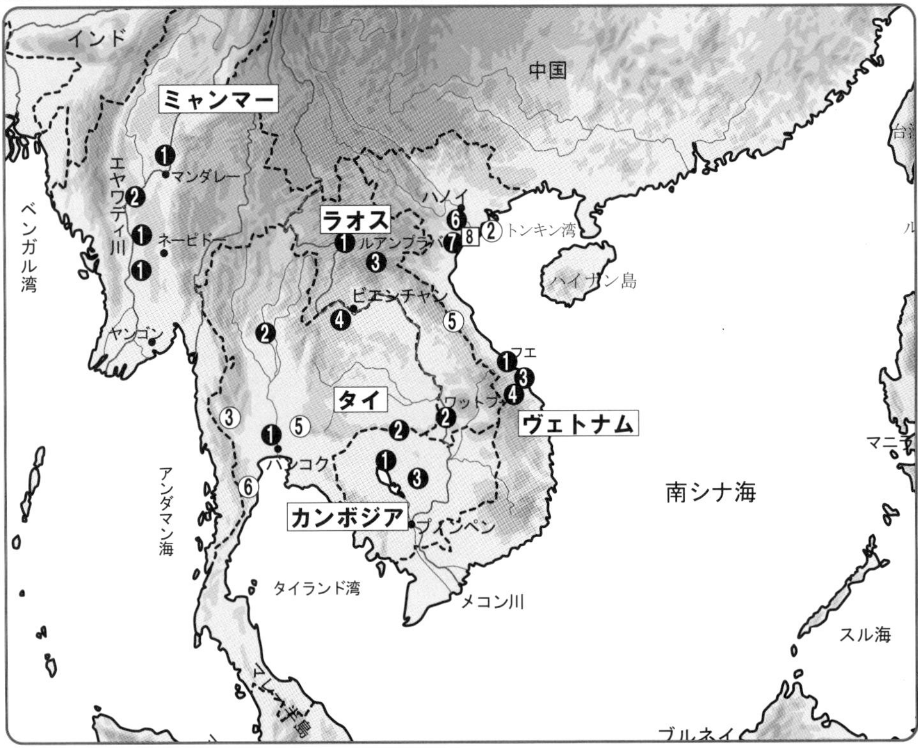
インド
中国
ミャンマー
マンダレー
エヤワディ川
ベンガル湾
ネーピードー
ヤンゴン
ラオス
ハノイ
トンキン湾
ハイナン島
ビエンチャン
フエ
タイ
ヴェトナム
バンコク
カンボジア
プノンペン
アンダマン海
タイランド湾
メコン川
南シナ海
スル海

ミャンマー連邦共和国　Republic of the Union of Myanmar

地方行政管理区分　7地方（states）　7州（regions）
面積　68万km²　**人口**　5,141万人　**首都**　ネピドー（92万人）　**日本との時差** -2時間
主要言語　ミャンマー語　**宗教**　仏教、キリスト教、回教など　**通貨**　チャット
世界遺産の数　2（自然遺産　0　文化遺産　2　複合遺産　0）　**世界遺産条約締約年**　1994年

❶ピュー王朝の古代都市群（Pyu Ancient Cities）
文化遺産（登録基準(ii)(iii)(iv)）　2014年　サガイン地方、マグウェ地方、バゴー地方
❷バガン（Bagan）
文化遺産（登録基準((iii)(iv)(vi)）　2019年　マンダレー地方

タイ王国　Kingdom of Thailand

地方行政管理区分　76県（provinces）
面積　51.4万km²　**人口**　6,820万人　**首都**　バンコク（828万人）　**日本との時差** -2時間
主要言語　タイ語、英語　**宗教**　仏教、イスラム教　**通貨**　バーツ
世界遺産の数　6（自然遺産　3　文化遺産　3　複合遺産　0）　**世界遺産条約締約年**　1987年

❶アユタヤの歴史都市（Historic City of Ayutthaya）
文化遺産（登録基準(iii)）　1991年
アユタヤ県
❷古都スコータイと周辺の歴史地区
（Historic Town of Sukhothai and Associated Historic Towns）
文化遺産（登録基準(i)(iii)）　1991年
スコータイ県
③トゥンヤイ-ファイ・カ・ケン野生生物保護区
（Thungyai-Huai Kha Khaeng Wildlife Sanctuaries）
自然遺産（登録基準(vii)(ix)(x)）　1991年
ウタイタニ県、カンチャナブリ県、タク県
❹バン・チェーン遺跡（Ban Chiang Archaeological Site）
文化遺産（登録基準(iii)）　1992年　ウドンタニ県
⑤ドン・ファヤエン-カオヤイ森林保護区
（Dong Phayayen - Khao Yai Forest Complex）
自然遺産（登録基準(x)）　2005年
サラブリ県、ナコーン・ナヨ県、ナコーン・ラーチャシーマー県、プラチンブリー県、ブリラム県
⑥ケーン・クラチャン森林保護区群
（Kaeng Krachan Forest Complex）
自然遺産（登録基準(x)）2021年　ペッチャブリ県、プラチュアップキリカーン県ホアヒン

カンボジア王国　Kingdom of Cambodia

地方行政管理区分　24州（provinces）　1特別市（municipality）
面積　18.1万km²　**人口**　1,595万人　**首都**　プノンペン（223万人）　**日本との時差**-2時間
主要言語　カンボジア語（クメール語）　**宗教**　仏教など　**通貨**　リエル
世界遺産の数　3（自然遺産　0　文化遺産　3　複合遺産　0）　**世界遺産条約締約年**　1991年

❶アンコール（Angkor）
文化遺産（登録基準(i)(ii)(iii)(iv)）　1992年　シエムレアプ州
❷プレア・ヴィヒア寺院（Temple of Preah Vihear）
文化遺産（登録基準(i)）　2008年　プレア・ヴィヒア州
❸サンボー・プレイ・クック寺院地帯、古代イーシャナプラの考古学遺跡
（Temple Zone of Sambor Prei Kuk, Archaeological Site of Ancient Ishanapura）
文化遺産（登録基準(ii)(iii)(vi)）　2017年　コンポントム州のプラサット・サンボー郡

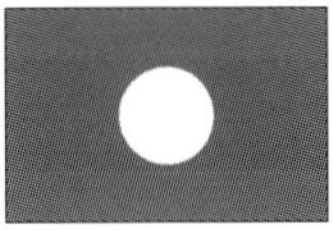

ラオス人民民主共和国 Lao People's Democratic Republic

地方行政管理区分 17県（provinces） 1首都（capital city）
面積 23.7万km² **人口** 702万人 **首都** ヴィエンチャン（78万人） **日本との時差**－2時間
主要言語 ラオス語、仏語、英語 **宗教** 仏教、キリスト教など **通貨** キープ
世界遺産の数 3（自然遺産 0 文化遺産 3 複合遺産 0） 世界遺産条約締約年 1987年

❶ルアン・プラバンの町（Town of Luang Prabang）
文化遺産（登録基準(ii)(iv)(v)） 1995年
ルアン・プラバン県

❷チャムパサックの文化的景観の中にあるワット・プーおよび関連古代集落群
（Vat Phou and Associated Ancient Settlements within the Champasak Cultural Landscape）
文化遺産（登録基準(iii)(iv)(vi)） 2001年
チャムパサック県

❸シェンクワン県のジャール平原巨大石壷群
（Megalithic Jar Sites in Xiengkhuang – Plain of Jars）
文化遺産（登録基準((iii)） 2019年 シェンクワン県

ヴェトナム社会主義共和国 Socialist Republic of Viet Nam

地方行政管理区分 58省（provinces） 5中央直轄市（municipalities）
面積 33万km² **人口** 9,526万人 **首都** ハノイ（759万人） **日本との時差** －2時間
主要言語 ヴェトナム語、英語 **宗教** 仏教、キリスト教、ハオハオ教など **通貨** ドン
世界遺産の数 8（自然遺産 2 文化遺産 5 複合遺産 1） 世界遺産条約締約年 1987年

❶フエの建築物群（Complex of Hue Monuments）
文化遺産（登録基準(iii)(iv)） 1993年
中北地方トゥアティエン・フエ省

②ハー・ロン湾（Ha Long Bay）
自然遺産（登録基準(vii)(viii)） 1994年／2000年
東北地方クァンニン省

❸古都ホイアン（Hoi An Ancient Town）
文化遺産（登録基準(ii)(v)） 1999年
中南地方クアン・ナム省

❹聖地ミーソン（My Son Sanctuary）
文化遺産（登録基準(ii)(iii)） 1999年
中南地方クアン・ナム省

⑤フォン・ニャ・ケ・バン国立公園
（Phong Nha - Ke Bang National Park）
自然遺産（登録基準(viii)(ix)(x)） 2003年／2015年
中北地方クアン・ビン省

❻ハノイのタンロン皇城の中心区域
（Central Sector of the Imperial Citadel of Thang Long - Hanoi）
文化遺産（登録基準(ii)(iii)(vi)） 2010年
紅河デルタ地方ハノイ中央直轄市

❼胡（ホー）朝の城塞（Citadel of the Ho Dynasty）
文化遺産（登録基準(ii)(iv)） 2011年
北中部タインホア省ヴィン・ロック県

⑧チャンアン景観遺産群（Trang An Landscape Complex）
複合遺産（登録基準(v)(vii)(viii)） 2014年
紅河デルタ地方ニンビン省

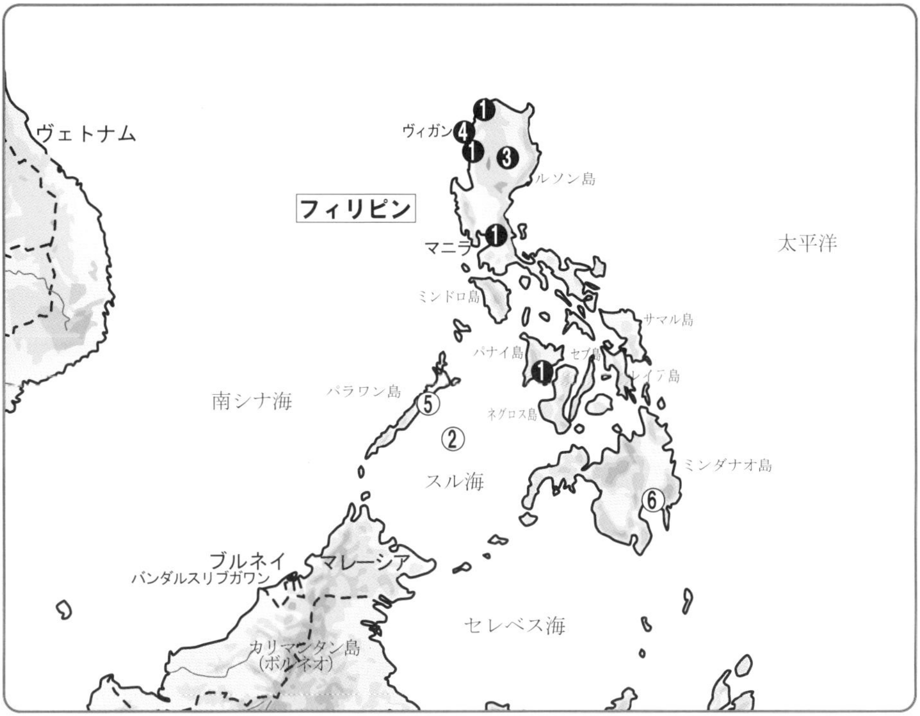

ヴェトナム
ヴィガン
ルソン島
フィリピン
マニラ
太平洋
ミンドロ島
サマル島
パナイ島
セブ島
レイテ島
南シナ海
パラワン島
ネグロス島
スル海
ミンダナオ島
ブルネイ
バンダルスリブガワン
マレーシア
セレベス海
カリマンタン島
（ボルネオ）

フィリピン共和国　Republic of the Philippines

地方行政管理区分　80州（provinces）　39公認都市（chartered cities）

面積　30万km²　**人口**　10,262万人　**首都**　マニラ（1,288万人）　**日本との時差**－1時間

主要言語　フィリピノ語、英語など　**宗教**　キリスト教　**通貨**　ペソ

世界遺産の数　6（自然遺産　3　文化遺産　3　複合遺産　0）　**世界遺産条約締約年**　1985年

❶フィリピンのバロック様式の教会群（Baroque Churches of the Philippines）
文化遺産（登録基準（ii）（iv））　1993年
ルソン島首都マニラ、ルソン島イロコス地方イロコス・ノルテ州、イロコス・スル州、
西ビサヤ地方パナイ島イロイロ州

②トゥバタハ珊瑚礁群自然公園（Tubbataha Reefs Natural Park）
自然遺産（登録基準（vii）（ix）（x））　1993年／2009年
ミマロパ地方パラワン州

❸フィリピンのコルディリェラ山脈の棚田群
（Rice Terraces of the Philippine Cordilleras）
文化遺産（登録基準（iii）（iv）（v））　1995年
ルソン島コルディリェラ地方イフガオ州、マウンテン州

❹ヴィガンの歴史都市（Historic City of Vigan）
文化遺産（登録基準（ii）（iv））　1999年
ルソン島イロコス地方イロコス・スル州

⑤プエルト・プリンセサ地底川国立公園
（Puerto-Princesa Subterranean River National Park）
自然遺産（登録基準（vii）（x））　1999年　パラワン島ミマロパ地方パラワン州

⑥ハミギタン山脈野生生物保護区（Mount Hamiguitan Range Wildelife Sanctuary）
自然遺産（登録基準（x））　2014年
ミンダナオ島ダバオ地方東ダバオ州

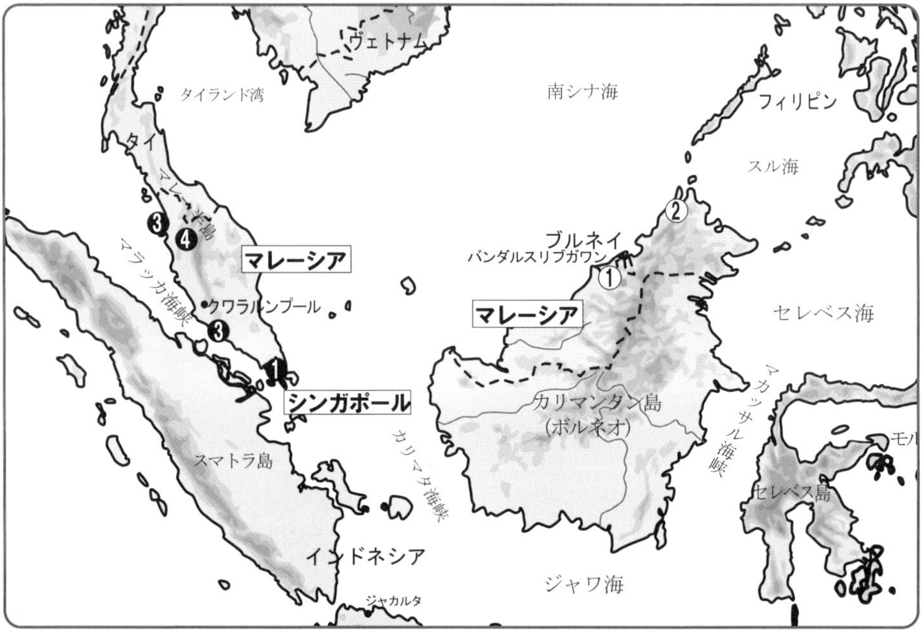
ヴェトナム
タイランド湾
南シナ海
フィリピン
タイ
スル海
マレー半島
ブルネイ
バンダルスリブガワン
マラッカ海峡
マレーシア
マレーシア
クワラルンプール
セレベス海
シンガポール
カリマンタン島
(ボルネオ)
マカッサル海峡
カリマタ海峡
スマトラ島
セレベス島
インドネシア
ジャワ海
ジャカルタ

マレーシア　Malaysia

地方行政管理区分　13州（states）　3連邦直轄領（federal territories）
面積　33万km^2　**人口**　3,095万人　**首都**　クアラルンプール（177万人）　**日本との時差**－1時間
主要言語　マレー語、英語　**宗教**　イスラム教、仏教、キリスト教　**通貨**　リンギット
世界遺産の数　4（自然遺産　2　文化遺産　2　複合遺産　0）　**世界遺産条約締約年**　1988年

①ムル山国立公園（Gunung Mulu National Park）
自然遺産（登録基準(vii)(viii)(ix)(x)）　2000年　サラワク州

②キナバル公園（Kinabalu Park）
自然遺産（登録基準(ix)(x)）　2000年　サバ州

❸ムラカとジョージタウン、マラッカ海峡の歴史都市群
（Melaka and George Town, Historic Cities of the Straits of Malacca）
文化遺産（登録基準(ii)(iii)(iv)）　2008年
ムラカ（マラッカ）州、ペナン州

❹レンゴン渓谷の考古遺産（Archaelogical Heritage of the Lenggong Valley）
文化遺産（登録基準(iii)(iv)）　2012年
ペラ州レンゴン地区

シンガポール共和国　Republic of Singapore

地方行政管理区分　なし　**面積**　70km^2　**人口**　578万人　**首都**　シンガポール
日本との時差　－1時間　**主要言語**　マレー語、英語　**宗教**　イスラム教、仏教、キリスト教
通貨　シンガポール・ドル
世界遺産の数　1（自然遺産　0　文化遺産　1　複合遺産　0）　**世界遺産条約締約年**　2012年

❶シンガポール植物園（Singapore Botanic Gardens）
文化遺産（登録基準(ii)(iv)）　2015年
シンガポール中央地区

○自然遺産　●文化遺産　□複合遺産　★危機遺産

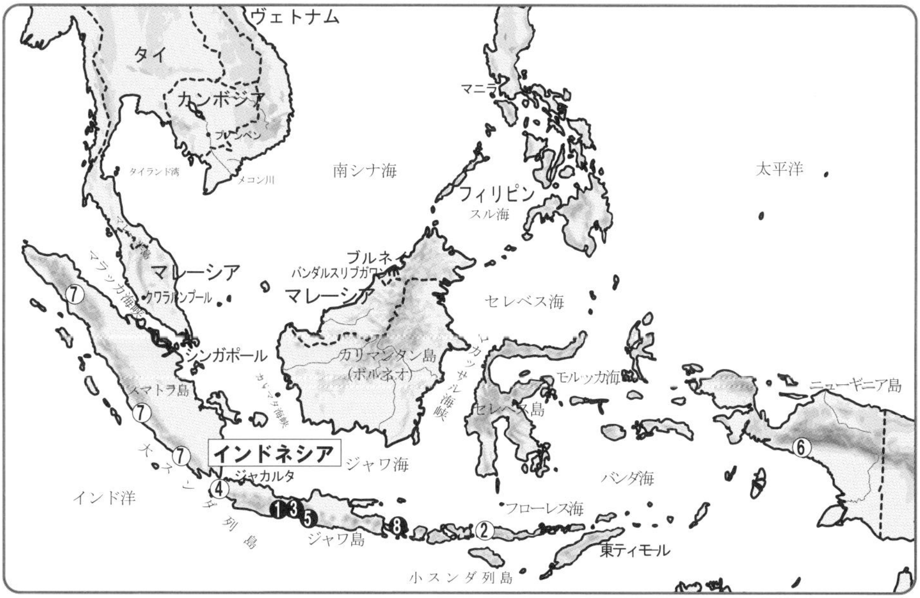
ヴェトナム
タイ
カンボジア
プノンペン
タイランド湾
メコン川
南シナ海
マニラ
太平洋
フィリピン
スル海
ブルネイ
バンダルスリブガワン
マラッカ海峡
マレーシア
クワラルンプール
マレーシア
セレベス海
シンガポール
カリマンタン島
(ボルネオ)
マカッサル海峡
モルッカ海
ニューギニア島
スマトラ島
セレベス島
インドネシア
ジャワ海
ジャカルタ
バンダ海
インド洋
スンダ列島
フローレス海
ジャワ島
東ティモール
小スンダ列島

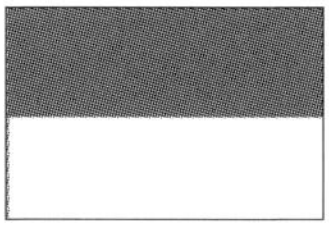

インドネシア共和国　Republic of Indonesia

地方行政管理区分　31州 (provinces)　1自治州 (autonomous province)　1特別州 (special region)　1首都州 (national capital district)

面積　190万km²　**人口**　25,831万人　**首都**　ジャカルタ (2,996万人)　**日本との時差**－1～－2時間

主要言語　インドネシア語他　**宗教**　イスラム教、キリスト教　**通貨**　ルピア

世界遺産の数　9 (自然遺産　4　文化遺産　5　複合遺産　0)　**世界遺産条約締約年**　1989年

❶ボロブドール寺院遺跡群 (Borobudur Temple Compounds)
文化遺産 (登録基準(i) (ii) (vi))　1991年　中部ジャワ州 (ジャワ島)

②コモド国立公園 (Komodo National Park)
自然遺産 (登録基準(vii) (x))　1991年　東ヌサテンガラ州のフローレス島西部、コモド島、パダル島、リンカ島、ギリモトン島、それに、サンゴ礁が広がるサペ海峡の周辺海域

❸プランバナン寺院遺跡群 (Prambanan Temple Compounds)
文化遺産 (登録基準(i) (iv))　1991年　中部ジャワ州 (ジャワ島)

④ウジュン・クロン国立公園 (Ujung Kulon National Park)
自然遺産 (登録基準(vii) (x))　1991年　ジャワ州 (ジャワ島西)、ランポン州 (スマトラ島)

❺サンギラン初期人類遺跡 (Sangiran Early Man Site)
文化遺産 (登録基準(iii) (vi))　1996年　中部ジャワ州 (ジャワ島)

⑥ローレンツ国立公園 (Lorentz National Park)
自然遺産 (登録基準(viii) (ix) (x))　1999年　パプア州 (ニューギニア島)

⑦スマトラの熱帯雨林遺産 (Tropical Rainforest Heritage of Sumatra)
自然遺産 (登録基準(vii) (ix) (x))　2004年　★【危機遺産】2011年
ナングロ・アチェ・ダルサラーム州、北スマトラ州、ジャンビ州、西スマトラ州、南スマトラ州、ベンクル州、ランプン州 (スマトラ島)

❽バリ州の文化的景観：トリ・ヒタ・カラナの哲学を現すスバック・システム
(Cultural Landscape of Bali Province: the *Subak* System as a Manifestation of the *Tri Hita Karana* Philosophy)
文化遺産 (登録基準 (ii) (iii) (v) (vi))　2012年　バリ州 (バリ島)

❾サワルントのオンビリン炭鉱遺産　(Ombilin Coal Mining Heritage of Sawahlunto)
文化遺産 (登録基準 ((ii) (iv))　2019年 西スマトラ州サワルント

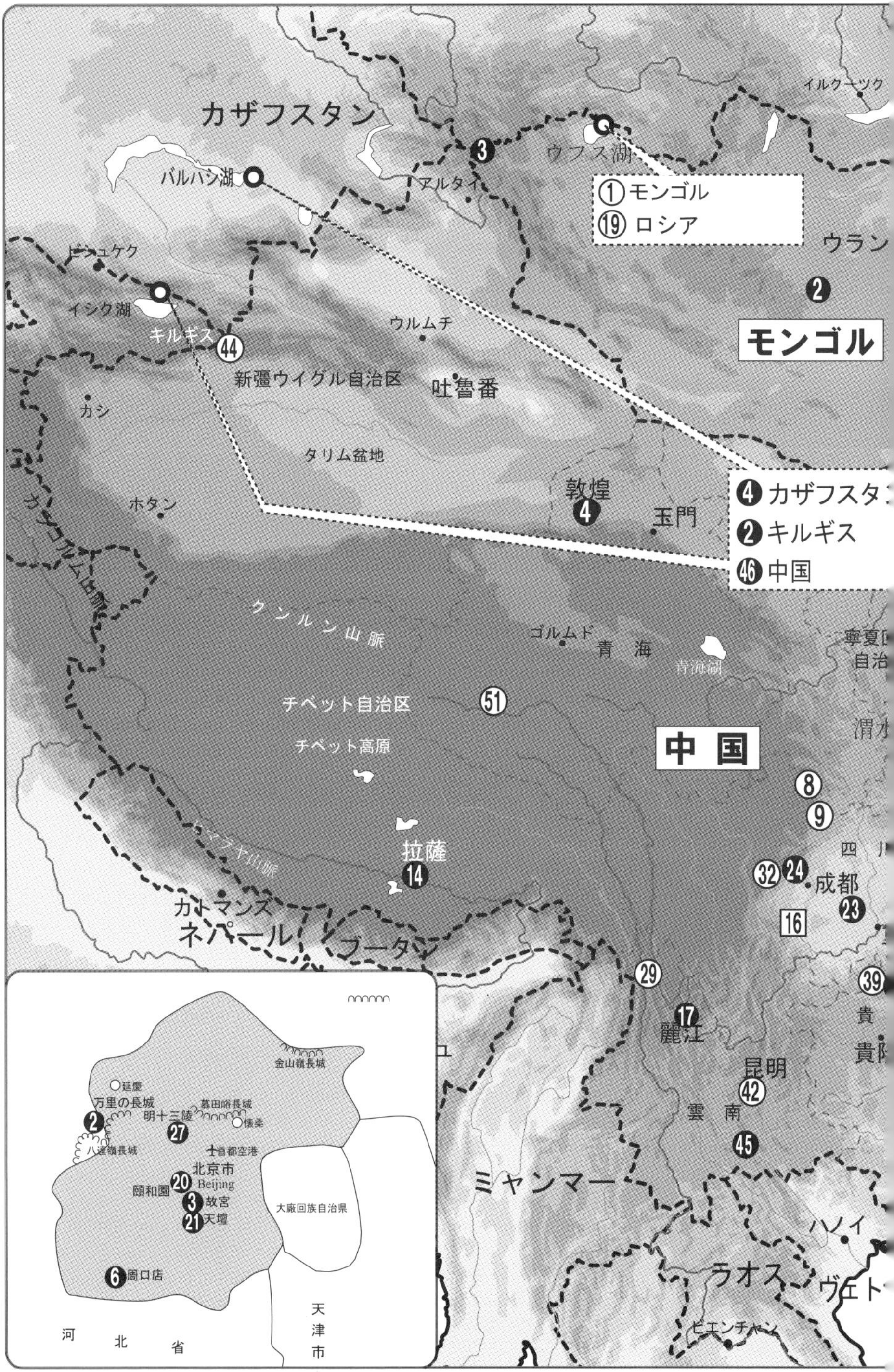
カザフスタン
バルハシ湖
アルタイ
ウフス湖
①モンゴル
⑲ロシア
イルクーツク
ウラン
モンゴル
ビシュケク
イシク湖
キルギス
44
ウルムチ
新疆ウイグル自治区
吐魯番
カシ
タリム盆地
ホタン
敦煌
玉門
❹カザフスタン
❷キルギス
㊻中国
クンルン山脈
ゴルムド
青海
青海湖
チベット自治区
51
チベット高原
中国
拉薩
14
ヒマラヤ山脈
カトマンズ
ネパール
ブータン
成都
16
29
17
麗江
昆明
42
雲南
45
ミャンマー
ハノイ
ラオス
ヴェトナム
ビエンチャン
金山嶺長城
延慶
万里の長城
明十三陵
慕田峪長城
懐柔
八達嶺長城
首都空港
北京市
Beijing
頤和園
故宮
天壇
大廠回族自治県
周口店
河北省
天津市

アジア

○自然遺産　●文化遺産　□複合遺産　★危機遺産

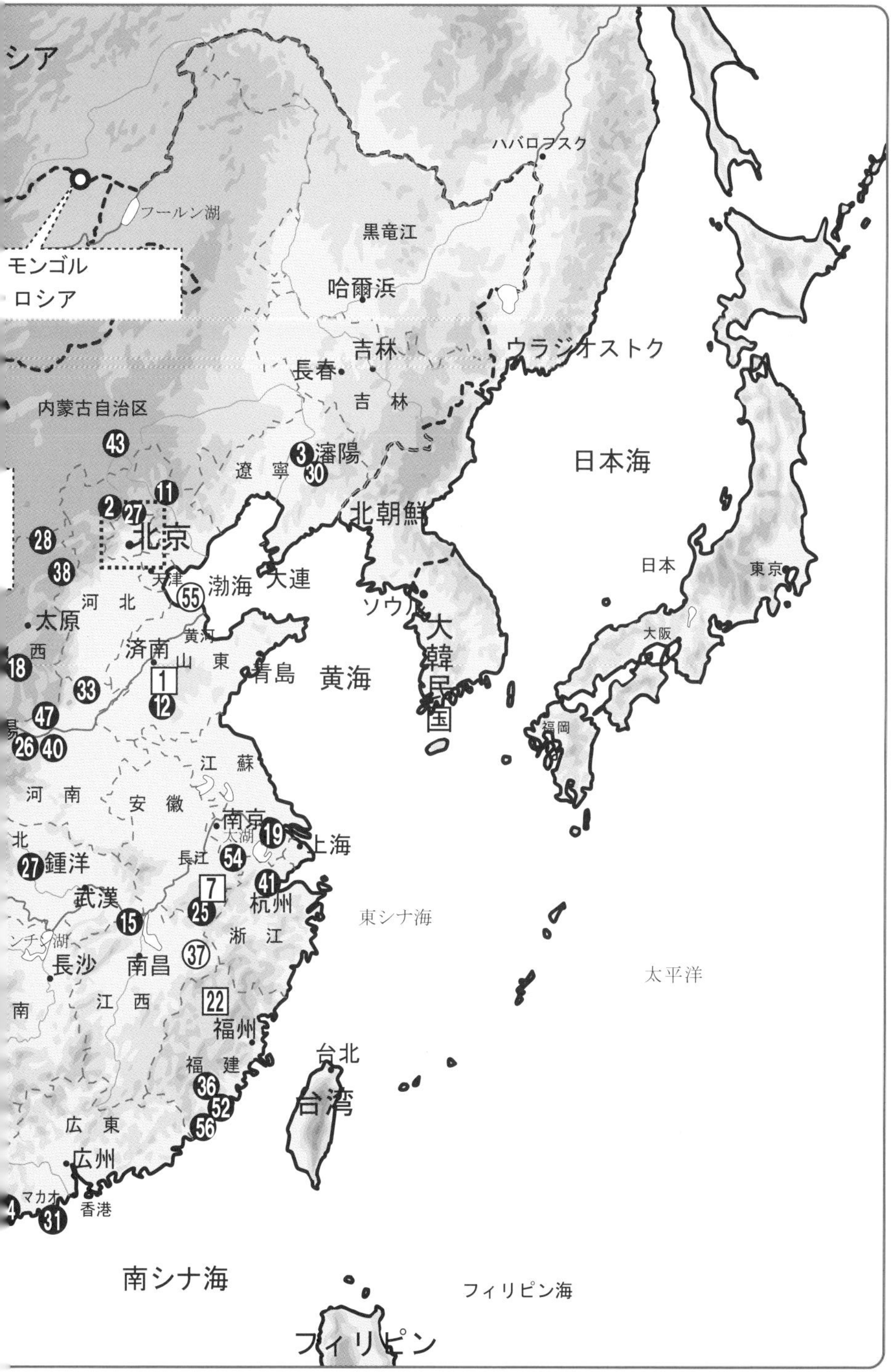
シア
ハバロフスク
フールン湖
モンゴル
ロシア
黒竜江
哈爾浜
吉林
ウラジオストク
長春
吉林
内蒙古自治区
瀋陽
遼寧
日本海
北京
北朝鮮
日本
東京
天津
渤海
大連
ソウル
河北
太原
黄河
大阪
西
済南
山東
大韓民国
青島
黄海
福岡
江蘇
河南
安徽
南京
太湖
上海
北
鍾洋
長江
武漢
杭州
東シナ海
浙江
長沙
南昌
太平洋
南
江西
福州
台北
福建
台湾
広東
広州
マカオ
香港
南シナ海
フィリピン海
フィリピン
43
3
30
11
2
27
28
38
55
18
1
12
33
47
26
40
19
27
54
7
41
15
25
37
22
36
52
56
31

アジア

○自然遺産 ●文化遺産 □複合遺産 ★危機遺産

中華人民共和国 **People's Republic of China**
地方行政管理区分 23省（provinces）5自治区（autonomous regions）4直轄市（municipalities）
面積 959.7万km² **人口** 137,354万人 **首都** 北京（2,170万人） **日本との時差**−1時間
主要言語 中国語 **宗教** 仏教、道教、イスラム教など **通貨** 元
世界遺産の数 56（自然遺産 14 文化遺産 38 複合遺産 4） 世界遺産条約締約年 1985年

[1]**泰山**（Mount Taishan）
複合遺産（登録基準（i）（ii）（iii）（iv）（v）（vi）（vii）） 1987年 山東省済南市、泰安市、歴城県、長清県

❷**万里の長城**（The Great Wall）
文化遺産（登録基準（i）（ii）（iii）（iv）（vi）） 1987年
河北省、北京市、山西省、陜西省、内モンゴル自治区、寧夏回族自治区、甘粛省

❸**北京と瀋陽の明・清王朝の皇宮**
（Imperial Palaces of the Ming and Qing Dynasties in Beijing and Shenyang）
文化遺産（登録基準（i）（ii）（iii）（iv）） 1987年／2004年
北京市東城区景山前街4号 故宮博物院、遼寧省瀋陽市 故宮博物院

❹**莫高窟**（Mogao Caves）
文化遺産（登録基準（i）（ii）（iii）（iv）（v）（vi）） 1987年 甘粛省敦煌市

❺**秦の始皇帝陵**（Mausoleum of the First Qin Emperor）
文化遺産（登録基準（i）（iii）（iv）（vi））1987年 陝西省西安市臨潼県

❻**周口店の北京原人遺跡**（Peking Man Site at Zhoukoudian）
文化遺産（登録基準（iii）（vi）） 1987年 北京市房山区周口店路

[7]**黄山**（Mount Huangshan）
複合遺産（登録基準（ii）（vii）（x）） 1990年 安徽省黄山市

⑧**九寨溝の自然景観および歴史地区**（Jiuzhaigou Valley Scenic and Historic Interest Area）
自然遺産（登録基準（vii）） 1992年 四川省阿チベット族チャン族自治州南坪県

⑨**黄龍の自然景観および歴史地区**（Huanglong Scenic and Historic Interest Area）
自然遺産（登録基準（vii）） 1992年 四川省阿壩蔵族羌族自治州松潘県

⑩**武陵源の自然景観および歴史地区**（Wulingyuan Scenic and Historic Interest Area）
自然遺産（登録基準（vii）） 1992年 湖南省張家界市、大庸県、慈利県、桑植県

⓫**承徳の避暑山荘と外八廟**（Mountain Resort and its Outlying Temples, Chengde）
文化遺産（登録基準（ii）（iv）） 1994年 河北省承徳市

⓬**曲阜の孔子邸、孔子廟、孔子林**
（Temple and Cemetery of Confucius, and the Kong Family Mansion in Qufu）
文化遺産（登録基準（i）（iv）（vi）） 1994年 山東省曲阜市

⓭**武当山の古建築群**（Ancient Building Complex in the Wudang Mountains）
文化遺産（登録基準（i）（ii）（vi）） 1994年 湖北省丹江口市

⓮**ラサのポタラ宮の歴史的遺産群**（Historic Ensemble of the Potala Palace, Lhasa）
文化遺産（登録基準（i）（iv）（vi）） 1994年／2000年／2001年 チベット自治区ラサ市

⓯**廬山国立公園**（Lushan National Park）
文化遺産（登録基準（ii）（iii）（iv）（vi）） 1996年 江西省九江市

[16]**楽山大仏風景名勝区を含む峨眉山風景名勝区**
（Mount Emei Scenic Area, including Leshan Giant Buddha Scenic Area）
複合遺産（登録基準（iv）（vi）（x）） 1996年 四川省峨眉山市、楽山市

⓱**麗江古城**（Old Town of Lijiang）
文化遺産（登録基準（ii）（iv）（v）） 1997年 雲南省納西族自治県麗江

⓲**平遥古城**（Ancient City of Ping Yao）
文化遺産（登録基準（ii）（iii）（iv）） 1997年 山西省平遥県

⓳**蘇州の古典庭園**（Classical Gardens of Suzhou）
文化遺産（登録基準（i）（ii）（iii）（iv）（v）） 1997年／2000年 江蘇省蘇州市、呉江市同里

⓴**北京の頤和園**（Summer Palace, an Imperial Garden in Beijing）
文化遺産（登録基準（i）（ii）（iii）） 1998年 北京市海淀区

㉑**北京の天壇**（Temple of Heaven:an Imperial Sacrificial Altar in Beijing）
文化遺産（登録基準（i）（ii）（iii）） 1998年

アジア

北京市崇文区天橋南天街

□22**武夷山**（Mount Wuyi）
複合遺産（登録基準（iii）（vi）（vii）（x））　1999年　福建省、江西省

●23**大足石刻**（Dazu Rock Carvings）
文化遺産（登録基準（i）（ii）（iii））　1999年
四川省重慶市大足県北山、宝頂山、南山、石篆山、石門山

●24**青城山と都江堰の灌漑施設**（Mount Qincheng and the Dujiangyan Irrigation System）
文化遺産（登録基準（ii）（iv）（vi））　2000年　四川省都江堰市灌県

●25**安徽省南部の古民居群-西逓村と宏村**
（Ancient Villages in Southern Anhui-Xidi and Hongcun）
文化遺産（登録基準（iii）（iv）（v））　2000年　安徽省黄山市黒多県西逓村、宏村

●26**龍門石窟**（Longmen Grottoes）
文化遺産（登録基準（i）（ii）（iii））　2000年　河南省洛陽市

●27**明・清皇室の陵墓群**（Imperial Tombs of the Ming and Qing Dynasties）
文化遺産（登録基準（i）（ii）（iii）（iv）（vi））　2000年／2003年／2004年
湖北省鍾祥、河北省遵化、河北省易県、北京市、江蘇省南京市、遼寧省瀋陽市

●28**雲崗石窟**（Yungang Grottoes）
文化遺産（登録基準（i）（ii）（iii）（iv））2001年　山西省大同市

○29**雲南保護地域の三江併流**（Three Rarallel Rivers of Yunnan Protected Areas）
自然遺産（登録基準（vii）（viii）（ix）（x））2003年／2010年　雲南省

●30**古代高句麗王国の首都群と古墳群**
（Capital Cities and Tombs of the Ancient Koguryo Kingdom）
文化遺産（登録基準（i）（ii）（iii）（iv）（v））　2004年　遼寧省桓仁市、吉林省集安市

●31**澳門（マカオ）の歴史地区**（Historic Centre of Macao）
文化遺産（登録基準（ii）（iii）（iv）（vi））　2005年　澳門特別行政区

○32**四川省のジャイアント・パンダ保護区群-臥龍、四姑娘山、夾金山脈**
（Sichuan Giant Panda Sanctuaries - Wolong, Mt. Siguniang and Jiajin Mountains）
自然遺産（登録基準（x））　2006年　四川省

●33**殷墟**（Yin Xu）
文化遺産（登録基準（ii）（iii）（iv）（vi））　2006年　河南省安陽市小屯村

●34**開平の望楼と村落群**（Kaiping Diaolou and Villages）
文化遺産（登録基準（ii）（iii）（iv））　2007年　広東省

○35**中国南方カルスト**（South China Karst）
自然遺産（登録基準（vii）（viii））　2007年／2014年
雲南省石林イ族自治県、貴州省茘波県、重慶市武隆県

●36**福建土楼**（Fujian *Tulou*）
文化遺産（登録基準（iii）（iv）（v））　2008年　福建省永定県、南靖県

○37**三清山国立公園**（Mount Sanqingshan National Park）
自然遺産（登録基準（vii））　2008年　江西省上饒市

●38**五台山**（Mount Wutai）
文化遺産（登録基準（ii）（iii）（iv）（vi））　2009年　山西省五台県

○39**中国丹霞**（China Danxia）
自然遺産（登録基準（vii）（viii））　2010年　貴州省、湖南省、広東省、福建省、江西省、浙江省

●40**「天地の中心」にある登封の史跡群**
（Historic Monuments of Dengfeng in "The Centre of Heaven and Earth"）
文化遺産（登録基準（iii）（vi））　2010年　河南省鄭州市登封市

●41**杭州西湖の文化的景観**（West Lake Cultural Landscape of Hangzhou）
文化遺産（登録基準（ii）（iii）（vi））　2011年　浙江省杭州市

○42**澄江の化石発掘地**（Chengjiang Fossil Site）
自然遺産（登録基準（viii））　2012年　雲南省玉渓市澄江県帽天山地区

●43**上都遺跡**（Site of Xanadu）
文化遺産（登録基準（ii）（iii）（iv）（vi））　2012年
内蒙古自治区シリンゴル（錫林郭勒）盟シュルンホフ旗

アジア

㊹**新疆天山**（Xinjiang Tianshan）
自然遺産(登録基準(vii)(ix)) 2013年
新疆ウイグル地区ウルムチ市、イリカザフ自治州、昌吉回族自治州、阿克蘇地区
㊺**紅河ハニ族の棚田群の文化的景観**（Cultural Landscape of Honghe Hani Rice Terraces）
文化遺産(登録基準(iii)(v)) 2013年 雲南省紅河ハニ（哈尼）族イ族自治州元陽県
㊻**シルクロード：長安・天山回廊の道路網**
（Silk Roads: the Routes Network of Chang'an Tianshan Corridor）
文化遺産（登録基準(ii)(iii)(v)(vi)） 2014年 新疆ウイグル自治区、陝西省、河南省、甘粛省
中国／カザフスタン／キルギス
㊼**大運河**（The Grand Canal）
文化遺産（登録基準(i)(iii)(iv)(vi)） 2014年
北京市、天津市、河南省、安徽省、江蘇省、河北省、山東省、浙江省
㊽**土司遺跡群**（Tusi Sites）
文化遺産(登録基準(ii)(iii)) 2015年
湖南省、湖北省、貴州省
㊾**湖北省の神農架景勝地**（Hubei Shennongjia）
自然遺産(登録基準(ix)(x)) 2016年 湖北省
㊿**左江の花山岩画の文化的景観**（Zuojiang Huashan Rock Art Cultural Landscape）
文化遺産(登録基準(iii)(vi)) 2016年 広西チワン族自治区
51**青海可可西里**（Qinghai Hoh Xil）
自然遺産（登録基準（vii）（x）） 2017年 青海省、甘粛省、四川省、雲南省
52**鼓浪嶼（コロンス島）：歴史的万国租界**（Kulangsu: a Historic International Settlement）
文化遺産（登録基準（ii）（iv）） 2017年 福建省
53**梵浄山**（Fanjingshan）
自然遺産（登録基準（x）） 2018年 貴州省銅仁市
54**良渚古城遺跡**（Archaeological Ruins of Liangzhu City）
文化遺産（登録基準（(iii)(iv)）） 2019年 浙江省杭州市余杭市良渚鎮
55**中国の黄海・渤海湾沿岸の渡り鳥保護区群（第1段階）**
(Migratory Bird Sanctuaries along the
Coast of Yellow Sea-Bohai Gulf of China (Phase I))
自然遺産（登録基準（(x)） 2019年 江蘇省塩城市ほか
56**泉州：宋元中国の世界海洋商業・貿易センター**
（Quanzhou: Emporium of the World in Song-Yuan China）
文化遺産(登録基準((iv)) 2021年 福建省泉州市

アジア

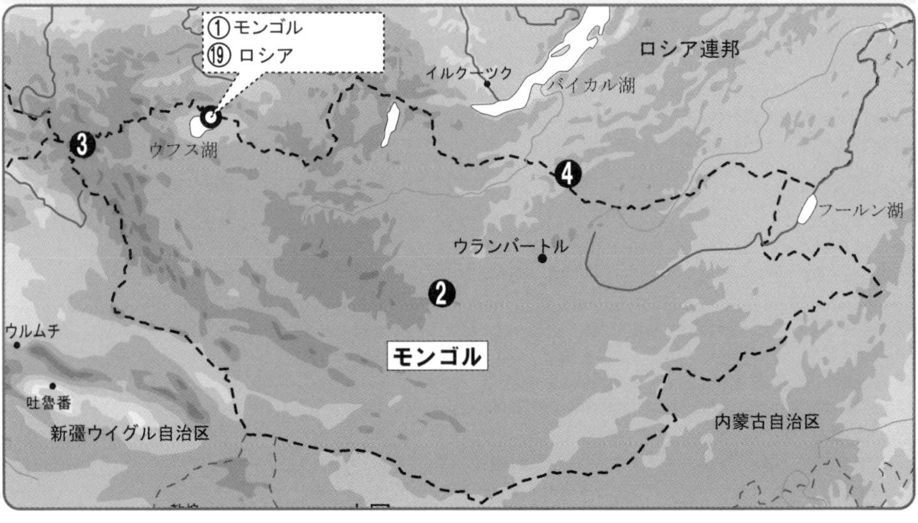

①モンゴル
⑲ロシア
ロシア連邦
イルクーツク
バイカル湖
ウフス湖
3
4
フールン湖
ウランバートル
2
ウルムチ
モンゴル
吐魯番
新疆ウイグル自治区
内蒙古自治区

モンゴル国　**Mongolia**　**地方行政管理区分**　21県（provinces）　1直轄市（municipality）
面積　156.4万km²　**人口**　303万人　**首都**　ウランバートル（131万人）　**日本との時差**－1時間
主要言語　モンゴル語、チュルク語、ロシア語他　**宗教**　チベット仏教（ラマ教）、イスラム教他
通貨　トグログ
世界遺産の数　5（自然遺産　2　文化遺産　3　複合遺産　0）　**世界遺産条約締約年**　1990年

①ウフス・ヌール盆地（Uvs Nuur Basin）
自然遺産（登録基準(ix)(x)）　2003年
モンゴル　ウブス県／ロシア連邦

❷オルホン渓谷の文化的景観（Orkhon Valley Cultural Landscape）
文化遺産（登録基準(ii)(iii)(iv)）　2004年　オルホン県

❸モンゴル・アルタイ山脈の岩壁画群
（Petroglyphic Complexes of the Mongolian Altai）
文化遺産（登録基準(iii)）　2011年
バヤン・オルギー県ウラーン・ホス郡、ツインガル郡

❹グレート・ブルカン・カルドゥン山とその周辺の神聖な景観
（Great Burkhan Khaldun Mountain and its surrounding sacred landscape）
文化遺産（登録基準(iv)(vi)）　2015年
トゥブ県ムングンモリト郡、ヘンティー県ウムヌデルゲル郡

⑤ダウリアの景観群（Landscapes of Dauria）
自然遺産（登録基準(ix)(x)）　2017年
モンゴル　ドルノド県チュルーンホロート郡、ダシュバルバル郡、グルバンザガル郡／ロシア連邦

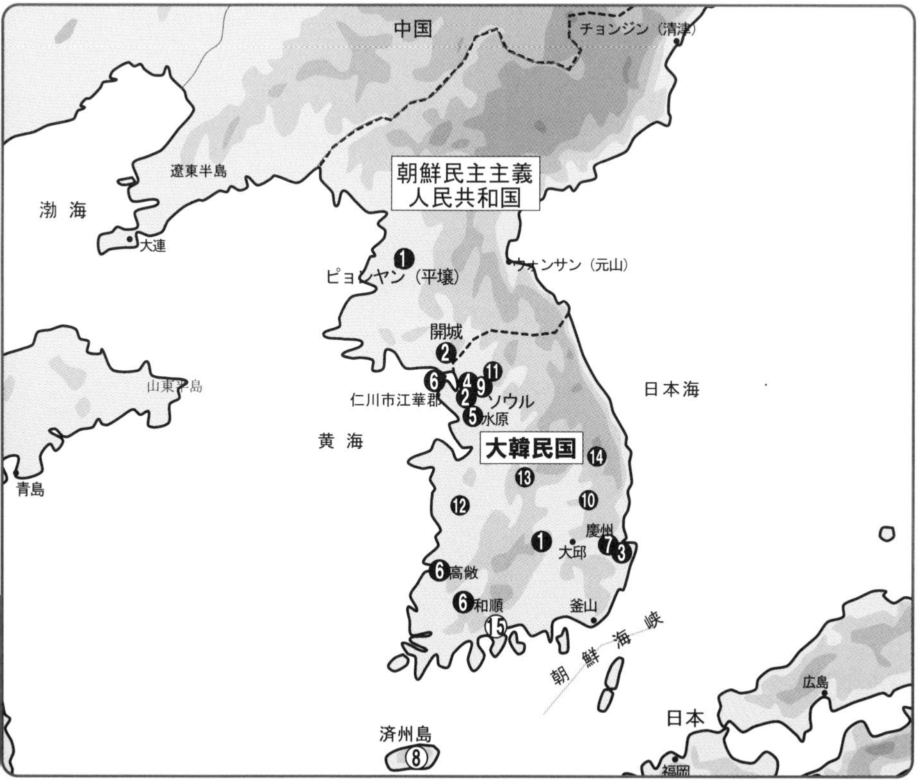

中国
チョンジン（清津）
遼東半島
渤海
大連
朝鮮民主主義人民共和国
ピョンヤン（平壌）
ウォンサン（元山）
開城
山東半島
仁川市江華郡
ソウル
水原
日本海
黄海
大韓民国
青島
慶州
大邱
高敞
和順
釜山
朝鮮海峡
広島
日本
済州島
福岡

○自然遺産　●文化遺産　□複合遺産　★危機遺産

朝鮮民主主義人民共和国（北朝鮮） Democratic People's Republic of Korea

地方行政管理区分　9道（provinces）　2直轄市（municipalities）
面積　12.1万km²　**人口**　2,511万人　**首都**　平壌（258万人）　**日本との時差**　なし
主要言語　朝鮮語　**宗教**　仏教、キリスト教　**通貨**　北朝鮮ウォン
世界遺産の数 2（自然遺産　0　文化遺産　2　複合遺産　0）　世界遺産条約締約年　1998年

❶高句麗古墳群（Complex of Koguryo Tombs）
文化遺産（登録基準(i)(ii)(iii)(iv)）　2004年
平壌市（力浦区、三石区、大城区）、南浦市、平安南道、黄海南道安岳郡

❷開城の史跡群
（Historic Monuments and Sites in Kaesong）
文化遺産（登録基準(ii)(iii)）　2013年
黄海北道開城市

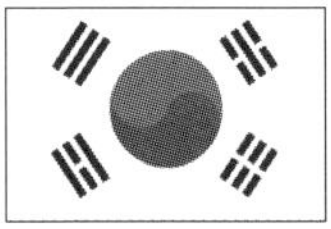

大韓民国（韓国） Republic of Korea

地方行政管理区分　9道（provinces）　6広域市（metropolitan cities）　1特別市（special city）
面積　10万km²　**人口**　5,092万人　**首都**　ソウル（996万人）　**日本との時差**　なし
主要言語　韓国語　**宗教**　仏教、キリスト教　**通貨**　韓国ウォン
世界遺産の数 15（自然遺産　2　文化遺産　13　複合遺産　0）　世界遺産条約締約年　1988年

❶八萬大蔵経のある伽倻山海印寺
（Haeinsa Temple Janggyeong Panjeon, the Depositories for the *Tripitaka Koreana* Woodblocks）
文化遺産（登録基準(iv)(vi)）　1995年　慶尚南道陜川郡

❷宗廟（Jongmyo Shrine）
文化遺産（登録基準(iv)）　1995年
ソウル特別市鍾路区 薫井洞

❸石窟庵と仏国寺（Seokguram Grotto and Bulguksa Temple）
文化遺産（登録基準(i)(iv)）　1995年　慶尚北道慶州市

❹昌徳宮（Changdeokgung Palace Complex）
文化遺産（登録基準(ii)(iii)(iv)）1997年　ソウル特別市鍾路区 臥龍洞

❺水原の華城（Hwaseong Fortress）
文化遺産（登録基準(ii)(iii)）　1997年　京畿道水原市

❻高敞、和順、江華の支石墓（Gochang, Hwasun, and Ganghwa Dolmen Sites）
文化遺産（登録基準(iii)）　2000年
全羅北道高敞、全羅南道和順、仁川市江華郡

❼慶州の歴史地域（Gyeongju Historic Areas）
文化遺産（登録基準(ii)(iii)）　2000年　慶尚北道慶州市

⑧済州火山島と溶岩洞窟群（Jeju Volcanic Island and Lava Tubes）
自然遺産（登録基準(vii)(viii)）　2007年　済州特別自治道済州島

❾朝鮮王朝の陵墓群（Royal Tombs of the Joseon Dynasty）
文化遺産（登録基準(iii)(iv)(vi)）　2009年
ソウル首都圏、京畿道、江原道

❿韓国の歴史村：河回と良洞
（Historic Villages of Korea: Hahoe and Yangdong）
文化遺産（登録基準(iii)(iv)）　2010年　慶尚北道　安東市河回村、慶州市良洞村

⓫南漢山城（Namhansanseong）
文化遺産（登録基準(ii)(iv)）　2014年
京畿道廣州市、河南市、城南市

⓬百済の歴史地区群（Baekje Historic Areas）
文化遺産（登録基準(ii)(iii)）　2015年
忠清南道公州市、扶余郡扶余市、全羅北道益山市

⓭山寺（サンサ）、韓国の仏教山岳寺院群（Sansa, Buddhist Mountain Monasteries in Korea）
文化遺産（登録基準（iii））　2018年　慶尚南道梁山市、慶尚北道栄州市、忠清北道報恩郡、
全羅南道海南郡　※左上の地図で示した⓭は法住寺（報恩郡）

⓮韓国の書院（ソウォン）（Seowon, Korean Neo-Confucian Academies）
文化遺産（登録基準（(iii)）　2019年　慶尚北道栄州、慶尚北道安東、慶尚北道安東、
慶尚北道慶州、大邱、慶尚南道咸陽、全羅南道長城、全羅北道井邑、忠清南道論山
※左上の地図で示した⓮は陶山書院（安東市）

⑮韓国の干潟（Getbol, Korean Tidal Flats）自然遺産（登録基準（x））　2021年
忠清南道舒川、全羅北道高敞、全羅南道新案、全羅南道宝城・順天

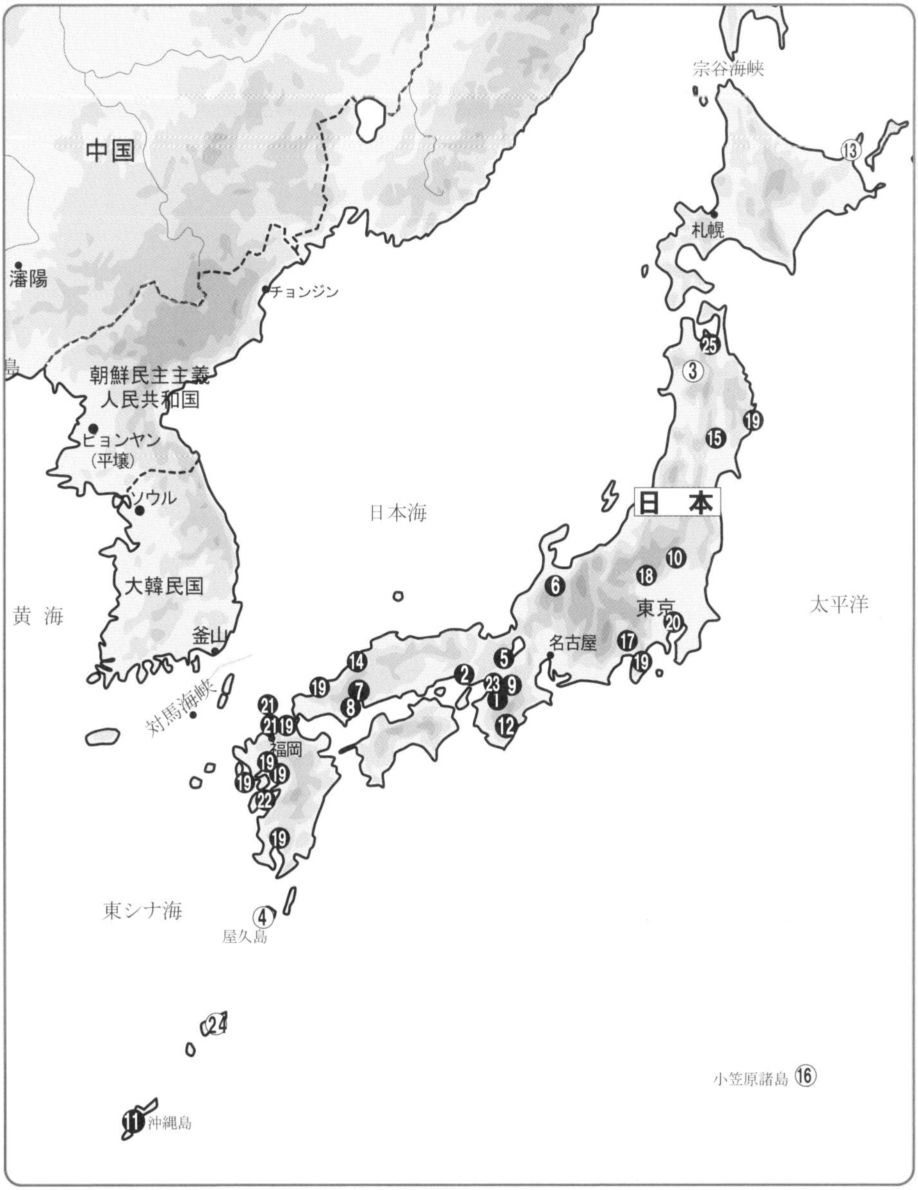
宗谷海峡
中国
札幌
瀋陽
チョンジン
朝鮮民主主義
人民共和国
ピョンヤン
（平壌）
ソウル
日本海
日本
大韓民国
黄海
東京
太平洋
名古屋
釜山
対馬海峡
福岡
東シナ海
屋久島
小笠原諸島
沖縄島

○自然遺産　●文化遺産　□複合遺産　★危機遺産

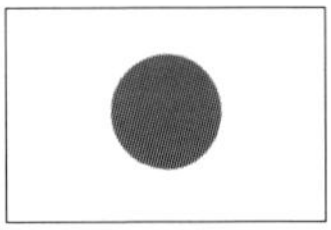

日本　**Japan**

地方行政管理区分　47都道府県（prefectures）

面積　37.8万km²　**人口**　12,484万人　**首都**　東京（1,404万人）

主要言語　日本語　**宗教**　仏教、神道、キリスト教他　**通貨**　円

世界遺産の数　25（**自然遺産**　5　**文化遺産**　20　**複合遺産**　0）　**世界遺産条約締約年**　1992年

❶法隆寺地域の仏教建造物（Buddhist Monuments in the Horyu-ji Area）
文化遺産（登録基準(i)(ii)(iv)(vi)）　1993年　奈良県生駒郡斑鳩町

❷姫路城（Himeji-jo）
文化遺産（登録基準(i)(iv)）　1993年　兵庫県姫路市本町

③白神山地（Shirakami-Sanchi）
自然遺産（登録基準(ix)）　1993年
青森県（西津軽郡鰺ヶ沢町、深浦町、中津軽郡西目屋村）
秋田県（山本郡藤里町、八峰町、能代市）

④屋久島（Yakushima）
自然遺産（登録基準(vii)(ix)）　1993年　鹿児島県熊毛郡屋久島町

❺古都京都の文化財（京都市、宇治市、大津市）
（Historic Monuments of Ancient Kyoto（Kyoto, Uji and Otsu Cities））
文化遺産（登録基準(ii)(iv)）　1994年
京都府　京都市、宇治市、滋賀県大津市

❻白川郷・五箇山の合掌造り集落（Historic Villages of Shirakawa-go and Gokayama）
文化遺産（登録基準(iv)(v)）　1995年
岐阜県大野郡白川村、富山県南砺市

❼広島の平和記念碑（原爆ドーム）（Hiroshima Peace Memorial (Genbaku Dome)）
文化遺産（登録基準(vi)）　1996年　広島県広島市中区大手町

❽厳島神社（Itsukushima Shinto Shrine）
文化遺産（登録基準(i)(ii)(iv)(vi)）　1996年
広島県廿日市市宮島町

❾古都奈良の文化財（Historic Monuments of Ancient Nara）
文化遺産（登録基準(ii)(iii)(iv)(vi)）　1998年　奈良県奈良市

❿日光の社寺（Shrines and Temples of Nikko）
文化遺産（登録基準(i)(iv)(vi)）　1999年　栃木県日光市

⓫琉球王国のグスク及び関連遺産群（Gusuku Sites and Related Properties of the Kingdom of Ryukyu）
文化遺産（登録基準(ii)(iii)(vi)）　2000年
沖縄県（那覇市、うるま市、国頭郡今帰仁村、中頭郡読谷村、北中城村、中城村、南城市）

⓬紀伊山地の霊場と参詣道（Sacred Sites and Pilgrimage Routes in the Kii Mountain Range）
文化遺産（登録基準(ii)(iii)(iv)(vi)）　2004年
三重県（尾鷲市、熊野市、度会郡大紀町、北牟婁郡紀北町、南牟婁郡御浜町、紀宝町）
奈良県（吉野郡吉野町、黒滝村、天川村、野迫川村、十津川村、下北山村、上北山村、川上村）
和歌山県（新宮市、田辺市、橋本市、伊都郡かつらぎ町、九度山町、高野町、西牟婁郡白浜町、
すさみ町、上富田町、東牟婁郡那智勝浦町、串本町）

⑬知床（Shiretoko）
自然遺産（登録基準(ix)(x)）
2005年　北海道（斜里郡斜里町、目梨郡羅臼町）

⓮石見銀山遺跡とその文化的景観（Iwami Ginzan Silver Mine and its Cultural Landscape）
文化遺産（登録基準(ii)(iii)(v)）　2007年／2010年
島根県大田市

⓯平泉－仏国土（浄土）を表す建築・庭園及び考古学的遺跡群
（Hiraizumi-Temples, Gardens and Archaeological Sites Representing the Buddhist Pure Land）
文化遺産（登録基準(ii)(vi)）　2011年
岩手県西磐井郡平泉町

⑯小笠原諸島（Ogasawara Islands）
自然遺産（登録基準(ix)）　2011年　東京都小笠原村

⑰富士山−信仰の対象と芸術の源泉（Fujisan, sacred place and source of artistic inspiration）
文化遺産（登録基準(iii)(vi)）　2013年
静岡県（富士宮市、富士市、裾野市、御殿場市、静岡市、小山町）
山梨県（富士吉田市、富士河口湖町、身延町、鳴沢村、山中湖村、忍野村）

⑱富岡製糸場と絹産業遺産群（Tomioka Silk Mill and Related Sites）
文化遺産（登録基準(ii)(iv)）　2014年　群馬県（富岡市、藤岡市、伊勢崎市、下仁田町）

⑲明治日本の産業革命遺産：製鉄・製鋼、造船、石炭産業
（Sites of Japan's Meiji Industrial Revolution: Iron and Steel, Shipbuilding and Coal Mining）
文化遺産（登録基準(ii)(iv)）　2015年
岩手県釜石市、静岡県伊豆の国市、山口県萩市、福岡県（北九州市、中間市、大牟田市）、佐賀県佐賀市、長崎県長崎市、熊本県（荒尾市、宇城市）、鹿児島県鹿児島市

⑳ル・コルビュジエの建築作品－近代化運動への顕著な貢献
（The Architectural Work of Le Corbusier, an Outstanding Contribution to the Modern Movement）
文化遺産（登録基準(i)(ii)(vi)）　2016年　東京都台東区上野公園
フランス／スイス／ドイツ／ベルギー／日本／インド／アルゼンチン

㉑「神宿る島」宗像・沖ノ島と関連遺産群
（Sacred Island of Okinoshima and Associated Sites in the Munakata Region）
文化遺産（登録基準(ii)(iii)）　2017年　福岡県宗像市、福津市

㉒長崎と天草地方の潜伏キリシタン関連遺産
（Hidden Christian Sites in the Nagasaki Region）
文化遺産（登録基準(iii)）　2018年　長崎県長崎市、南島原市、佐世保市、平戸市、北松浦郡小値賀町、南松浦郡新上五島町、五島市、熊本県天草市

㉓百舌鳥・古市古墳群：古代日本の墳墓群
（Mozu-Furuichi Kofun Group: Mounded Tombs of Ancient Japan）
文化遺産（登録基準((iii)(iv))）　2019年　大阪府堺市、羽曳野市、藤井寺市

㉔奄美大島、徳之島、沖縄島北部及び西表島
（Amami-Oshima Island, Tokunoshima Island, Northern part of Okinawa Island, and Iriomote Island）自然遺産（登録基準(x)）　2021年　鹿児島県、沖縄県

㉕北海道・北東北の縄文遺跡群（Jomon Prehistoric Sites in Northern Japan）
文化遺産（登録基準((iii)(v))）　2021年　北海道、青森県、岩手県、秋田県

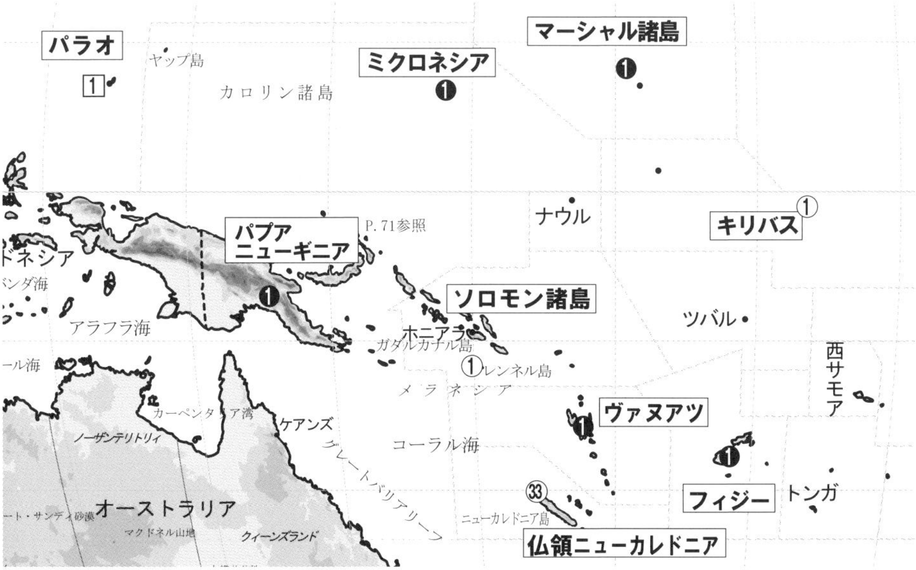

パラオ
ヤップ島
カロリン諸島
ミクロネシア
マーシャル諸島
ナウル
キリバス
パプア
ニューギニア
P. 71参照
ドネシア
バンダ海
アラフラ海
ソロモン諸島
ホニアラ
ガダルカナル島
レンネル島
メラネシア
ツバル
西サモア
カーペンタリア湾
ケアンズ
ノーザンテリトリィ
コーラル海
グレートバリアリーフ
ヴァヌアツ
フィジー
トンガ
ニューカレドニア島
オーストラリア
マクドネル山地
クィーンズランド
仏領ニューカレドニア

○自然遺産　●文化遺産　□複合遺産　★危機遺産

ミクロネシア連邦

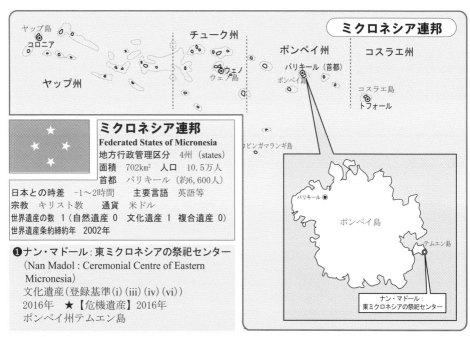

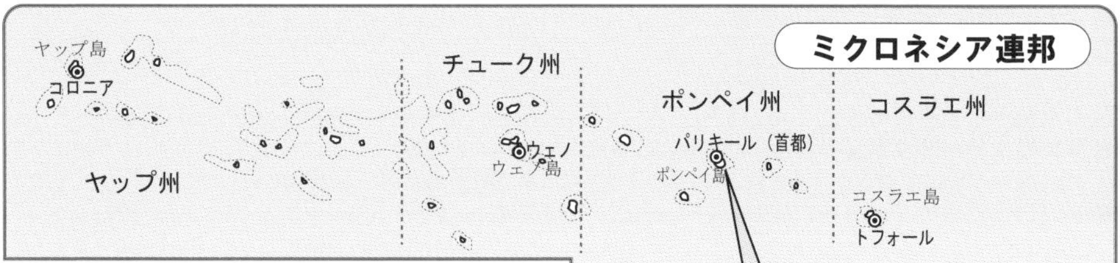
ヤップ島
コロニア
ヤップ州
チューク州
ウェノ
ウェノ島
ポンペイ州
パリキール（首都）
ポンペイ島
コスラエ州
コスラエ島
トフォール

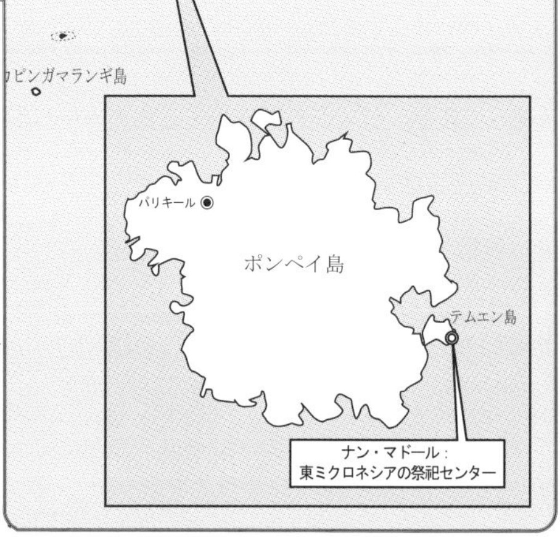
カピンガマランギ島
パリキール
ポンペイ島
テムエン島
ナン・マドール：
東ミクロネシアの祭祀センター

ミクロネシア連邦

Federated States of Micronesia

地方行政管理区分　4州（states）
面積　702km²　**人口**　10.5万人
首都　パリキール（約6,600人）
日本との時差　-1～2時間　**主要言語**　英語等
宗教　キリスト教　**通貨**　米ドル
世界遺産の数　1（自然遺産　0　文化遺産　1　複合遺産　0）
世界遺産条約締約年　2002年

❶ナン・マドール：東ミクロネシアの祭祀センター
（Nan Madol : Ceremonial Centre of Eastern Micronesia）
文化遺産（登録基準（i）（iii）（iv）（vi））
2016年　★【危機遺産】2016年
ポンペイ州テムエン島

パラオ

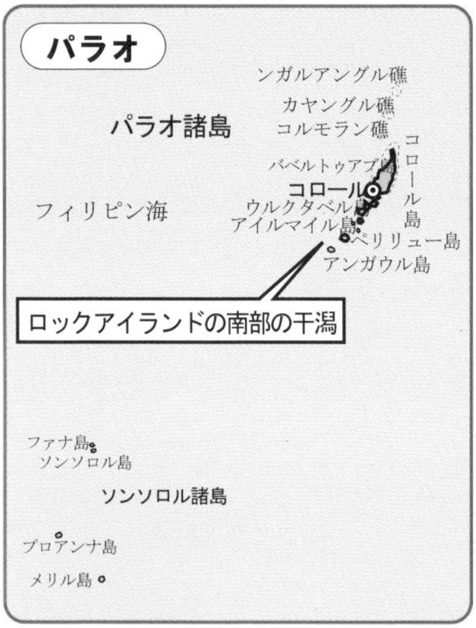
ンガルアングル礁
カヤングル礁
コルモラン礁
パラオ諸島
バベルトゥアプ島
コロール
コロール島
フィリピン海
ウルクタベル島
アイルマイル島
ペリリュー島
アンガウル島
ロックアイランドの南部の干潟
ファナ島
ソンソロル島
ソンソロル諸島
プロアンナ島
メリル島

マーシャル諸島

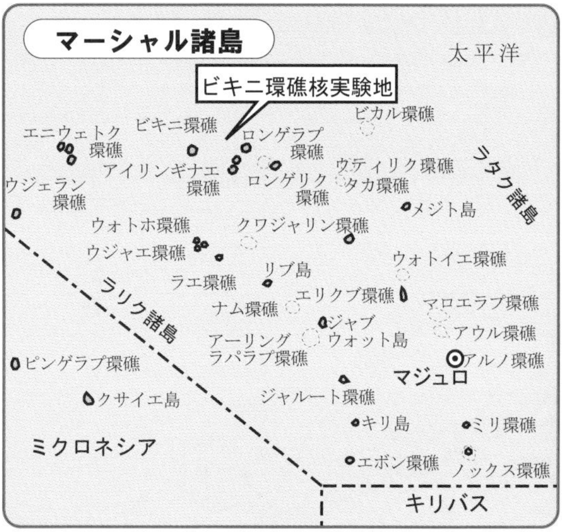
太平洋
ビキニ環礁核実験地
ビカル環礁
エニウェトク環礁
ビキニ環礁
ロンゲラプ環礁
アイリンギナエ環礁
ロンゲリク環礁
ウティリク環礁
タカ環礁
ラタク諸島
ウジェラン環礁
メジト島
ウォトホ環礁
クワジャリン環礁
ウジャエ環礁
ウォトイエ環礁
リブ島
ラエ環礁
エリクブ環礁
ラリク諸島
ナム環礁
マロエラプ環礁
ジャブ
ウォット島
アウル環礁
アーリング
ラパラプ環礁
ピンゲラプ環礁
アルノ環礁
マジュロ
クサイエ島
ジャルート環礁
キリ島
ミリ環礁
ミクロネシア
エボン環礁
ノックス環礁
キリバス

パラオ共和国　Republic of Palau

地方行政管理区分　16州（states）
面積　459km²　**人口**　2.1万人　**首都**　マルキョク（560人）　**日本との時差**　なし
主要言語　パラオ語、フィリピン語、英語　**宗教**　キリスト教　**通貨**　米ドル
世界遺産の数　1（自然遺産　0　文化遺産　0　複合遺産　1）　**世界遺産条約締約年**　2002年

①ロックアイランドの南部の干潟（Rock Islands Southern Lagoon）
複合遺産（登録基準（iii）（v）（vii）（ix）（x））　2012年
コロール州

太平洋

○自然遺産　●文化遺産　□複合遺産　★危機遺産

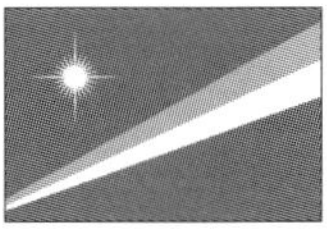

マーシャル諸島共和国　Republic of the Marshall Islands

地方行政管理区分　24地区（municipalities）
面積　181km²　人口　7.3万人　首都　マジュロ（2.8万人）　日本との時差＋3時間
主要言語　マーシャル語、英語　宗教　キリスト教　通貨　米ドル
世界遺産の数　1（自然遺産　0　文化遺産　1　複合遺産　0）　世界遺産条約締約年　2002年

❶ビキニ環礁核実験地（Bikini Atoll Nuclear Test Site）
文化遺産（登録基準（iv）（vi））　2010年
ロンゲラップ環礁地区（ラリック列島ビキニ環礁）

パプア・ニューギニア、ソロモン諸島

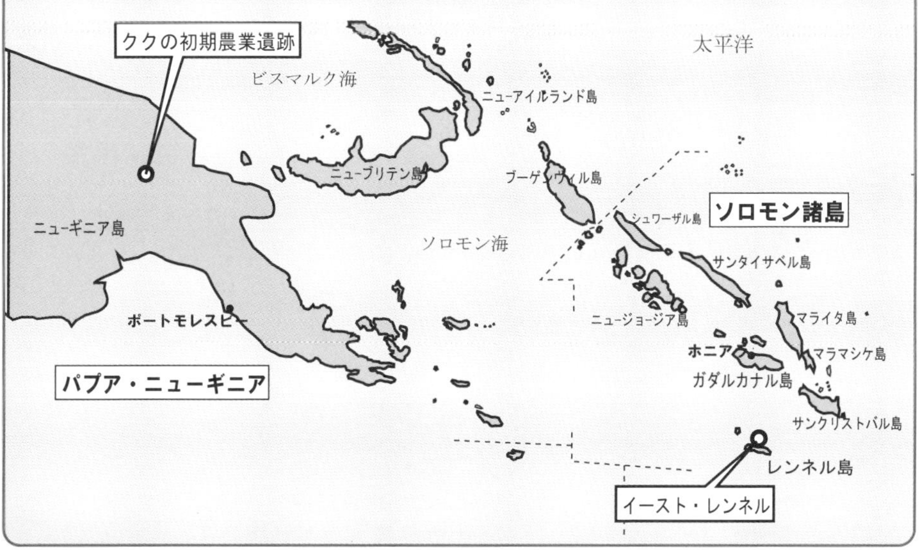

ククの初期農業遺跡
ビスマルク海
太平洋
ニューアイルランド島
ニューブリテン島
ブーゲンヴィル島
ソロモン諸島
シュワーザル島
ニューギニア島
ソロモン海
サンタイサベル島
ポートモレスビー
ニュージョージア島
マライタ島
ホニアラ
マラマシケ島
パプア・ニューギニア
ガダルカナル島
サンクリストバル島
レンネル島
イースト・レンネル

パプア・ニューギニア独立国　Independent State of Papua New Guinea

地方行政管理区分　20州（provinces）　1自治州（autonomous region）　1首都区（district）
面積　46.2万km²　人口　679万人　首都　ポートモレスビー（36万人）　日本との時差＋1時間
主要言語　英語、トク・ピシン、ヒリモツ語　宗教　キリスト教　通貨　キナ
世界遺産の数　1（自然遺産　0　文化遺産　1　複合遺産　0）　世界遺産条約締約年　1997年

❶ククの初期農業遺跡（Kuk Early Agricultural Site）
文化遺産（登録基準（iii）（iv））
2008年　西部山岳州

ソロモン諸島　Solomon Islands

地方行政管理区分　9州（provinces）　1市（city）
面積　2.8万km²　人口　63.5万人　首都　ホニアラ（6.4万人）　日本との時差＋2時間
主要言語　ピジン語、英語　宗教　キリスト教　通貨　ソロモン・ドル
世界遺産の数　1（自然遺産　1　文化遺産　0　複合遺産　0）　世界遺産条約締約年　1992年

①イースト・レンネル（East Rennell）
自然遺産（登録基準（ix））　1998年　★【危機遺産】2013年
レンネル・ベロナ州

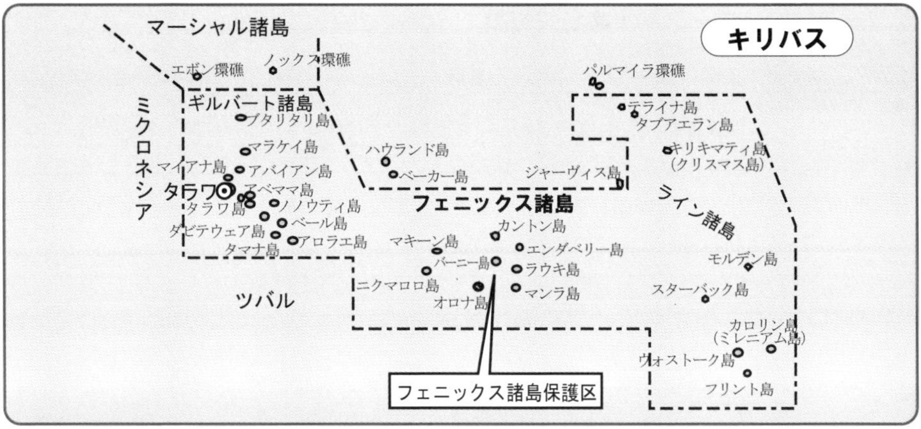
キリバス
マーシャル諸島
エボン環礁
ノックス環礁
ギルバート諸島
ブタリタリ島
マラケイ島
マイアナ島
アバイアン島
アベママ島
タラワ
タラワ島
ノノウティ島
ベール島
タビテウェア島
アロラエ島
タマナ島
ミクロネシア
ツバル
ハウランド島
ベーカー島
フェニックス諸島
カントン島
マキーン島
エンダベリー島
バーニー島
ラウキ島
ニクマロロ島
マンラ島
オロナ島
フェニックス諸島保護区
パルマイラ環礁
テライナ島
タブアエラン島
キリキマティ島
(クリスマス島)
ジャーヴィス島
ライン諸島
モルデン島
スターバック島
カロリン島
(ミレニアム島)
ヴォストーク島
フリント島

キリバス共和国　Republic of Kiribati

地方行政管理区分　3諸島（geographical units）　6地区（districts）
面積　730km²　**人口**　10.6万人　**首都**　タラワ（5.6万人）　**日本との時差**＋3時間
主要言語　キリバス語、英語　**宗教**　キリスト教など　**通貨**　オーストラリア・ドル
世界遺産の数　1（自然遺産　1　文化遺産　0　複合遺産　0）　**世界遺産条約締約年**　2000年

①フェニックス諸島保護区（Phoenix Islands Protected Area）

自然遺産(登録基準(vii)(ix))　2010年
フェニックス諸島（ラワキ島、エンダーベリー島、ニクマロロ環礁、マッキーン島、マンラ島、バーニー島、カントン島、オロナ環礁、キャロンデレット珊瑚礁、ウィンスロー珊瑚礁）

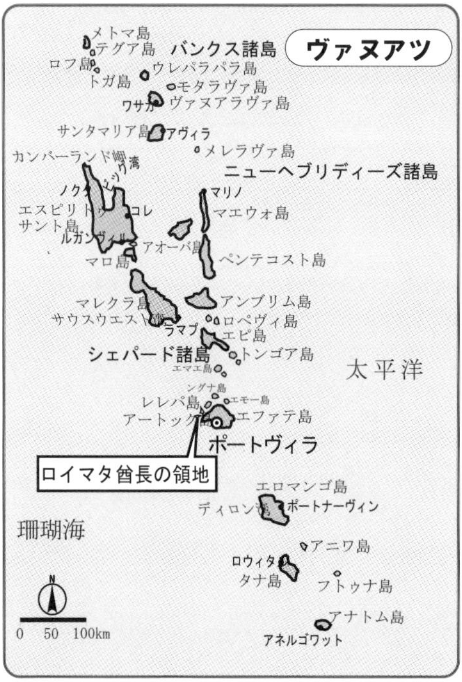
ヴァヌアツ
メトマ島
テグア島
バンクス諸島
ロフ島
ウレパラパラ島
トガ島
モタラヴァ島
ワサガ
ヴァヌアラヴァ島
サンタマリア島
アヴィラ
メレラヴァ島
カンバーランド岬
ビッグ湾
ニューヘブリディーズ諸島
ノクク
マリノ
エスピリトゥ
サント島
コレ
マエウォ島
ルガンヴィル
アオーバ島
マロ島
ペンテコスト島
マレクラ島
アンブリム島
サウスウエスト湾
ロペヴィ島
ラマプ
エピ島
シェパード諸島
トンゴア島
エマエ島
太平洋
シグナ島
レレパ島
エモー島
アートック島
エファテ島
ポートヴィラ
ロイマタ酋長の領地
エロマンゴ島
ディロン湾
ポートナーヴィン
珊瑚海
アニワ島
ロウィタ
タナ島
フトゥナ島
N
アナトム島
アネルゴワット
0　50　100km

ヴァヌアツ共和国　Republic of Vanuatu

地方行政管理区分　6州（provinces）
面積　1.2万km²　**人口**　27万人
首都　ポートヴィラ（4.4万人）　**日本との時差**＋2時間
主要言語　ビスラマ語、英語、仏語
宗教　キリスト教　**通貨**　ヴァツ
世界遺産の数 1（自然遺産　0　文化遺産 1　複合遺産 0）
世界遺産条約締約年　2002年

❶ロイマタ酋長の領地

(Chief Roi Mata' s Domain)
文化遺産(登録基準(iii)(v)(vi))
2008年
シファ州エファテ島、レレパ島、アートック島

○自然遺産　●文化遺産　□複合遺産　★危機遺産

太平洋

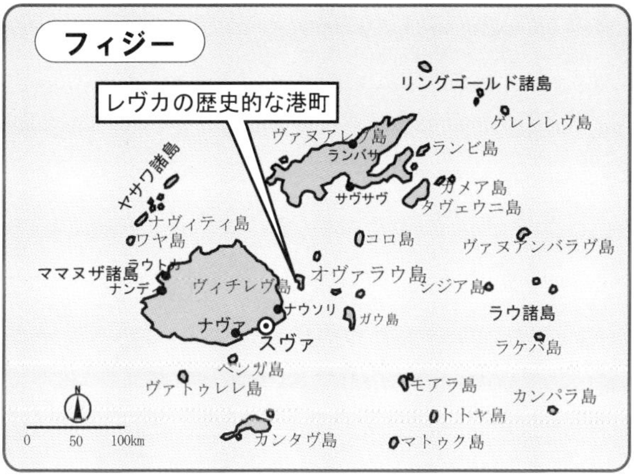
フィジー
レヴカの歴史的な港町
リングゴールド諸島
ゲレレレヴ島
ヴァヌアレヴ島
ランバサ
ランビ島
ヤサワ諸島
サヴサヴ
カメア島
タヴェウニ島
ナヴィティ島
ワヤ島
コロ島
ヴァヌアンバラヴ島
ママヌザ諸島
ラウトカ
ナンディ
ヴィチレヴ島
オヴァラウ島
シジア島
ナウソリ
ガウ島
ラウ諸島
ナヴァ
スヴァ
ラケバ島
ベンガ島
ヴァトゥレレ島
モアラ島
カンパラ島
トトヤ島
カンタヴ島
マトゥク島
0 50 100km

フィジー共和国 Republic of Fiji

地方行政管理区分　14州 (provinces)
面積　18,274km²　人口　91.5万人
首都　スヴァ (8.8万人)
日本との時差　＋3時間
主要言語　英語、フィジー語、ヒンディ語
宗教　キリスト教、ヒンズー教
通貨　フィジー・ドル
世界遺産の数　1
(自然遺産 0　文化遺産 1　複合遺産 0)
世界遺産条約締約年　1990年

❶**レヴカの歴史的な港町** (Levuka Historical Port Town)
文化遺産(登録基準(ii)(iv))　2013年
ロマイヴィティ州レヴカ市

オーストラリア
メルヴィル島
アラフラ海
パプアニューギニア
ソロモン諸島
ティモール海
2 ダーウィン
アーネムランド半島
カーペンタリア湾
ヨーク岬半島
メラネシア
グレートバリアリーフ
① ⑧ ケアンズ
ウィンダム ⑮
バーダム
コーラル海
ノーマントン
タウンズヴィル
ブルーム
テナントクリーク ⑪
マッケー
ノーザン・テリトリー
マッケー湖
マクドネル山脈
クィーンズランド州
ダンピア
ハマーズリー山脈
ロックハンプトン
アリススプリングス
大鑽井盆地
⑲
7 エアーズロック
⑩ フレーザー島
カーナーヴォン
グレートディヴァイディング山脈
⑨
西オーストラリア州
ブリスベン
ゴールドコースト
シャーク湾
エーア湖
南オーストラリア州
⑥
ジェラルトン
マレー
タークーラ
トレンズ湖
ダーリング川
ロードハウ島 ④
カルグールリー
ニューサウスウェールズ州
パース ⑱
⑱ ニューカッスル
⑰ シドニー
グレート・オーストラリア湾
アデレード
3 キャンベラ
エスペランス
マーレー川
⑪ ヴィクトリア州
オールバニ
カンガルー島
メルボルン
タスマン海
インド洋
オーストラリア
⑳ ⑯
バス海峡
タスマニア州 ⑱
タスマニア島
5 ⑭
ニュージーランド
12 ハード島 マクドナルド諸島
マックオリー島 ⑬
太平洋

○自然遺産　●文化遺産　□複合遺産　★危機遺産

オーストラリア連邦　Commonwealth of Australia

地方行政管理区分　6州（states）　2地域（territories）
面積　769万km^2　人口　2,300万人　首都　キャンベラ（37万人）　日本との時差－1～＋1時間
主要言語　英語など　　宗教　キリスト教など　　通貨　オーストラリア・ドル
世界遺産の数　20（自然遺産　12　文化遺産　4　複合遺産　4）世界遺産条約締約年　1974年

①グレート・バリア・リーフ（Great Barrier Reef）
自然遺産（登録基準（vii）（viii）（ix）（x））　1981年　クィーンズランド州、ニューサウスウェールズ州

[2]カカドゥ国立公園（Kakadu National Park）
複合遺産（登録基準（i）（vi）（vii）（ix）（x））　1981年／1987年／1992年　ノーザン・テリトリー州

[3]ウィランドラ湖群地域（Willandra Lakes Region）
複合遺産（登録基準（iii）（viii））　1981年　ニューサウスウェールズ州

④ロードハウ諸島（Lord Howe Island Group）
自然遺産（登録基準（vii）（x））　1982年　ニューサウスウェールズ州

[5]タスマニア原生地域（Tasmanian Wilderness）
複合遺産（登録基準（iii）（iv）（vi）（vii）（viii）（ix）（x））　1982年／1989年／2010年　タスマニア州

⑥オーストラリアのゴンドワナ雨林群（Gondwana Rainforests of Australia）
自然遺産（登録基準（viii）（ix）（x））　1986年／1994年
ニューサウスウェールズ州、クィーンズランド州

[7]ウルル-カタ・ジュタ国立公園（Uluru-Kata Tjuta National Park）
複合遺産（登録基準（v）（vi）（vii）（viii））　1987年／1994年　ノーザン・テリトリー州

⑧クィーンズランドの湿潤熱帯地域（Wet Tropics of Queensland）
自然遺産（登録基準（vii）（viii）（ix）（x））　1988年　クィーンズランド州

⑨西オーストラリアのシャーク湾（Shark Bay, Western Australia）
自然遺産（登録基準（vii）（viii）（ix）（x））　1991年　西オーストラリア州

⑩クガリ（フレーザー島）（K'gari (Fraser Island)）
自然遺産（登録基準（vii）（viii）（ix））　1992年　クィーンズランド州

⑪オーストラリアの哺乳類の化石遺跡（リバースリーとナラコーテ）
（Australian Fossil Mammal Sites（Riversleigh / Naracoorte））
自然遺産（登録基準（viii）（ix））　1994年
クィーンズランド州、サウスオーストラリア州、ヴィクトリア州

⑫ハード島とマクドナルド諸島（Heard and McDonald Islands）
自然遺産（登録基準（viii）（ix））　1997年　オーストラリア領ハード島、マクドナルド諸島

⑬マックォーリー島（Macquarie Island）
自然遺産（登録基準（vii）（viii））　1997年　タスマニア州

⑭グレーター・ブルー・マウンテンズ地域（Greater Blue Mountains Area）
自然遺産（登録基準（ix）（x））　2000年　ニューサウスウエールズ州

⑮パヌルル国立公園（Purnululu National Park）
自然遺産（登録基準（vii）（viii））　2003年　西オーストラリア州

⓰王立展示館とカールトン庭園（Royal Exhibition Building and Carlton Gardens）
文化遺産（登録基準（ii））　2004年／2010年　ヴィクトリア州

⓱シドニーのオペラ・ハウス（Sydney Opera House）
文化遺産（登録基準（i））　2007年　ニューサウスウエールズ州

⓲オーストラリアの囚人遺跡群（Australian Convict Sites）
文化遺産（登録基準（iv）（vi））　2010年
ニューサウスウエールズ州、タスマニア州、西オーストラリア州

⑲ニンガルー・コースト（Ningaloo Coast）
自然遺産（登録基準（vii）（x））　2011年　西オーストラリア州

⓴バジ・ビムの文化的景観　（Budj Bim Cultural Landscape）
文化遺産（登録基準（（iii）（v））2019年　ビクトリア州

太平洋

○自然遺産　●文化遺産　□複合遺産　★危機遺産

ニュージーランド

ノース岬
オークランド
マヌカウ
コロマンデル半島
ブレンディ湾
タスマン海
北島
イースト岬
エグモント岬
ルアペフ山
2
ネーピア
ホーク湾
フェアウェル岬
ネルソン
ウェリントン
クック海峡
クック山
南島
①
サザン・アルプス
クライストチャーチ
バンクス半島
カンタベリー湾
プロビデンス岬
インバーカーギル
ダニーディン
スチュワート島
チャタム諸島

シドニー
キャンベラ
ヴィクトリア
マーレー川
メルボルン
バス海峡
タスマニア
タスマン海
ニュージーランド
ウェリントン
スネアズ諸島
バウンティ諸島
オークランド諸島
アンティポデス諸島
③ キャンベル島
南極海
ニュージーランドの亜南極諸島

ニュージーランド New Zealand
地方行政管理区分　16地方（regions）　1特別領（territory）
面積　26.9万km²　**人口**　447万人　**首都**　ウェリントン（39.8万人）**日本との時差**＋3時間
主要言語　英語、マオリ語　**宗教**　キリスト教など　**通貨**　ニュージーランド・ドル
世界遺産の数　3（自然遺産　2　文化遺産　0　複合遺産　1）　**世界遺産条約締約年**　1984年

①テ・ワヒポウナム–南西ニュージーランド（Te Wahipounamu-South West New Zealand）
自然遺産（登録基準(vii)(viii)(ix)(x)）　1990年
サウスランド地方、オタゴ地方

2トンガリロ国立公園（Tongariro National Park）
複合遺産（登録基準(vi)(vii)(viii)）　1990年／1993年
トンガリロ地方、ワンガヌイ地方

③ニュージーランドの亜南極諸島（New Zealand Sub-Antarctic Islands）
自然遺産（登録基準(ix)(x)）　1998年
ニュージーランド亜南極地方

ヨーロッパ 1

アイスランド
ノルウェー
スウェーデン
フィンランド
エストニア
ロシア連邦
ラトヴィア
リトアニア
デンマーク
アイルランド
英国
オランダ
ベラルーシ
ポーランド
ドイツ
ベルギー
ウクライナ
ルクセンブルグ
チェコ
スロヴァキア
モルドヴァ
オーストリア
ハンガリー
フランス
スイス
ルーマニア
スロヴェニア
クロアチア
ボスニア
ヘルツェゴビナ
セルビア
イタリア
サンマリノ
ブルガリア
アンドラ
モンテネグロ
マケドニア
ヴァチカン
アルバニア
ポルトガル
スペイン
トルコ
ギリシャ
マルタ
キプロス
モロッコ
アルジェリア
チュニジア
リビア
エジプト

ヨーロッパ 2

デンマーク
ノルウェー
スウェーデン
ドイツ
フィンランド
エストニア
ラトヴィア
リトアニア
ポーランド
ベラルーシ
ウクライナ
ロシア連邦
ジョージア
トルコ
アルメニア
アゼルバイジャン
カザフスタン
イラン
トルクメニスタン
ウズベキスタン

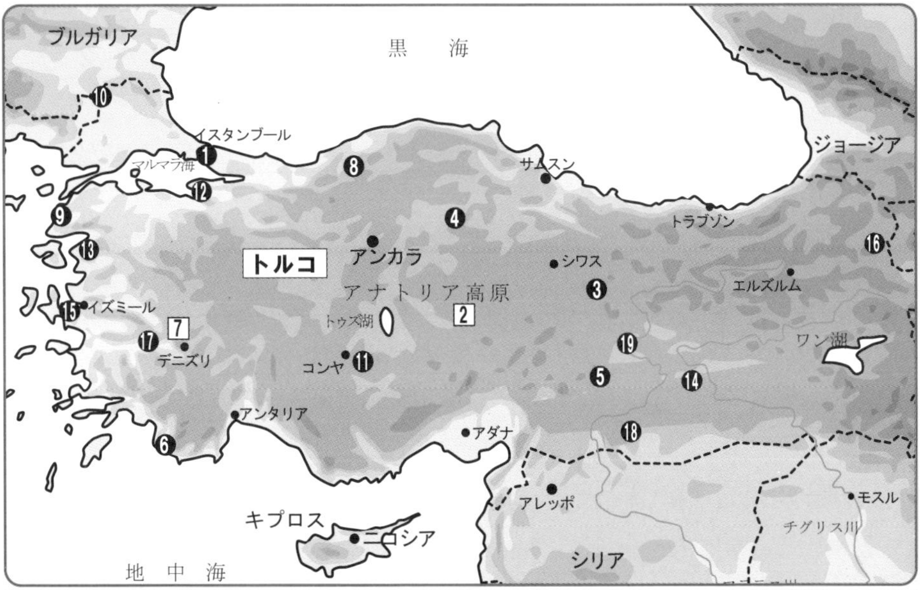
ブルガリア
黒　海
イスタンブール
マルマラ海
サムスン
ジョージア
トラブゾン
トルコ
アンカラ
シワス
エルズルム
アナトリア高原
イズミール
トゥズ湖
ワン湖
デニズリ
コンヤ
アンタリア
アダナ
アレッポ
モスル
キプロス
ニコシア
チグリス川
シリア
地　中　海

トルコ共和国　**Republic of Turkey**
地方行政管理区分　81県（provinces）
面積　78万km²　**人口**　8,027万人　**首都**　アンカラ（458万人）　**日本との時差**　-7時間
主要言語　トルコ語　**宗教**　イスラム教など　**通貨**　トルコ・リラ
世界遺産の数　19（自然遺産　0　文化遺産　17　複合遺産　2）　世界遺産条約締約年 1983年

❶イスタンブールの歴史地区（Historic Areas of Istanbul）
　文化遺産(登録基準(i)(ii)(iii)(iv))　1985年　イスタンブール県
②ギョレメ国立公園とカッパドキアの岩窟群
　(Goreme National Park and the Rock Sites of Cappadocia)
　複合遺産(登録基準(i)(iii)(v)(vii))　1985年　ネヴシェヒール県
❸ディヴリイの大モスクと病院（Great Mosque and Hospital of Divrigi）
　文化遺産(登録基準(i)(iv))　1985年　スィバス県
❹ハットシャ：ヒッタイト王国の首都（Hattusha:the Hittite Capital）
　文化遺産(登録基準(i)(ii)(iii)(iv))　1986年　チョルム県
❺ネムルト・ダウ（Nemrut Dag）
　文化遺産(登録基準(i)(iii)(iv))　1987年　アドゥヤマ県
❻クサントス-レトーン（Xanthos-Letoon）
　文化遺産(登録基準(ii)(iii))　1988年　アンタルヤ県
⑦ヒエラポリス・パムッカレ(Hierapolis-Pamukkale)
　複合遺産(登録基準(iii)(iv)(vii))　1988年　デニズリ県
❽サフランボルの市街（City of Safranbolu）
　文化遺産(登録基準(ii)(iv)(v))　1994年　ゾングルダク県
❾トロイの考古学遺跡(Archaeological Site of Troy)
　文化遺産(登録基準(ii)(iii)(vi))　1998年　チャナッカレ県
❿セリミエ・モスクとその社会的複合施設
　(Selimiye Mosque and its Social Complex)
　文化遺産(登録基準(i)(iv))　2011年　マルマラ地方エルディネ県
⓫チャタルヒュユクの新石器時代の遺跡（Neolithic Site of Catalhoyuk）
　文化遺産(登録基準(ii)(iv))　2012年
　アナトリア地方コンヤ県コンヤ市

ヨーロッパ

○自然遺産　●文化遺産　□複合遺産　★危機遺産

⓬ブルサとジュマルクズック：オスマン帝国発祥の地
（Bursa and Cumalikizik: the Birth of the Ottoman Empire）
文化遺産（登録基準(i)(ii)(iii)(iv)(vi)）　2014年　マルマラ地方ブルサ県

⓭ペルガモンとその重層的な文化的景観
（Pergamon and its Multi-Layered Cultural Landscape）
文化遺産（登録基準(i)(ii)(iii)(iv)(vi)）　2014年　ミュシア県

⓮ディヤルバクル城壁とエヴセルガーデンの文化的景観
（Diyarbakir Fortress and Hevsel Gardens Cultural Landscape）
文化遺産（登録基準(iv)）　2015年　ディヤルバクル県

⓯エフェソス（Ephesus）
文化遺産（登録基準(iii)(iv)(vi)）　2015年　イズミル県

⓰アニの考古学遺跡（Archaeological Site of Ani）
文化遺産（登録基準(ii)(iii)(iv)）　2016年　カルス県

⓱アフロディシャス遺跡（Aphrodisias）
文化遺産（登録基準(ii)(iii)(iv)(vi)）
2017年　シャンルウルファ県シャンルウルファ市

⓲ギョベクリ・テペ（Gobekli Tepe）
文化遺産（登録基準 (i)(ii)(iv)）　2018年　シャンルウルファ県シャンルウルファ市

⓳アルスラーンテペの墳丘（Arslantepe Mound）
文化遺産（登録基準(iii)　2021年　東アナトリア地方マラティヤ県

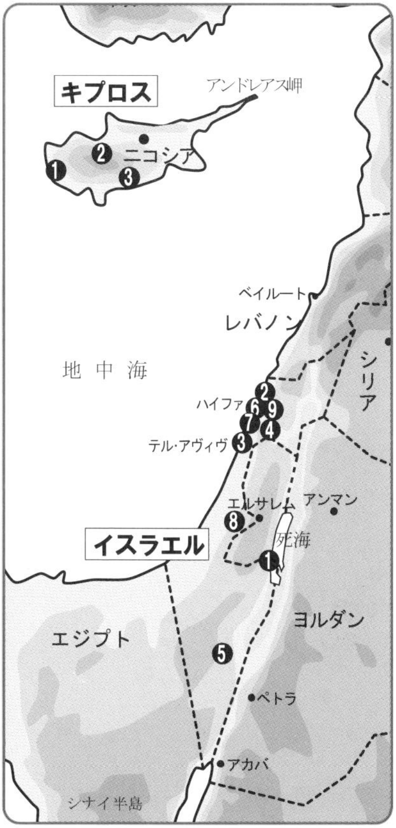
キプロス
アンドレアス岬
ニコシア
ベイルート
レバノン
シリア
地中海
ハイファ
テル・アヴィヴ
エルサレム
アンマン
死海
イスラエル
ヨルダン
エジプト
ペトラ
アカバ
シナイ半島

キプロス共和国　Republic of Cyprus

地方行政管理区分　6地方（districts）
面積　9.250km²　**人口**　120.5万人
首都　ニコシア（31万人）　**日本との時差**-7時間
主要言語　ギリシャ語、トルコ語、英語
宗教　ギリシャ正教、回教など　**通貨**　ユーロ
世界遺産の数　3（自然遺産　0　文化遺産　3　複合遺産　0）
世界遺産条約締約年　1975年

❶パフォス（Paphos）
文化遺産（登録基準(iii)(vi)）　1980年
パフォス地方

❷トロードス地方の壁画教会群
（Painted Churches in the Troodos Region）
文化遺産（登録基準(ii)(iii)(iv)）
1985年／2001年
トロードス地方

❸ヒロキティア（Choirokoitia）
文化遺産（登録基準(ii)(iii)(iv)）　1998年
ラルナカ地方

イスラエル国　State of Israel

地方行政管理区分　6地方（districts）
面積　2.1万km²　**人口**　817万人　**首都**　エルサレム※（93万人）　**日本との時差**－7時間
※国連では未承認で、テルアヴィブを首都とみなしている。
主要言語　ヘブライ語、アラビア語、英語　**宗教**　ユダヤ教、イスラム教、キリスト教など　**通貨**　新シェケル
世界遺産の数　9（自然遺産　0　文化遺産　9　複合遺産　0）　**世界遺産条約締約年**　1999年

❶マサダ（Masada）
文化遺産（登録基準(iii)(iv)(vi)）　2001年　タマル地方
❷アクルの旧市街（Old City of Acre）
文化遺産（登録基準(ii)(iii)(v)）　2001年　西ガリラヤ地方
❸テル・アヴィヴのホワイト・シティ－近代運動（White City of Tel-Aviv -the Modern Movement）
文化遺産（登録基準(ii)(iv)）　2003年　テル・アヴィヴ地方
❹聖書ゆかりの遺跡の丘－メギド、ハツォール、ベール・シェバ
（Biblical Tels - Megiddo, Hazor, Beer Sheba）
文化遺産（登録基準(ii)(iii)(iv)(vi)）　2005年
メギド地方、アッパー・ガラリア地方、ベール・シェバ地方
❺香料の道 － ネゲヴの砂漠都市群（Incense Route - Desert Cities in the Negev）
文化遺産（登録基準(iii)(v)）　2005年　ネゲヴ地方
❻ハイファと西ガリラヤのバハイ教の聖地（Baha'i Holy Places in Haifa and the Western Galilee）
文化遺産（登録基準(iii)(vi)）　2008年　ハイファ地方、北部地方
❼カルメル山の人類進化の遺跡群：ナハル・メアロット洞窟とワディ・エル・ムガラ洞窟群
（Sites of Human Evolution at Mount Carmel : The Nahal Me'arot/Wadi el-Mughara Caves）
文化遺産（登録基準(iii)(v)）　2012年　ハイファ地区ハイファ
❽ユダヤ低地にあるマレシャとベトグヴリンの洞窟群：洞窟の大地の小宇宙
（Caves of Maresha and Bet-Guvrin in the Judean Lowlands as a Microcosm of the Land of the Caves）
文化遺産（登録基準(v)）　2014年　南部地方
❾ベイト・シェアリムのネクロポリス、ユダヤ人の再興を示す象徴
（Necropolis of Bet She'arim: A Landmark of Jewish Renewal）
文化遺産（登録基準(ii)(iii)）　2015年　北部地方

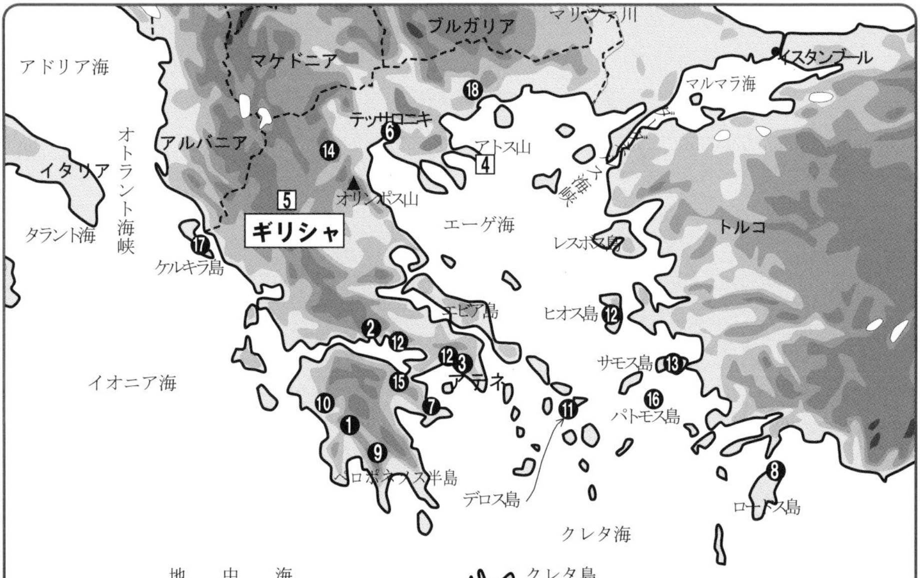
ブルガリア
マケドニア
アドリア海
イスタンブール
マルマラ海
アルバニア
オトラント海峡
イタリア
テッサロニキ
アトス山
オリンポス山
ギリシャ
タラント海
エーゲ海
レスボス島
トルコ
ケルキラ島
エビア島
ヒオス島
サモス島
イオニア海
アテネ
パトモス島
ペロポネソス半島
デロス島
ロードス島
クレタ海
地　中　海
クレタ島
18
6
4
14
5
17
2
12
12
3
13
15
7
10
16
11
1
9
8

ヨーロッパ

○自然遺産　●文化遺産　□複合遺産　★危機遺産

ギリシャ共和国　Hellenic Republic

地方行政管理区分　13地方(regions)　1自治地域(autonomous monastic state)
面積　13.2万km²　人口　1,081万人　首都　アテネ(65.5万人)　日本との時差-7時間
主要言語　ギリシャ語　宗教　ギリシャ正教など　通貨　ユーロ
世界遺産の数　18(自然遺産　0　文化遺産　16　複合遺産　2)　世界遺産条約締約年　1981年

❶バッセのアポロ・エピクリオス神殿 (Temple of Apollo Epicurius at Bassae)
文化遺産(登録基準(i)(ii)(iii))　1986年　ペロポネソス地方アルカディア県

❷デルフィの考古学遺跡 (Archaeological Site of Delphi)
文化遺産(登録基準(i)(ii)(iii)(iv)(vi))　1987年
中央ギリシャ地方フォキダ県

❸アテネのアクロポリス (Acropolis, Athens)
文化遺産(登録基準(i)(ii)(iii)(iv)(vi))　1987年　アッティカ地方アッティカ県

[4]アトス山 (Mount Athos)
複合遺産(登録基準(i)(ii)(iv)(v)(vi)(vii))　1988年
アトス自治修道士共和国

[5]メテオラ (Meteora)
複合遺産(登録基準(i)(ii)(iv)(v)(vii))　1988年　テッサリア地方トリカラ県

❻テッサロニキの初期キリスト教とビザンチン様式の建造物群
(Paleochristian and Byzantine Monuments of Thessalonika)
文化遺産(登録基準(i)(ii)(iv))　1988年　中央マケドニア地方テッサロニキ県

❼エピダウロスのアスクレピオスの聖地
(Sanctuary of Asklepios at Epidaurus)
文化遺産(登録基準(i)(ii)(iii)(iv)(vi))　1988年　ペロポネソス地方アルゴリス県

❽ロードスの中世都市 (Medieval City of Rhodes)
文化遺産(登録基準(ii)(iv)(v))　1988年　南エーゲ地方ドデカニサ県

❾ミストラの考古学遺跡 (Archaeological Site of Mystras)
文化遺産(登録基準(ii)(iii)(iv))　1989年　ペロポネソス地方ラコニア県

❿オリンピアの考古学遺跡 (Archaeological Site of Olympia)
文化遺産(登録基準(i)(ii)(iii)(iv)(vi))　1989年　西ギリシャ地方イリア県

⓫デロス (Delos)
文化遺産(登録基準(ii)(iii)(iv)(vi))　1990年　南エーゲ地方キクラデス県

⓬ダフニの修道院、オシオス・ルカス修道院とヒオス島のネアモニ修道院
(Monasteries of Daphni, Hosios Loukas and Nea Moni of Chios)
文化遺産(登録基準(i)(iv))　1990年
アッティカ地方アッティカ県、中央ギリシャ地方フォキダ県、北エーゲ地方ヒオス県

⓭サモス島のピタゴリオンとヘラ神殿 (Pythagoreion and Heraion of Samos)
文化遺産(登録基準(ii)(iii))　1992年　北エーゲ地方サモス県

⓮アイガイの考古学遺跡(現在名　ヴェルギナ)
(Archaeological Site of Aigai (modern name Vergina))
文化遺産(登録基準(i)(iii))　1996年　中央マケドニア地方テッサロニキ県

⓯ミケーネとティリンスの考古学遺跡 (Archaelogical Sites of Mycenae and Tiryns)
文化遺産(登録基準(i)(ii)(iii)(iv)(vi))　1999年
ペロポネソス地方アルゴリス県

⓰パトモス島の聖ヨハネ修道院のある歴史地区(ホラ)と聖ヨハネ黙示録の洞窟
(Historic Centre (Chora) with the Monastery of Saint John "theTheologian" and the Cave of the Apocalypse on the Island of Patmos)
文化遺産(登録基準(iii)(iv)(vi))　1999年　南エーゲ地方ドデカニサ県

⓱コルフの旧市街 (Old Town of Corfu)
文化遺産(登録基準(iv))　2007年　イオニア地方コルフ県(ケルキラ島)

⓲フィリッピの考古学遺跡 (Archaeological Site of Philippi)
文化遺産(登録基準(iii)(iv))　2016年
東マケドニア・トラキア地方カヴァラ県カヴァラ市

ドイツ
スイス
オーストリア
ハンガリー
スロヴェニア
クロアチア
ボスニア・ヘルツェゴビナ
モナコ
イタリア
サンマリノ
ヴァチカン市国
ヴァチカン・シティ
チュニジア
アルジェリア
マルタ
アルプス山脈周辺の先史時代の杭上住居群
47 イタリア（19か所）
オーストリア、フランス、ドイツ、イタリア、スロヴェニア、スイスの6か国の111か所に点在する。
43 イタリア
8 スイス
45 イタリア
6 スイス
46 イタリアのロンゴバルド族　権力の場所
（568年～774年）
フリウリ・ヴェネツィア・ジュリア州、ロンバルディア州、ウンブリア州、カンパニア州、プーリア州の7か所に点在する。
3 イタリア
1 ヴァチカン市国
カルダ湖
ミラノ
ヴェローナ
ヴェネチア
トリノ
ジェノバ
アディジェ川
ポー川
ボローニャ
ラヴェンナ
ピサ
フィレンツェ
サンジミニャーノ
ウルビーノ
シエナ
アッシジ
エルバ島
テベレ川
アペニン山脈
コルノ山
ティボリ
ローマ
ナポリ
ヴェスヴィオ山
バリ
アルベロベッロ
タラント湾
リグリア海
コルシカ島（仏）
ボニファチオ海峡
サルデーニャ島
ティレニア海
アドリア海
地中海
エオリエ諸島
カラブリア半島
イオニア海
パレルモ
シチリア島
エトナ山
メッシナ海峡
アグリジェント
シラクーザ
ラグサ

○自然遺産　●文化遺産　□複合遺産　★危機遺産

イタリア共和国 **Republic of Italy**
地方行政管理区分 20州（regions） 113県（provinces）
面積 30.1万km² **人口** 6,201万人 **首都** ローマ（286万人） **日本との時差**-8時間
主要言語 イタリア語など **宗教** キリスト教など **通貨** ユーロ
世界遺産の数 58（自然遺産 4 文化遺産 54 複合遺産 0） 世界遺産条約締約年 1978年

❶ヴァルカモニカの岩石画 (Roch Drawings in Valcamonica)
文化遺産(登録基準(iii)(vi)) 1979年 ロンバルディア州ブレシア県

❷レオナルド・ダ・ヴィンチ画「最後の晩餐」があるサンタマリア・デレ・グラツィエ教会とドメニコ派修道院
(Church and Dominican Convent of Santa Maria delle Grazie with "The Last Supper" by Leonardo da Vinci)
文化遺産(登録基準(i)(ii)) 1980年 ロンバルディア州ミラノ県

❸ローマの歴史地区、教皇領とサンパオロ・フォーリ・レ・ムーラ大聖堂
(Historic Centre of Rome, the Properties of the Holy See in that City Enjoying Extraterritorial Rights and San Paolo Fuori le Mura)
文化遺産(登録基準(i)(ii)(iii)(iv)(vi)) 1980年／1990年 ラツィオ州ローマ県 イタリア／ヴァチカン

❹フィレンツェの歴史地区 (Historic Centre of Florence)
文化遺産(登録基準(i)(ii)(iii)(iv)(vi)) 1982年 トスカーナ州フィレンツェ県

❺ヴェネツィアとその潟 (Venice and its Lagoon)
文化遺産(登録基準(i)(ii)(iii)(iv)(v)(vi)) 1987年 ヴェネト州ヴェネチア県

❻ピサのドゥオモ広場 (Piazza del Duomo, Pisa)
文化遺産(登録基準(i)(ii)(iv)(vi)) 1987年／2007年 トスカーナ州ピサ県

❼サン・ジミニャーノの歴史地区 (Historic Centre of San Gimignano)
文化遺産(登録基準(i)(iii)(iv)) 1990年 トスカーナ州シエナ県

❽マテーラの岩穴住居と岩窟教会群の公園
(The Sassi and the Park of the Rupestrian Churches of Matera)
文化遺産(登録基準(iii)(iv)(v)) 1993年 バジリカータ州マテーラ県

❾ヴィチェンツァの市街とベネトのパッラーディオのヴィラ
(City of Vicenza and the Palladian Villas of the Veneto)
文化遺産(登録基準(i)(ii)) 1994年／1996年 ヴェネト州ヴィチェンツァ県

❿シエナの歴史地区 (Historic Centre of Siena)
文化遺産(登録基準(i)(ii)(iv)) 1995年 トスカーナ州シエナ県

⓫ナポリの歴史地区 (Historic Centre of Naples)
文化遺産(登録基準(ii)(iv)) 1995年 カンパーニア州ナポリ県

⓬クレスピ・ダッダ (Crespi d'Adda)
文化遺産(登録基準(iv)(v)) 1995年 ロンバルディア州ベルガモ県

⓭フェラーラ：ルネサンスの都市とポー･デルタ
(Ferrara,City of the Renaissance and its Po Delta)
文化遺産(登録基準(ii)(iii)(iv)(v)(vi)) 1995年／1999年 エミリア・ロマーニャ州フェラーラ県

⓮カステル・デル・モンテ (Castel del Monte)
文化遺産(登録基準(i)(ii)(iii)) 1996年 プーリア州バーリ県

⓯アルベロベッロのトゥルッリ (The *Trulli* of Alberobello)
文化遺産(登録基準(iii)(iv)(v)) 1996年 プーリア州バーリ県

⓰ラヴェンナの初期キリスト教記念物 (Early Christian Monuments of Ravenna)
文化遺産(登録基準(i)(ii)(iii)(iv)) 1996年 エミリア・ロマーニャ州ラヴェンナ県

⓱ピエンツァ市街の歴史地区 (Historic Centre of the City of Pienza)
文化遺産（登録基準(i)(ii)(iv)) 1996年 トスカーナ州シエナ県

⓲カゼルタの18世紀王宮と公園、ヴァンヴィテリの水道橋とサン・レウチョ邸宅
(18th-Century Royal Palace at Caserta with the Park, the Aqueduct of Vanvitelli, and the San Leucio Complex)
文化遺産(登録基準(i)(ii)(iii)(iv)) 1997年 カンパニア州カゼルタ県

⓳サヴォイア王家王宮 (Residences of the Royal House of Savoy)
文化遺産(登録基準(i)(ii)(iv)(v)) 1997年／2010年 ピエモンテ州トリノ県

⓴パドヴァの植物園（オルト・ボタニコ） (Botanical Garden (Orto Botanico), Padua)

ヨーロッパ

文化遺産(登録基準(ii)(iii)) 1997年 ヴェネト州パドヴァ県
㉑ポルトヴェーネレ、チンクエ・テッレと諸島（パルマリア、ティーノ、ティネット）
(Portovenere, Cinque Terre, and the Islands (Palmaria, Tino and Tinetto))
文化遺産(登録基準(ii)(iv)(v)) 1997年 リグーリア州ラ・スペツィア県
㉒モデナの大聖堂、市民の塔、グランデ広場（Cathedral, Torre Civica and Piazza Grande, Modena)
文化遺産(登録基準(i)(ii)(iii)(iv)) 1997年 エミリア・ロマーニャ州モデナ県
㉓ポンペイ、ヘルクラネウム、トッレ・アヌンツィアータの考古学地域
(Archaeological Areas of Pompei, Herculaneum, and Torre Annunziata)
文化遺産(登録基準(iii)(iv)(v)) 1997年 カンパーニア州ナポリ県
*ヘルクラネウムは古代名で、現在の地名はエルコラーノ
㉔アマルフィターナ海岸（Costiera Amalfitana)
文化遺産(登録基準(ii)(iv)(v)) 1997年 カンパーニヤ州サレルノ県
㉕アグリジェントの考古学地域（Archaeological Area of Agrigento)
文化遺産(登録基準(i)(ii)(iii)(iv)) 1997年 シチリア州アグリジェント県
㉖ヴィッラ・ロマーナ・デル・カザーレ（Villa Romana del Casale)
文化遺産 (登録基準(i)(ii)(iii)) 1997年 シチリア州エンナ県
㉗バルーミニのス・ヌラージ(Su Nuraxi di Barumini)
文化遺産(登録基準(i)(iii)(iv)) 1997年 サルデーニャ州メディオ・カンピダー県
㉘アクイレリアの考古学地域とバシリカ総主教聖堂
(Archaeological Area and the Patriarchal Basilica of Aquileia)
文化遺産(登録基準(iii)(iv)(vi)) 1998年 フリウリ・ヴェネチア・ジュリア州ウディネ県
㉙ウルビーノの歴史地区(Historic Centre of Urbino)
文化遺産 (登録基準(ii)(iv)) 1998年 マルケ州ペーザロ・ウルビーノ県
㉚ペストゥムとヴェリアの考古学遺跡とパドゥーラの僧院があるチレント・ディアーナ渓谷国立公園
(Cilento and Vallo di Diano National Park with the Archeological sites of Paestum and Velia, and the Certosa di Padula)
文化遺産(登録基準(iii)(iv)) 1998年 カンパーニヤ州サレルノ県
㉛ティヴォリのヴィッラ・アドリアーナ（Villa Adriana(Tivoli))
文化遺産(登録基準(i)(ii)(iii)) 1999年 ラツィオ州ローマ県
㉜ヴェローナの市街（City of Verona) 文化遺産(登録基準(ii)(iv)) 2000年 ヴェネト州ヴェローナ県
㉝**エオリエ諸島（エオーリアン諸島）**（Isole Eolie (Aeolian Islands))
自然遺産(登録基準(viii)) 2000年 シチリア州メッシナ県
㉞アッシジの聖フランチェスコのバシリカとその他の遺跡群
(Assisi, the Basilica of San Francesco and Other Franciscan Sites)
文化遺産(登録基準(i)(ii)(iii)(iv)(vi)) 2000年 ウンブリア州ペルージャ県
㉟ティヴォリのヴィッラ・デステ(Villa d'Este,Tivoli)
文化遺産(登録基準(i)(ii)(iii)(iv)(vi)) 2001年 ラツィオ州ローマ県
㊱ノート渓谷（シチリア島南東部）の後期バロック都市群
(Late Baroque Towns of the Val di Noto (South-Eastern Sicily))
文化遺産(登録基準(i)(ii)(iv)(v)) 2002年 シチリア州カターニア県、ラグーザ県、シラクーサ県
㊲ピエモント州とロンバルディア州の聖山群（*Sacri Monti* of Piedmont and Lombardy)
文化遺産(登録基準(ii)(iv)) 2003年
ピエモント州ヴェルチェッリ県、アレッサンドリア県、ビエッテ県、ヴェルマニア県、トリノ県
ロンバルディア州ヴァレーゼ県、コモ県
㊳チェルヴェテリとタルクィニアのエトルリア墳墓群
(Etruscan Necropolises of Cerveteri and Tarquinia)
文化遺産(登録基準(i)(iii)(iv)) 2004年 ラツィオ州チェルヴェテリ、タルクィニア
㊴オルチャ渓谷（Val d' Orcia)
文化遺産(登録基準(iv)(vi)) 2004年 トスカーナ州シエナ県
㊵シラクーサとパンタリアの岩の墓（Syracuse and the Rocky Necropolis of Pantalica)
文化遺産(登録基準(ii)(iii)(iv)(vi)) 2005年 シチリア州シラクーサ県
㊶ジェノバ；新道とロッリの館群（Genoa: *Le Strade Nuove* and the system of the *Palazzi dei Rolli*)
文化遺産(登録基準(ii)(iv)) 2006年 リグーリア州ジェノバ

ヨーロッパ

㊷マントヴァとサッビオネータ（Mantua and Sabbioneta）
文化遺産(登録基準(ii)(iii)) 2008年 ロンバルディア州マントヴァ県
㊸レーティッシュ鉄道アルブラ線とベルニナ線の景観群
(Rhaetian Railway in the Albula / Bernina Landscapes)
文化遺産(登録基準(ii)(iv)) 2008年 ロンバルディア州ソンドリア県 イタリア／スイス
㊹ドロミーティ山群（The Dolomites） 自然遺産(登録基準(vii)(viii)) 2009年
トレンティーノ・アルト・アディジェ州トレント県、ボリツァーノ県、
ヴェネト州ベッルーノ県 フリウリ＝ヴェネツィア・ジュリア州ウーディネ県、ポルデノーネ県
㊺モン・サン・ジョルジオ（Monte San Giorgio）
自然遺産(登録基準(viii)) 2003年／2010年 ロンバルディア州ヴァレーゼ県 イタリア／スイス
㊻イタリアのロンゴバルド族 権力の場所（568～774年）
(Longobards in Italy. Places of the power（568-774 A.D.))
文化遺産(登録基準(ii)(iii)(vi)) 2011年
フリウリ・ヴェネツィア・ジュリア州ウーディネ県、ロンバルディア州ブレシャ県とヴァレーゼ県、
ウンブリア州ペルージャ県、カンパニア州ベネヴェント県、プッリャ州フォッジャ県
㊼アルプス山脈周辺の先史時代の杭上住居群（Prehistoric Pile dwellings around the Alps）
文化遺産(登録基準(iii)(v)) 2011年
フリウリ・ヴェネツィア・ジュリア州、ロンバルディア州、ピエモンテ州、ヴェネト州
スイス／オーストリア／フランス／ドイツ／イタリア／スロヴェニア
㊽エトナ山（Mount Etna） 自然遺産(登録基準(viii)) 2013年 シチリア州
㊾トスカーナ地方のメディチ家の館群と庭園群（Medici Villas and Gardens in Tuscany）
文化遺産(登録基準(ii)(iv)(vi)) 2013年
トスカーナ州フィレンツェ市、フィレンツェ県、ルッカ県、ピストイア県
㊿ピエモンテの葡萄畑の景観：ランゲ・ロエロ・モンフェッラート
(Vineyard Landscape of Piedmont: Langhe-Roero and Monferrato)
文化遺産(登録基準(iii)(v)) 2014年
ピエモンテ州アレッサンドリア県、アスティ県、クーネオ県
51パレルモのアラブ・ノルマン様式の建造物群とチェファル大聖堂とモンレアーレ大聖堂
(Arab-Norman Palermo and the Cathedral Churches of Cefalu and Monreale)
文化遺産(登録基準(ii)(iv)) 2015年 シチリア州パレルモ県
52カルパチア山脈とヨーロッパの他の地域の原生ブナ林群
(Primeval Beech Forests of the Carpathians and Other Regions of Europe)
自然遺産(登録基準(ix)) 2007年／2011年／2017年
ウクライナ／スロヴァキア／ドイツ／スペイン／イタリア／ベルギー／オーストリア／ルーマニア／
ブルガリア／スロヴェニア／クロアチア／アルバニア
53 16～17世紀のヴェネツィアの防衛施設群：スタート・ダ・テーラ-西スタート・ダ・マール
(Venetian Works of Defence between the 16th and 17th Centuries: *Stato da Terra* – Western *Stato da Mar*) 文化遺産(登録基準(iii)(vi)) 2017年 ロンバルディア州
イタリア／クロアチア／モンテネグロ
54イヴレーア、20世紀の工業都市（Ivrea, industrial city of the 20th century）
文化遺産(登録基準(iv)) 2018年 ピエモンテ州トリノ県カナヴェーゼ地方
55コネリアーノとヴァルドッビアーデネのプロセッコ丘陵群
(Le Colline del Prosecco di Conegliano e Valdobbiadene)
文化遺産(登録基準((v)) 2019年 ヴェネト州、(フリウリヴェネチアジューリア州)
56パドヴァ・ウルブス・ピクタ：ジョットのスクロヴェーニ礼拝堂とパドヴァの14世紀のフレスコ画作品群
('Padova Urbs picta', Giotto's Scrovegni Chapel and Padua's fourteenth-century fresco cycles)
文化遺産(登録基準(ii)) 2021年 ヴェネト州パドヴァ
57ボローニャの柱廊群（The Porticoes of Bologna）
文化遺産(登録基準(iv)) 2021年 エミリア・ロマーニャ州ボローニャ
58ヨーロッパの大温泉群（The Great Spas of Europe）
文化遺産(登録基準(ii)(iii)) 2021年 モンテカティーニ・テルメ
イタリア／オーストリア／ベルギー／ チェコ／フランス／ドイツ／英国

ヨーロッパ

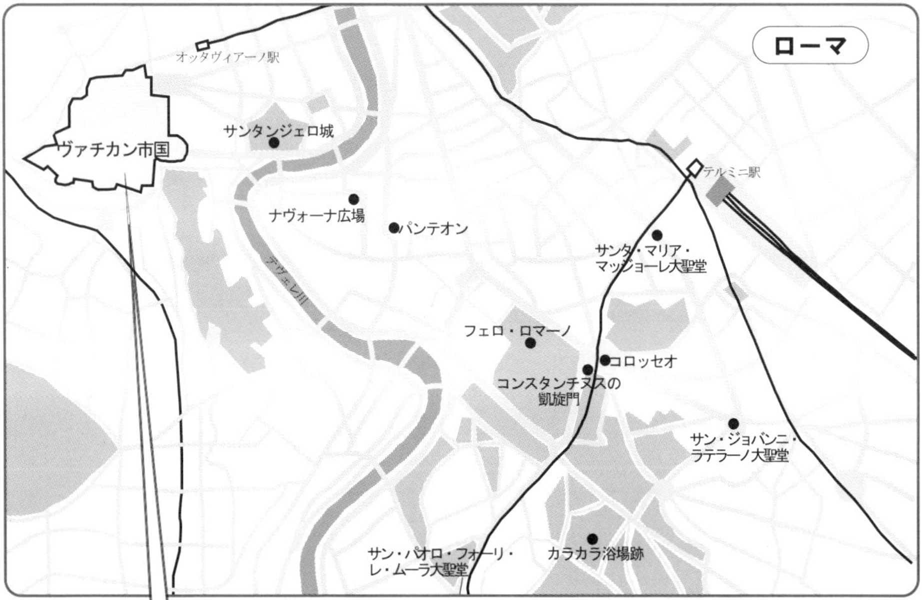
ローマ
オッタヴィアーノ駅
ヴァチカン市国
サンタンジェロ城
ナヴォーナ広場
パンテオン
テヴェレ川
テルミニ駅
サンタ・マリア・マッジョーレ大聖堂
フェロ・ロマーノ
コロッセオ
コンスタンチヌスの凱旋門
サン・ジョバンニ・ラテラーノ大聖堂
サン・パオロ・フォーリ・レ・ムーラ大聖堂
カラカラ浴場跡

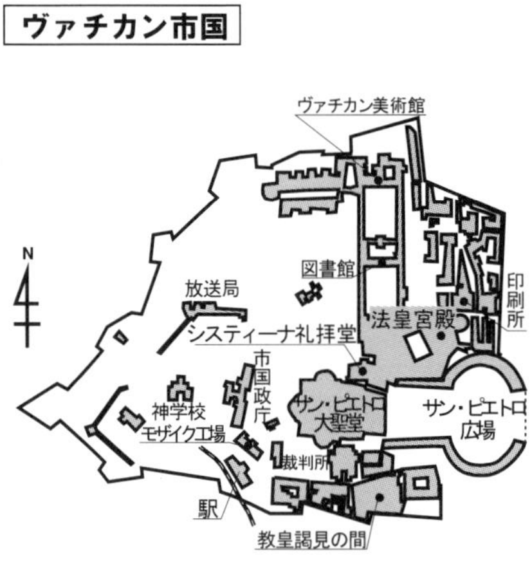
ヴァチカン市国
ヴァチカン美術館
N
図書館
放送局
印刷所
システィーナ礼拝堂
法皇宮殿
市国政庁
神学校
モザイク工場
サン・ピエトロ大聖堂
サン・ピエトロ広場
裁判所
駅
教皇謁見の間

ヴァチカンとは，法皇を国家元首とする独立国家たるヴァチカン市国と，法皇を首長として世界のカトリック教会を支配する法王聖座の聖俗両面の総称とされている。

サンマリノ
イタリア
ドガーナ
セラヴァッレ
アッロクアヴィーヴァ
ドマニャーノ
ボルゴマッジョーレ
1 サンマリノ
ファエター
イタリア
キエザヌオーヴァ
フィオレンティーノ
0 1 2km

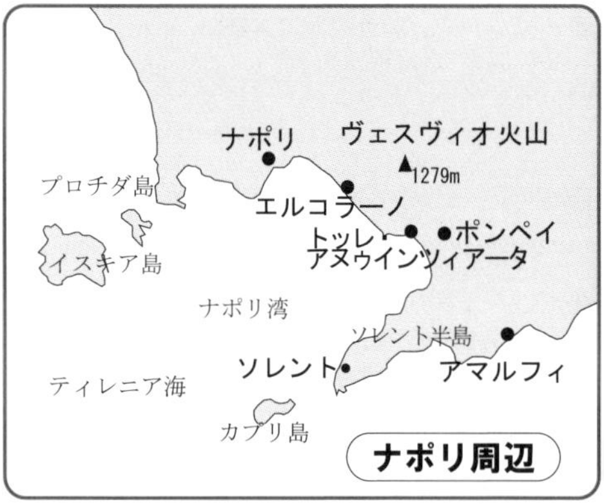
ナポリ
ヴェスヴィオ火山
1279m
プロチダ島
エルコラーノ
トッレ・アヌウインツィアータ
ポンペイ
イスキア島
ナポリ湾
ソレント半島
ソレント
アマルフィ
ティレニア海
カプリ島
ナポリ周辺

ヨーロッパ

ヴァチカン市国
State of the city of Vatican（Holy See）

地方行政管理区分　－
面積　0.44km²　**人口**　819人　**首都**　ヴァチカン　**日本との時差**-8時間
主要言語　ラテン語、イタリア語、フランス語　**宗教**　カトリック　**通貨**　ユーロ
世界遺産の数　2（自然遺産　0　文化遺産　2　複合遺産　0）世界遺産条約締約年　1982年

❶ローマの歴史地区、教皇領とサンパオロ・フォーリ・レ・ムーラ大聖堂
（Historic Centre of Rome, the Properties of the Holy See in that City Enjoying Extraterritorial Rights and San Paolo Fuori le Mura）
文化遺産（登録基準(i)(ii)(iii)(iv)(vi)）　1980年／1990年
ヴァチカン・シティー　ヴァチカン／イタリア

❷ヴァチカン・シティー（Vatican City）
文化遺産(登録基準(i)(ii)(iv)(vi))　1984年
ヴァチカン・シティー

サンマリノ共和国　Republic of San Marino

地方行政管理区分　9カステッロ（Castello）
面積　61.2km²　**人口**　3.3万人　**首都**　サンマリノ（4,100人）**日本との時差**-8時間
主要言語　イタリア語　**宗教**　カトリック　**通貨**　ユーロ
世界遺産の数　1（自然遺産　0　文化遺産　1　複合遺産　0）世界遺産条約締約年　1991年

❶サンマリノの歴史地区とティターノ山
（San Marino Historic Centre and Mount Titano）
文化遺産(登録基準(iii))　2008年
サンマリノ市

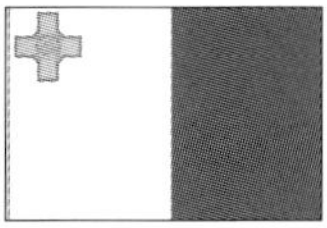

マルタ共和国　Republic of Malta

地方行政管理区分　68市（localities）　県や州に相当する地方行政単位はない。
面積　316km²　**人口**　39.7万人　**首都**　ヴァレッタ（6,600人）　**日本との時差**-8時間
主要言語　マルタ語、英語　**宗教**　カトリック　**通貨**　ユーロ
世界遺産の数　3（自然遺産　0　文化遺産　3　複合遺産　0）　世界遺産条約締約年　1978年

❶ヴァレッタの市街（City of Valletta）
文化遺産(登録基準(i)(vi))　1980年
マルタ島ヴァレッタ

❷ハル・サフリエニの地下墳墓
(Ħal Saflieni Hypogeum)
文化遺産(登録基準(iii))　1980年
マルタ島パウラ

❸マルタの巨石神殿群
(Megalithic Temples of Malta)
文化遺産(登録基準(iv))
1980年／1992年
マルタ島、ゴゾ島

コゾ島
イオニア海
マルタ
ヴァレッタ
マルタ島
地　中　海

ヨーロッパ

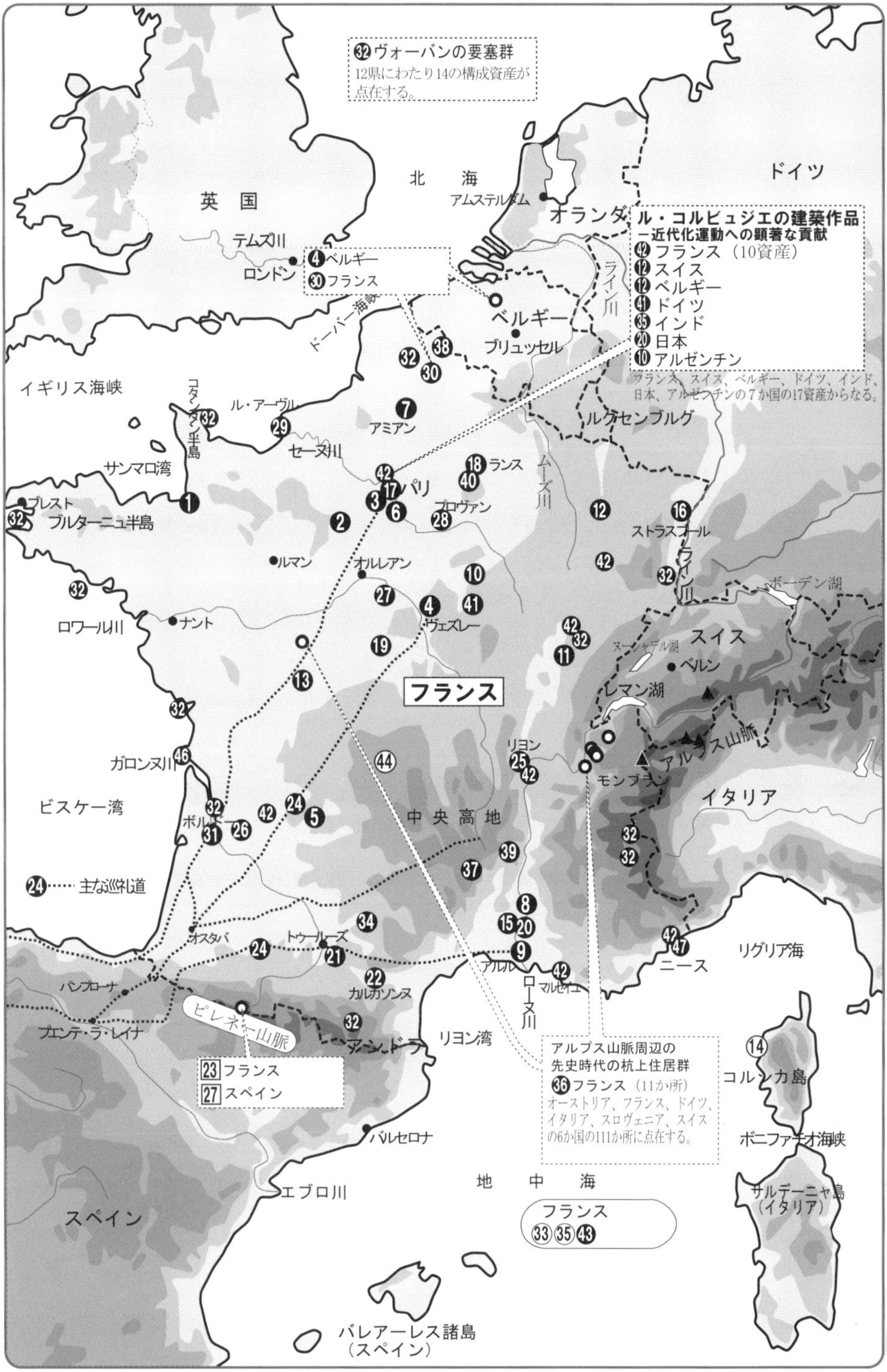

32ヴォーバンの要塞群
12県にわたり14の構成資産が点在する。
北　海
ドイツ
英　国
アムステルダム
オランダ
ル・コルビュジエの建築作品
ー近代化運動への顕著な貢献
42フランス（10資産）
12スイス
12ベルギー
41ドイツ
35インド
20日本
10アルゼンチン
フランス、スイス、ベルギー、ドイツ、インド、日本、アルゼンチンの7か国の17資産からなる。
テムズ川
ロンドン
4ベルギー
30フランス
ドーバー海峡
ベルギー
ブリュッセル
ライン川
イギリス海峡
コタンタン半島
ル・アーヴル
アミアン
ルクセンブルグ
セーヌ川
サンマロ湾
ランス
ムーズ川
パリ
ブレスト
ブルターニュ半島
プロヴァン
ストラスブール
ルマン
オルレアン
ボーデン湖
ロワール川
ナント
ヴェズレー
スイス
ヌーシャテル湖
ベルン
フランス
レマン湖
リヨン
アルプス山脈
モンブラン
ガロンヌ川
イタリア
ビスケー湾
中央高地
ボルドー
主な巡礼道
オスタバ
トゥールーズ
リグリア海
アルル
ニース
パンプローナ
カルカソンヌ
マルセイユ
ローヌ川
プエンテ・ラ・レイナ
ピレネー山脈
アンドラ
リヨン湾
23フランス
27スペイン
アルプス山脈周辺の先史時代の杭上住居群
36フランス（11か所）
オーストリア、フランス、ドイツ、イタリア、スロヴェニア、スイスの6か国の111か所に点在する。
コルシカ島
バルセロナ
ボニファチオ海峡
エブロ川
地　中　海
サルデーニャ島（イタリア）
スペイン
フランス
33 35 43
バレアーレス諸島（スペイン）

ヨーロッパ

○自然遺産　●文化遺産　□複合遺産　★危機遺産

フランス共和国　French Republic

地方行政管理区分　26地方（regions）　100県（departments）
面積　54.4万km²　人口　6,684万人　首都　パリ（225万人）　日本との時差-8時間
主要言語　フランス語　宗教　キリスト教、イスラム教、ユダヤ教　通貨　ユーロ
世界遺産の数　48（自然遺産　6　文化遺産　41　複合遺産　1）　世界遺産条約締約年　1975年

❶モン・サン・ミッシェルとその湾（Mont-Saint-Michel and its Bay）
文化遺産（登録基準(i)(iii)(vi)）1979年／2007年　バス・ノルマンディー地方マンシュ県
❷シャルトル大聖堂（Chartres Cathedral）
文化遺産（登録基準(i)(ii)(iv)）1979年／2009年　サントル地方ウール・エ・ロワール県
❸ヴェルサイユ宮殿と庭園（Palace and Park of Versailles）
文化遺産（登録基準(i)(ii)(vi)）1979年／2007年　イル・ド・フランス地方イヴリーヌ県
❹ヴェズレーの教会と丘（Vezelay, Church and Hill）
文化遺産（登録基準(i)(vi)）　1979年／2007年　ブルゴーニュ地方イヨンヌ県
❺ヴェゼール渓谷の先史時代の遺跡群と装飾洞窟群
（Prehistoric Sites and Decorated Caves of the Vezere Valley）
文化遺産（登録基準(i)(iii)）　1979年　アキテーヌ地方ドルドーニュ県
❻フォンテーヌブロー宮殿と庭園（Palace and Park of Fontainebleau）
文化遺産（登録基準(ii)(vi)）　1981年　イル・ド・フランス地方セーヌ・エ・マルヌ県
❼アミアン大聖堂（Amiens Cathedral）
文化遺産（登録基準(i)(ii)）　1981年　ピカルディー地方ソンム県
❽オランジュのローマ劇場とその周辺ならびに凱旋門
（Roman Theatre and its Surroundings and the "Triumphal Arch" of Orange）
文化遺産（登録基準(iii)(vi)）1981年／2007年　プロヴァンス地方ヴォークリューズ県
❾アルル、ローマおよびロマネスク様式のモニュメント
（Arles, Roman and Romanesque Monuments）
文化遺産（登録基準(ii)(iv)）　1981年　プロヴァンス地方ブッシュ・ドゥ・ローヌ県
❿フォントネーのシトー会修道院（Cistercian Abbey of Fontenay）
文化遺産（登録基準(iv)）　1981年／2007年　ブルゴーニュ地方コート・ドール県
⓫サラン・レ・バンの大製塩所からアルケスナンの王立製塩所までの開放式平釜製塩
（From Great Saltworks of Salins-les-Bains to the Royal Saltworks of Arc-et-Senans, the Production of Open-pan Salt）
文化遺産（登録基準(i)(ii)(iv)）　1982年／2009年　フランシュ・コンテ地方ドゥー県
⓬ナンシーのスタニスラス広場、カリエール広場、アリャーンス広場
（Place Stanislas, Place de la Carriere and Place d'Alliance in Nancy）
文化遺産（登録基準(i)(iv)）　1983年　ロレーヌ地方ムルトゥ・エ・モーゼル県
⓭サン・サヴァン・シュル・ガルタンプ修道院付属教会（Abbey Church of Saint-Savin sur Gartempe）
文化遺産（登録基準(i)(iii)）　1983年／2007年　ポワトゥー・シャラント地方ヴィエンヌ県
⑭ポルト湾：ピアナ・カランシェ、ジロラッタ湾、スカンドラ保護区
（Gulf of Porto:Calanche of Piana, Gulf of Girolata, Scandola Reserve）
自然 遺産（登録基準(vii)(viii)(x)）　1983年　コルス地方オート・コルス県
⓯ポン・デュ・ガール（ローマ水道）（Pont du Gard (Roman Aqueduct)）
文化遺産（登録基準(i)(iii)(iv)）　1985年／2007年　ラングドッグ・ルーション地方ガール県
⓰ストラスブールの旧市街（Strasbourg-Grande ile）
文化遺産（登録基準(i)(ii)(iv)）　1988年　アルザス地方バ・ラン県
⓱パリのセーヌ河岸（Paris, Banks of the Seine）
文化遺産（登録基準(i)(ii)(iv)）　1991年　イル・ド・フランス地方パリ（首都）
⓲ランスのノートル・ダム大聖堂、サンレミ旧修道院、トー宮殿
（Cathedral of Notre-Dame, Former Abbey of Saint-Remi and Palace of Tau, Reims）
文化遺産（登録基準(i)(ii)(vi)）　1991年　シャンパーニュ・アルデンヌ地方マルヌ県
⓳ブールジュ大聖堂（Bourges Cathedral）
文化遺産（登録基準(i)(iv)）　1992年　サントル地方シェール県
⓴アヴィニョンの歴史地区：法王庁宮殿、司教建造物群とアヴィニョンの橋
（Historic Centre of Avignon:Papal Palace, Episcopal Ensemble and Avignon Bridge）
文化遺産（登録基準(i)(ii)(iv)）　1995年　プロヴァンス地方ヴォークリューズ県
㉑ミディ運河（Canal du Midi）
文化遺産（登録基準(i)(ii)(iv)(vi)）　1996年
ランドック地方オート・ガロンヌ県、オード県、エロー県

ヨーロッパ

㉒カルカソンヌの歴史城塞都市（Historic Fortified City of Carcassonne）
文化遺産（登録基準(ii)(iv)）　1997年　ラングドック・ルシオン地方オード県
㉓ピレネー地方-ペルデュー山（Pyrenees-Mont Perdu）
複合遺産（登録基準(iii)(iv)(v)(vii)(viii)）　1997年／1999年
ミディ・ピレネー地方オートピレネー県　フランス／スペイン
㉔サンティアゴ・デ・コンポステーラへの巡礼道（フランス側）
（Routes of Santiago de Compostela in France）
文化遺産（登録基準(ii)(iv)(vi)）　1998年
ピカルディ地方、イル・ド・フランス地方、バス・ノルマンディ地方、サントル地方、
ポワトゥ・シャラント地方、リムーザン地方、アキテーヌ地方、シャンパーニュ・アルデンヌ地方、
ブルゴーニュ地方、オーヴェルニュ地方、プロヴァンス・アルプ・コートダジュール地方、
ラングドック・ルシオン地方、ミディ・ピレネー地方
㉕リヨンの歴史地区（Historic Site of Lyons）
文化遺産（登録基準(ii)(iv)）　1998年　ローヌ・アルプ地方ローヌ県
㉖サン・テミリオン管轄区（Jurisdiction of Saint-Emilion）
文化遺産（登録基準(iii)(iv)）　1999年　アキテーヌ地方ジロンド県
㉗シュリー・シュルロワールとシャロンヌの間のロワール渓谷
（The Loire Valley between Sully- sur- Loire and Chalonnes）
文化遺産（登録基準(i)(ii)(iv)）　2000年　サントル地方、ペイ・ド・ラ・ロワール地方
㉘中世の交易都市プロヴァン（Provins, Town of Medieval Fairs）
文化遺産（登録基準(ii)(iv)）　2001年　イル・ド・フランス地方セーヌ・エ・マルヌ県
㉙オーギュスト・ペレによって再建されたル・アーヴル
（Le Havre, the City Rebuilt by Auguste Perret）
文化遺産（登録基準(ii)(iv)）　2005年　オート・ノルマンディ地方セーヌ・マリティーム県
㉚ベルギーとフランスの鐘楼群（Belfries of Belgium and France）
文化遺産（登録基準(ii)(iv)）　1999年／2005年
ノール・パ・ド・カレー地方ノール県、パ・ド・カレー県、ピカルディ地方ソンム県
フランス／ベルギー
㉛ボルドー、月の港（Bordeaux, Port of the Moon）
文化遺産（登録基準(ii)(iv)）　2007年　アキテーヌ地方ジロンド県
㉜ヴォーバンの要塞群（Fortifications of Vauban）
文化遺産（登録基準(i)(ii)(iv)）　2008年
ノール・パ・ド・カレー地方パ・ド・カレー県、ブルゴーニュ地方ニェーヴル県、
フランシュ・コンテ地方ドゥー県、アキテーヌ地方ジロンド県、プロヴァンス・アルプ・コート・
ダジュール地方オート・アルプ県、ブルターニュ地方フィニステール県、モルビアン県、
ロレーヌ地方ムルト・エ・モゼル県、ラングドック・ルシオン地方ピレネー・オリアンタル県、
アルザス地方オー・ラン県、ポワトゥー・シャラント地方シャラント・マリティーム県、
バス・ノルマンディ地方マンシュ県
㉝ニューカレドニアのラグーン群：珊瑚礁の多様性と関連する生態系群
（Lagoons of New Caledonia : Reef Diversity and Associated Ecosystems）
自然遺産（登録基準(vii)(ix)(x)）　2008年　フランス領ニューカレドニア
㉞アルビの司教都市（Episcopal City of Albi）
文化遺産（登録基準(iv)(v)）　2010年　プロヴァンス地方タルヌ県
㉟レユニオン島の火山群、圏谷群、絶壁群
（Pitons, cirques and remparts of Reunion Island）
自然遺産（登録基準(vii)(x)）　2010年　フランス領レユニオン
㊱アルプス山脈周辺の先史時代の杭上住居群
（Prehistoric Pile dwellings around the Alps）
文化遺産（登録基準(iii)(v)）　2011年　ローヌ・アルプ地方、フランシュ・コンテ地方
スイス／オーストリア／フランス／ドイツ／イタリア／スロヴェニア
㊲コース地方とセヴェンヌ地方の地中海農業や牧畜の文化的景観
（The Causses and the Cevennes, Mediterranean agro-pastoral Cultural Landscape）
文化遺産（登録基準(iii)(v)）　2011年
ラングドック・ルシヨン地方ガール県、エロー県、ロゼール県
ミディ・ピレネー地方アヴェロン県
㊳ノール・パ・ド・カレ地方の鉱山地帯（Nord-Pas de Calais Mining Basin）
文化遺産（登録基準(ii)(iv)(vi)）　2012年　ノール・パ・ド・カレ地方ノール県、パ・ド・カレ県
㊴アルデシュ県のショーヴェ・ポンダルク洞窟として知られるポンダルク装飾洞窟
（Decorated cave of Pont d'Arc, known as Grotte Chauvet-Pont d'Arc, Ardeche）

ヨーロッパ

文化遺産(登録基準(i)(iii))　2014年　ローヌ・アルプ地方アルデシュ県

㊵シャンパーニュ地方の丘陵群、家屋群、貯蔵庫群（Champagne Hillsides, Houses and Cellars）
文化遺産(登録基準(iii)(iv)(vi))　2015年
シャンパーニュ・アルデンヌ地方マルヌ県、オーブ県、エーヌ県、オート・マルヌ県、
セーヌ・エ・マルヌ県

㊶ブルゴーニュ地方のブドウ畑の気候風土（The Climats, terroirs of Burgundy）
文化遺産(登録基準(iii)(v))　2015年　ブルゴーニュ地方コート・ドール県、ソーヌ・エ・ロワール県

㊷ル・コルビュジエの建築作品－近代化運動への顕著な貢献
(The Architectural Work of Le Corbusier, an Out-standing Contribution to the Modern Movement)
文化遺産(登録基準(i)(ii)(vi))　2016年
イル・ド・フランス地方パリ、イヴリーヌ県、プロヴァンス・アルプ・コート・ダジュール地方アルプ・マリティーム県、アルザス・ロレーヌ地方ヴォージュ県、フランシュ・コンテ地方オート・ソーヌ県、アキテーヌ地方ジロンド県、ローヌ・アルプ地方ローヌ県
フランス／スイス／ドイツ／ベルギー／日本／インド／アルゼンチン

㊸タプタプアテア（Taputapuātea）
文化遺産(登録基準(iii)(iv)(vi))　2017年　ライアテア島

㊹ピュイ山脈とリマーニュ断層の地殻変動地域（Chaine des Puys - Limagne fault tectonic arena）
自然遺産(登録基準(viii))　2018年　オーヴェルニュ・ローヌ・アルプ地域圏

㊺フランス領の南方・南極地域の陸と海（French Austral Lands and Seas）
自然遺産(登録基準((vii)(ix)(x))　2019年　フランス領南方・南極地域

㊻コルドゥアン灯台（Cordouan Lighthouse）
文化遺産(登録基準(i)(iv))　2021年　ジロンド県ル・ヴェルドン・シュル・メール

㊼ニース、冬のリゾート地リヴィエラ
(Nice, Winter Resort Town of the Riviera)
文化遺産(登録基準(ii)　2021年　アルプ・マリティーム県ニース市

㊽カルパチア山脈とヨーロッパの他の地域の原生ブナ林群
(Primeval Beech Forests of the Carpathians and Other Regions of Europe)
自然遺産(登録基準(ix))
2007年／2011年／2017年／2021年　シャピトル、グランド・ヴェントロン、マサヌ
フランス／アルバニア／オーストリア／ベルギー／ボスニアヘルツェゴビナ／ブルガリア／クロアチア／チェコ／ドイツ／イタリア／北マケドニア／ポーランド／ルーマニア／スロヴェニア／スロヴァキア／スペイン／スイス／ウクライナ

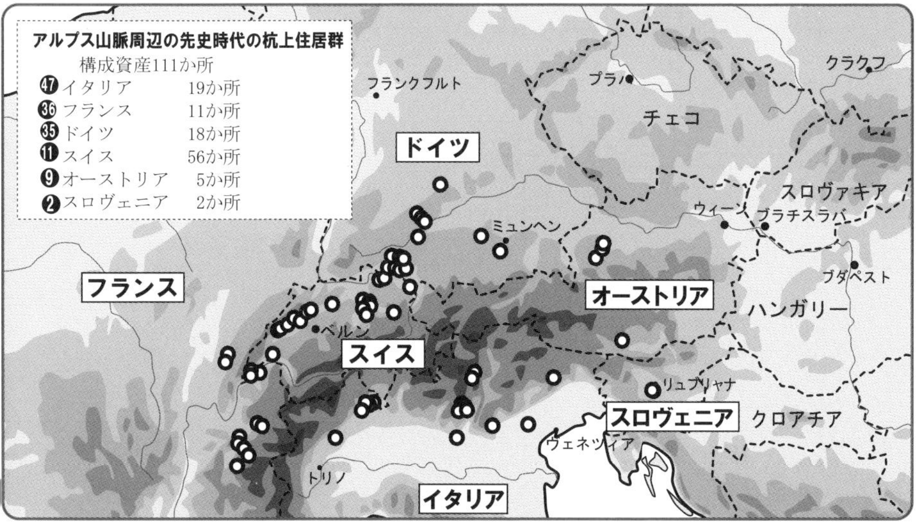
アルプス山脈周辺の先史時代の杭上住居群
構成資産111か所
㊼イタリア 19か所
㊱フランス 11か所
㉟ドイツ 18か所
⑪スイス 56か所
⑨オーストリア 5か所
②スロヴェニア 2か所
フランクフルト
プラハ
クラクフ
チェコ
ドイツ
スロヴァキア
ウィーン
ブラチスラバ
ミュンヘン
ブダペスト
フランス
オーストリア
ハンガリー
ベルン
スイス
リュブリャナ
スロヴェニア
クロアチア
ヴェネツィア
トリノ
イタリア

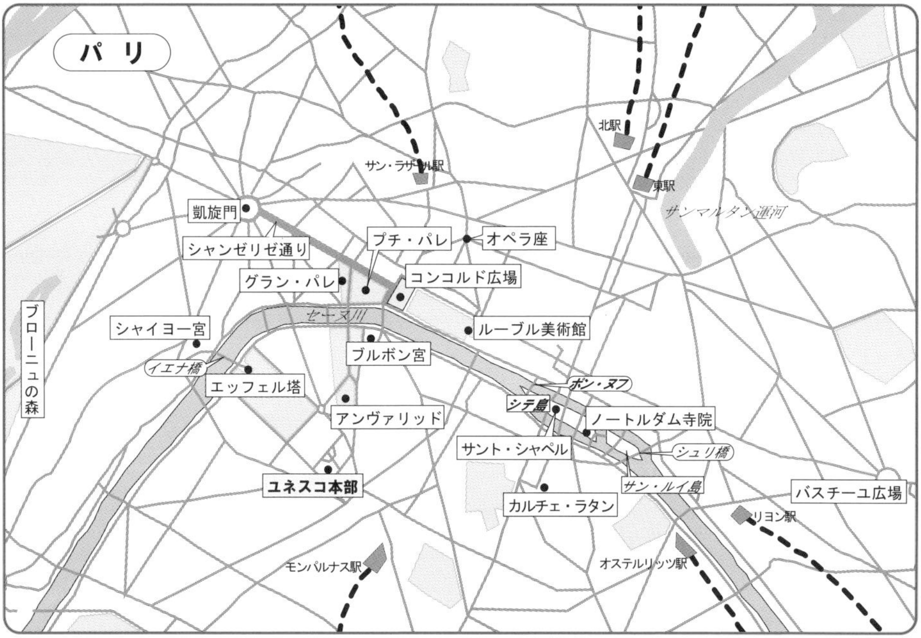
パリ
北駅
東駅
サン・ラザール駅
サンマルタン運河
凱旋門
シャンゼリゼ通り
プチ・パレ
オペラ座
グラン・パレ
コンコルド広場
ブローニュの森
シャイヨー宮
セーヌ川
ルーブル美術館
ブルボン宮
イエナ橋
エッフェル塔
ポン・ヌフ
シテ島
アンヴァリッド
ノートルダム寺院
サント・シャペル
シュリ橋
ユネスコ本部
サン・ルイ島
バスチーユ広場
カルチェ・ラタン
リヨン駅
モンパルナス駅
オステルリッツ駅

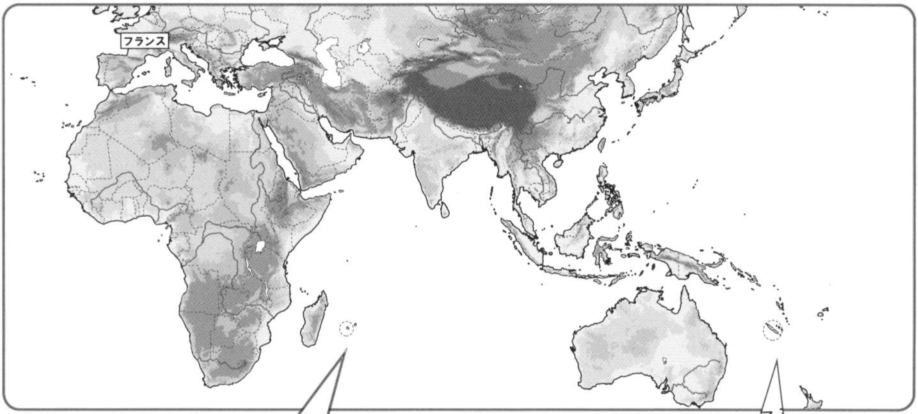
フランス

インド洋
マダガスカル
アンタナナリボ
モーリシャス
ポートルイス
35
サンドニ
仏領レユニオン
南回帰線

コーラル海
仏領ニューカレドニア
33
ウベア島
ヤンゲン
リフー島
ポワンディミエ
マレ島
ブーライユ
チオ
グランドテール島
ヌメア

ヨーロッパ

○自然遺産 ●文化遺産 □複合遺産 ★危機遺産

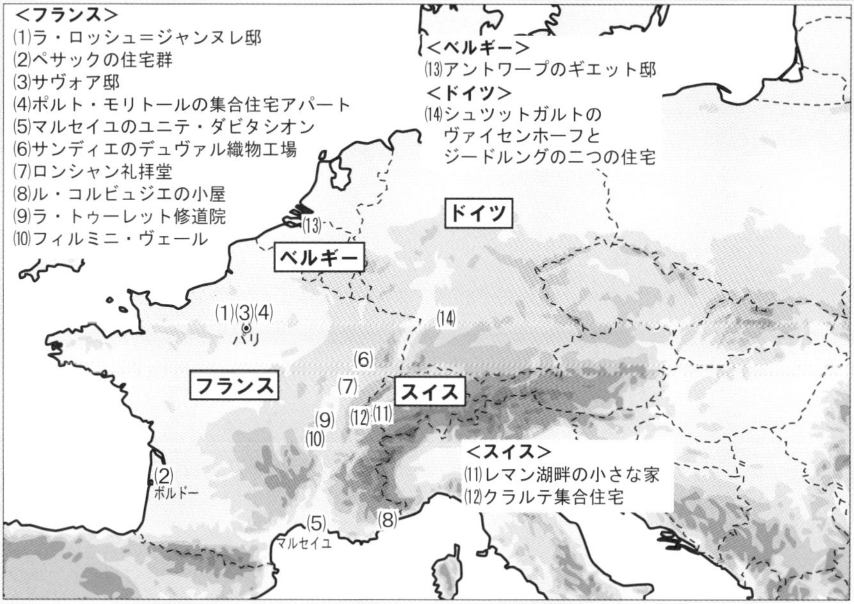
＜フランス＞
⑴ラ・ロッシュ＝ジャンヌレ邸
⑵ペサックの住宅群
⑶サヴォア邸
⑷ポルト・モリトールの集合住宅アパート
⑸マルセイユのユニテ・ダビタシオン
⑹サンディエのデュヴァル織物工場
⑺ロンシャン礼拝堂
⑻ル・コルビュジエの小屋
⑼ラ・トゥーレット修道院
⑽フィルミニ・ヴェール
＜ベルギー＞
⒀アントワープのギエット邸
＜ドイツ＞
⒁シュツットガルトの
ヴァイセンホーフと
ジードルングの二つの住宅
＜スイス＞
⑾レマン湖畔の小さな家
⑿クラルテ集合住宅
ドイツ
ベルギー
フランス
スイス
(13)
(1)(3)(4)
パリ
(14)
(6)
(7)
(9)
(12)(11)
(10)
(2)
ボルドー
(5)
マルセイユ
(8)

ル・コルビュジエの建築作品 －近代化運動への顕著な貢献

フランス、スイス、ベルギー、ドイツ、インド、日本、アルゼンチンの７か国の17資産からなる。

日 本
⒂国立西洋美術館

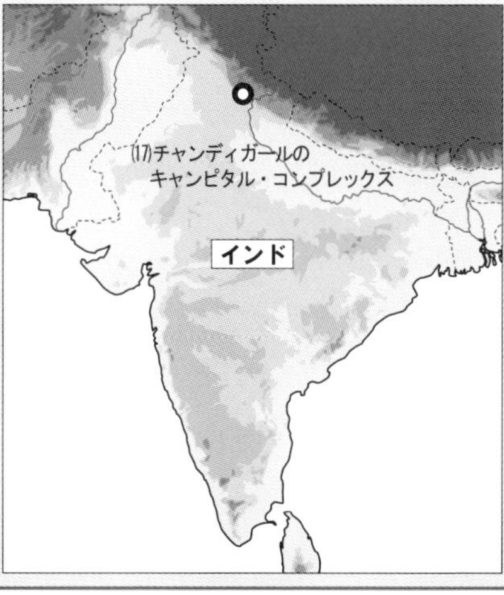
⒄チャンディガールの
キャンピタル・コンプレックス
インド

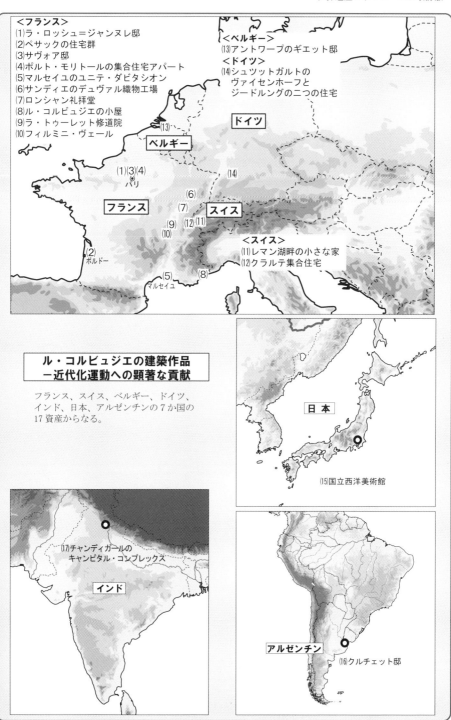

アルゼンチン
⒃クルチェット邸

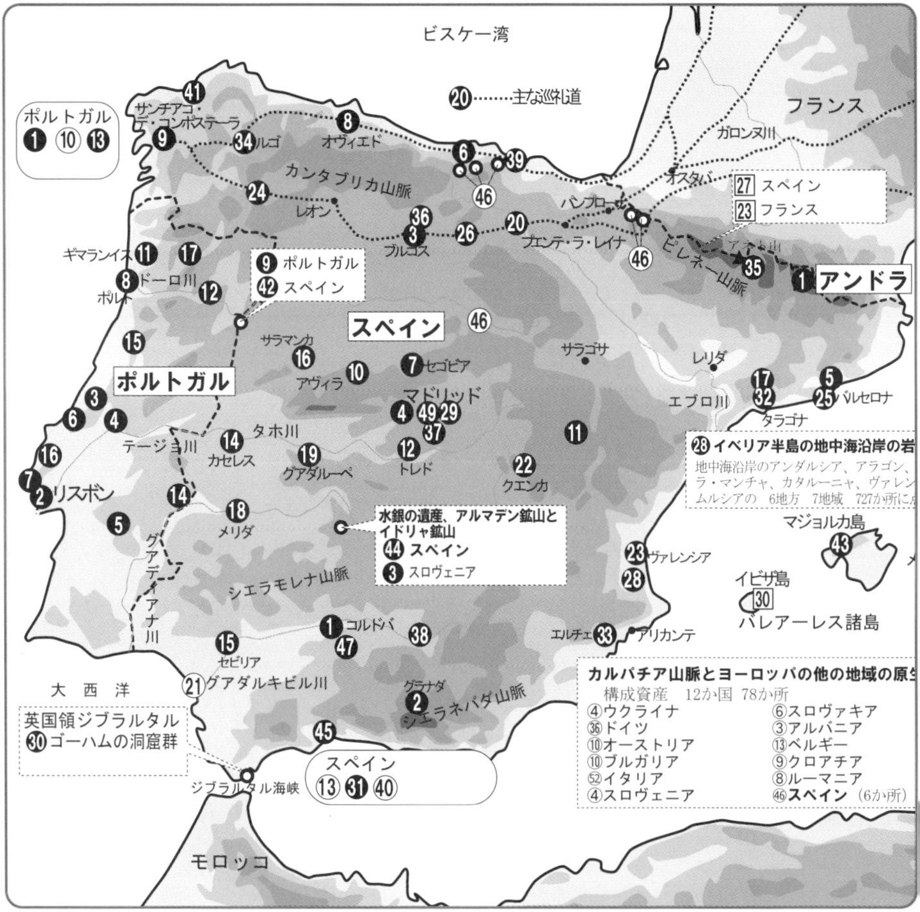
ビスケー湾
20 主な巡礼道
フランス
ポルトガル 1 10 13
41
サンチアゴ・デ・コンポステーラ
9
34 ルゴ
8 オヴィエド
6
39
46
ガロンヌ川
カンタブリカ山脈
24
レオン
36
3 ブルゴス
26
20
プエンテ・ラ・レイナ
パンプローナ
46
27 スペイン
23 フランス
ピレネー山脈
35
1 アンドラ
ギマランイス 11
17
8 ドーロ川
ポルト
12
9 ポルトガル
42 スペイン
スペイン
46
15
サラマンカ
16
7 セゴビア
サラゴサ
レリダ
17
5
32
25 バルセロナ
ポルトガル
3
6
4
アヴィラ 10
マドリッド
4 49 29
37
エブロ川
タラゴナ
タホ川
14 カセレス
テージョ川
16
19 グアダルーペ
12 トレド
11
22 クエンカ
28 イベリア半島の地中海沿岸の岩
地中海沿岸のアンダルシア、アラゴン、
ラ・マンチャ、カタルーニャ、ヴァレン
ムルシアの 6地方 7地域 727か所に点
7
2 リスボン
14
18 メリダ
5
グアディアナ川
水銀の遺産、アルマデン鉱山とイドリャ鉱山
44 スペイン
3 スロヴェニア
マジョルカ島
43
23 ヴァレンシア
28
シエラモレナ山脈
イビサ島
30
バレアーレス諸島
1 コルドバ
47
38
エルチェ 33
アリカンテ
15 セビリア
21 グアダルキビル川
大西洋
グラナダ
2
シエラネバダ山脈
カルパチア山脈とヨーロッパの他の地域の原生
構成資産 12か国 78か所
④ウクライナ ⑥スロヴァキア
㊱ドイツ ③アルバニア
⑩オーストリア ⑬ベルギー
⑩ブルガリア ⑨クロアチア
52イタリア ⑧ルーマニア
④スロヴェニア ㊻スペイン（6か所）
英国領ジブラルタル
30 ゴーハムの洞窟群
45
スペイン
13 31 40
ジブラルタル海峡
モロッコ

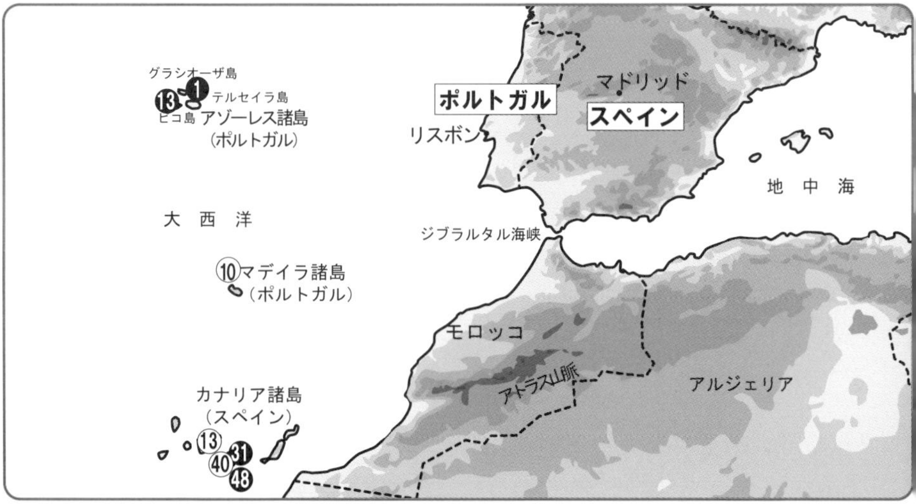
グラシオーザ島
1
13
テルセイラ島
ピコ島 アゾーレス諸島
（ポルトガル）
ポルトガル
マドリッド
スペイン
リスボン
地中海
大西洋
ジブラルタル海峡
10 マデイラ諸島
（ポルトガル）
モロッコ
アトラス山脈
アルジェリア
カナリア諸島
（スペイン）
13
31
40
48

○自然遺産 ●文化遺産 □複合遺産 ★危機遺産

スペイン Spain

地方行政管理区分 17自治州（autonomous communities） 2自治都市（autonomas cities）
面積 50.5万km² **人口** 4,856万人 **首都** マドリッド（314万人） **日本との時差**−8時間
主要言語 スペイン語、カタルーニャ語など **宗教** カトリックなど **通貨** ユーロ
世界遺産の数 49（自然遺産 4 文化遺産 43 複合遺産 2） **世界遺産条約締約年** 1982年

❶コルドバの歴史地区（Historic Centre of Cordoba）
文化遺産（登録基準(i)(ii)(iii)(iv)） 1984年／1994年 アンダルシア自治州コルドバ県

❷グラナダのアルハンブラ、ヘネラリーフェ、アルバイシン
（Alhambra, Generalife and Albayzin, Granada）
文化遺産（登録基準(i)(iii)(iv)） 1984年／1994年 アンダルシア自治州グラナダ県

❸ブルゴス大聖堂（Burgos Cathedral）
文化遺産（登録基準(ii)(iv)(vi)） 1984年 カスティリア・レオン自治州ブルゴス県

❹マドリッドのエル・エスコリアル修道院と旧王室（Monastery and Site of the Escurial, Madrid）
文化遺産（登録基準(i)(ii)(vi)） 1984年 マドリッド自治州マドリッド県

❺アントニ・ガウディの作品群（Works of Antoni Gaudi）
文化遺産（登録基準(i)(ii)(iv)） 1984年／2005年 カタルーニャ自治州バルセロナ県

❻アルタミラ洞窟とスペイン北部の旧石器時代の洞窟芸術
（Cave of Altamira and Paleolithic Cave Art of Northern Spain）
文化遺産（登録基準(i)(iii)） 1985年／2008年
カスティリア・ラ・ビエハ自治州サンタンデル県

❼セゴビアの旧市街とローマ水道（Old Town of Segovia and its Aqueduct）
文化遺産（登録基準(i)(iii)(iv)） 1985年 カスティリア・レオン自治州セゴビア県

❽オヴィエドとアストゥリアス王国の記念物
（Monuments of Oviedo and the Kingdom of the Asturias）
文化遺産（登録基準(i)(ii)(iv)） 1985年／1998年 アストゥーリアス自治州アストゥーリアス県

❾サンティアゴ・デ・コンポステーラ（旧市街）（Santiago de Compostela（Old Town））
文化遺産（登録基準(i)(ii)(vi)） 1985年 ガリシア自治州ラコルニャ県

❿アヴィラの旧市街と塁壁外の教会群（Old Town of Avila with its Extra-Muros Churches）
文化遺産（登録基準(iii)(iv)） 1985年／2007年 カスティリア・レオン自治州アヴィラ県

⓫アラゴン地方のムデハル様式建築（Mudejar Architecture of Aragon）
文化遺産（登録基準(iv)） 1986年／2001年 アラゴン自治州テルエル県

⓬古都トレド（Historic City of Toledo）
文化遺産（登録基準(i)(ii)(iii)(iv)） 1986年 カスティリア・ラマンチャ自治州トレド県

⑬ガラホナイ国立公園（Garajonay National Park）
自然遺産（登録基準(vii)(ix)） 1986年 カナリア諸島自治州ゴメラ島

⓮カセレスの旧市街（Old Town of Caceres）
文化遺産（登録基準(iii)(iv)） 1986年 エストレマドゥ自治州カセレス県

⓯セビリア大聖堂、アルカサル、インディアス古文書館
（Cathedral, Alcazar and Archivo de Indias, in Seville）
文化遺産（登録基準(i)(ii)(iii)(vi)） 1987年／2010年 アンダルシア自治州セビリア県

⓰古都サラマンカ（Old City of Salamanca）
文化遺産（登録基準(i)(ii)(iv)） 1988年 カスティリア・レオン自治州サラマンカ県

⓱ポブレット修道院（Poblet Monastery）
文化遺産（登録基準(i)(iv)） 1991年 カタルーニャ自治州タラゴナ県

⓲メリダの考古学遺跡群（Archaeological Ensemble of Merida）
文化遺産（登録基準(iii)(iv)） 1993年 エストレマドゥラ自治州バダホス県

⓳サンタ・マリア・デ・グアダルーペの王立修道院
（Royal Monastery of Santa Maria de Guadalupe）
文化遺産（登録基準(iv)(vi)） 1993年 エストレマドゥラ自治州カセレス県

⓴サンティアゴ・デ・コンポステーラへの巡礼道：フランス人の道とスペイン北部の巡礼路群
（Routes of Santiago de Compostela: *Camino Frances* and Routes of Northern Spain）
文化遺産（登録基準(ii)(iv)(vi)） 1993年／2015年

ヨーロッパ

ガリシア、カスティリア・レオン、アストゥーリアス、カンタブリア、バスクの各自治州

㉑ドニャーナ国立公園（Donana National Park）
自然遺産（登録基準（vii）（ix）（x））　1994年／2005年
アンダルシア自治州ウエルヴァ県、セビリア県

㉒クエンカの歴史的要塞都市（Historic Walled Town of Cuenca）
文化遺産（登録基準（ii）（v））　1996年　カスティリア・ラマンチャ自治州クエンカ県

㉓ヴァレンシアのロンハ・デ・ラ・セダ（La Lonja de la Seda de Valencia）
文化遺産（登録基準（i）（iv））　1996年　ヴァレンシア自治州ヴァレンシア県

㉔ラス・メドゥラス（Las Medulas）
文化遺産（登録基準（i）（ii）（iii）（iv））　1997年　レオン自治州／ガリシア自治州

㉕バルセロナのカタルーニャ音楽堂とサン・パウ病院
（Palau de la Musica Catalana and Hospital de Sant Pau, Barcelona）
文化遺産（登録基準（i）（ii）（iv））　1997年／2008年　カタルーニャ自治州バルセロナ県

㉖聖ミリャン・ジュソ修道院とスソ修道院（San Millan Yuso and Suso Monasteries）
文化遺産（登録基準（ii）（iv）（vi））　1997年　リオハ自治州ログロニョ県

㉗ピレネー地方-ペルデュー山（Pyrenees-Mont Perdu）
複合遺産（登録基準（iii）（iv）（v）（vii）（viii））　1997年／1999年
アラゴン自治州ウエスカ県　フランス／スペイン

㉘イベリア半島の地中海沿岸の岩壁画
（Rock Art of the Mediterranean Basin on the Iberian Peninsula）
文化遺産（登録基準（iii））　1998年
アンダルシア、アラゴン、ラ・マンチャ、カタルーニャ、ヴァレンシア、ムルシアの各自治州

㉙アルカラ・デ・エナレスの大学と歴史地区
（University and Historic Precinct of Alcala de Henares）
文化遺産（登録基準（ii）（iv）（vi））　1998年　マドリッド自治州マドリッド 県

㉚イビサの生物多様性と文化（Ibiza, biodiversity and culture）
複合遺産（登録基準（ii）（iii）（iv）（ix）（x））　1999年　バイアレス州バイアレス県

㉛サン・クリストバル・デ・ラ・ラグーナ（San Cristobal de la Laguna）
文化遺産（登録基準（ii）（iv））　1999年　カナリア諸島自治州サンタ・クルス県

㉜タッラコの考古遺跡群（Archaeological Ensemble of Tárraco）
文化遺産（登録基準（ii）（iii））　2000年　カタルーニャ自治州タラゴナ県

㉝エルチェの椰子園（Palmeral of Elche）
文化遺産（登録基準（ii）（v））　2000年　ヴァレンシア自治州アリカンテ県

㉞ルーゴのローマ時代の城壁（Roman Walls of Lugo）
文化遺産（登録基準（iv））　2000年　ガリシア自治州ルゴ県

㉟ボイ渓谷のカタルーニャ・ロマネスク教会群
（Catalan Romanesque Churches of the Vall de Boi）
文化遺産（登録基準（ii）（iv））　2000年　カタルーニャ自治州リェイダ県

㊱アタプエルカの考古学遺跡（Archaeological Site of Atapuerca）
文化遺産（登録基準（iii）（v））　2000年　カスティーヤ自治州ブルゴス県

㊲アランフエスの文化的景観（Aranjuez Cultural Landscape）
文化遺産（登録基準（ii）（iv））　2001年
マドリッド自治州マドリッド県

㊳ウベダとバエサのルネサンス様式の記念物群
（Renaissance Monumental Ensembles of Ubeda and Baeza）
文化遺産（登録基準（ii）（iv））　2003年
アンダルシア自治州ハエン県

㊴ヴィスカヤ橋（Vizcaya Bridge）
文化遺産（登録基準（i）（ii））　2006年
バスク自治州ヴィスカヤ県ビルバオ市

㊵テイデ国立公園（Teide National Park）
自然遺産（登録基準（vii）（viii））　2007年
カナリア諸島自治州テネリフェ島

ヨーロッパ

㊶ヘラクレスの塔 (Tower of Hercules)
文化遺産(登録基準(iii)) 2009年 ガリシア自治州ア・コルーニャ県

㊷コア渓谷とシエガ・ヴェルデの先史時代の岩壁画
(Prehistoric Rock Art Sites in the Coa Valley and Siega Verde)
文化遺産(登録基準(i)(iii)) 1998年／2010年
カスティリア・レオン自治州サラマンカ県
ポルトガル／スペイン

㊸トラムンタナ山地の文化的景観
(Cultural Landscape of the Serra de Tramuntana)
文化遺産(登録基準(ii)(iv)(v)) 2011年 バイアレス州マジョルカ島

㊹水銀の遺産、アルマデン鉱山とイドリャ鉱山
(Heritage of Mercury. Almaden and Idrija)
文化遺産(登録基準(ii)(iv)) 2012年
カスティーリャ・ラ・マンチャ州シウダー・レアル県
スペイン／スロヴェニア

㊺アンテケラのドルメン遺跡 (Antequera Dolmens Site)
文化遺産(登録基準(i)(iii)(iv)) 2016年
アンダルシア州マラガ県

㊻カルパチア山脈とヨーロッパの他の地域の原生ブナ林群
(Primeval Beech Forests of the Carpathians and Other Regions of Europe)
自然遺産(登録基準(ix))
2007年／2011年／2017年
ウクライナ／スロヴァキア／ドイツ／スペイン／イタリア／ベルギー／オーストリア／ルーマニア／ブルガリア／スロヴェニア／クロアチア／アルバニア

㊼カリフ都市メディナ・アサーラ
(Caliphate City of Medina Azahara)
文化遺産(登録基準(iii)(iv)) 2018年 アンダルシア州コルドバ県

㊽グラン・カナリア島の文化的景観のリスコ・カイド洞窟と聖山群
(Risco Caido and the Sacred Mountains of Gran Canaria Cultural Landscape)
文化遺産(登録基準((iii)(v)) 2019年 カナリア諸島州ラス・パルマス県

㊾パセオ·デル·アルテとブエン・レティーロ宮殿、芸術と科学の景観
(Paseo del Prado and Buen Retiro, a landscape of Arts and Sciences)
文化遺産(登録基準(ii)(iv (vi)) 2021年 マドリッド市

ヨーロッパ

アンドラ公国 Principality of Andorra

地方行政管理区分 7行政区 (parishes)
面積 468km² **人口** 8.6万人 **首都** アンドララヴェリャ(2.3万人) **日本との時差**-8時間
主要言語 カタルーニャ語、スペイン語、フランス語 **宗教** カトリック **通貨** ユーロ
世界遺産の数 1(自然遺産 0 文化遺産 1 複合遺産 0) **世界遺産条約締約年** 1997年

❶マドリュウ・ペラフィタ・クラロー渓谷
(Madriu-Perafita-Claror Valley)
文化遺産(登録基準(v)) 2004年／2006年
エンカンプ行政区、アンドラ・ラ・ヴェリャ行政区、サン・ジュリア・デ・ロリア行政区、エスカルデス・エンゴルダニ行政区

ポルトガル共和国 Portuguese Republic

地方行政管理区分　18地区（districts）　2大都市圏（autonomous regions）
面積　9.2万km²　人口　1,083万人　首都　リスボン（55万人）　日本との時差-9時間
主要言語　ポルトガル語　宗教　カトリック　通貨　ユーロ
世界遺産の数　17（自然遺産　1　文化遺産　16　複合遺産　0）　世界遺産条約締約年　1980年

❶アソーレス諸島のアングラ・ド・エロイズモの町の中心地区
（Central Zone of the Town of Angra do Heroismo in the Azores）
文化遺産（登録基準（iv）（vi））　1983年　アソーレス自治地域テルセイラ島

❷リスボンのジェロニモス修道院とベレンの塔
（Monastery of the Hieronymites and Tower of Belem in Lisbon）
文化遺産（登録基準（iii）（vi））　1983年／2008年　リスボン地方リスボン

❸バターリャの修道院（Monastery of Batalha）
文化遺産（登録基準（i）（ii））　1983年　セントロ地方レイリア県バターリャ

❹トマルのキリスト教修道院（Convent of Christ in Tomar）
文化遺産（登録基準（i）（vi））　1983年　セントロ地方サンタレン県トマル

❺エヴォラの歴史地区（Historic Centre of Evora）
文化遺産（登録基準（ii）（iv））　1986年　アレンテージョ地方エヴォラ県エヴォラ

❻アルコバサの修道院（Monastery of Alcobaca）
文化遺産（登録基準（i）（iv））　1989年　セントロ地方レイリア県アルコバサ

❼シントラの文化的景観（Cultural Landscape of Sintra）
文化遺産（登録基準（ii）（iv）（v））　1995年　リスボン地方シントラ

❽ポルトの歴史地区、ルイス1世橋とセラ・ピラール修道院
（Historic Centre of Oporto, Luis I Bridge and Monastery of Serra Pilar）
文化遺産（登録基準（iv））　1996年　ノルテ地方ポルト県ポルト

❾コア渓谷とシエガ・ヴェルデの先史時代の岩壁画
（Prehistoric Rock Art Sites in the Coa Valley and Siega Verde）
文化遺産（登録基準（i）（iii））　1998年／2010年　ノルテ地方ワルダ県　ポルトガル／スペイン

⑩マデイラ島のラウリシールヴァ（Laurisilva of Madeira）
自然遺産（登録基準（ix）（x））　1999年　マデイラ自治地域マデイラ島

⓫ギマランイスの歴史地区（Historic Centre of Guimaraes）
文化遺産（登録基準（ii）（iii）（iv））　2001年　ノルテ地方ブラガ県ギマランイス

⓬ワインの産地アルト・ドウロ地域（Alto Douro Wine Region）
文化遺産（登録基準（iii）（iv）（v））　2001年
ノルテ地方ドウロ県トラス・オス・モンテスとアルト・ドウロ地域

⓭ピコ島の葡萄園文化の景観（Landscape of the Pico Island Vineyard Culture）
文化遺産（登録基準（iii）（v））　2004年
アソーレス自治地域ピコ島マダレナ、ラージェスほか

⓮エルヴァスの国境防護の町とその要塞群
（Garrison Border Town of Elvas and its Fortifications）
文化遺産（登録基準（iv））　2012年　アレンテージョ地方エルヴァス

⓯コインブラ大学-アルタとソフィア（University of Coimbra - Alta and Sofia）
文化遺産（登録基準（ii）（iv）（vi））　2013年
セントロ地方バイシュ・ムンデーグ地域コインブラ県

⓰マフラの王家の建物 - 宮殿、バシリカ、修道院、セルク庭園、狩猟公園（タパダ）
（Royal Building of Mafra – Palace, Basilica, Convent, Cerco Garden and Hunting Park（Tapada））
文化遺産（登録基準（（iv））　2019年　リスボン県

⓱ブラガのボン・ジェズス・ド・モンテの聖域
（Sanctuary of Bom Jesus do Monte in Braga）
文化遺産（登録基準（（iv））　2019年　ブラガ県

ヨーロッパ

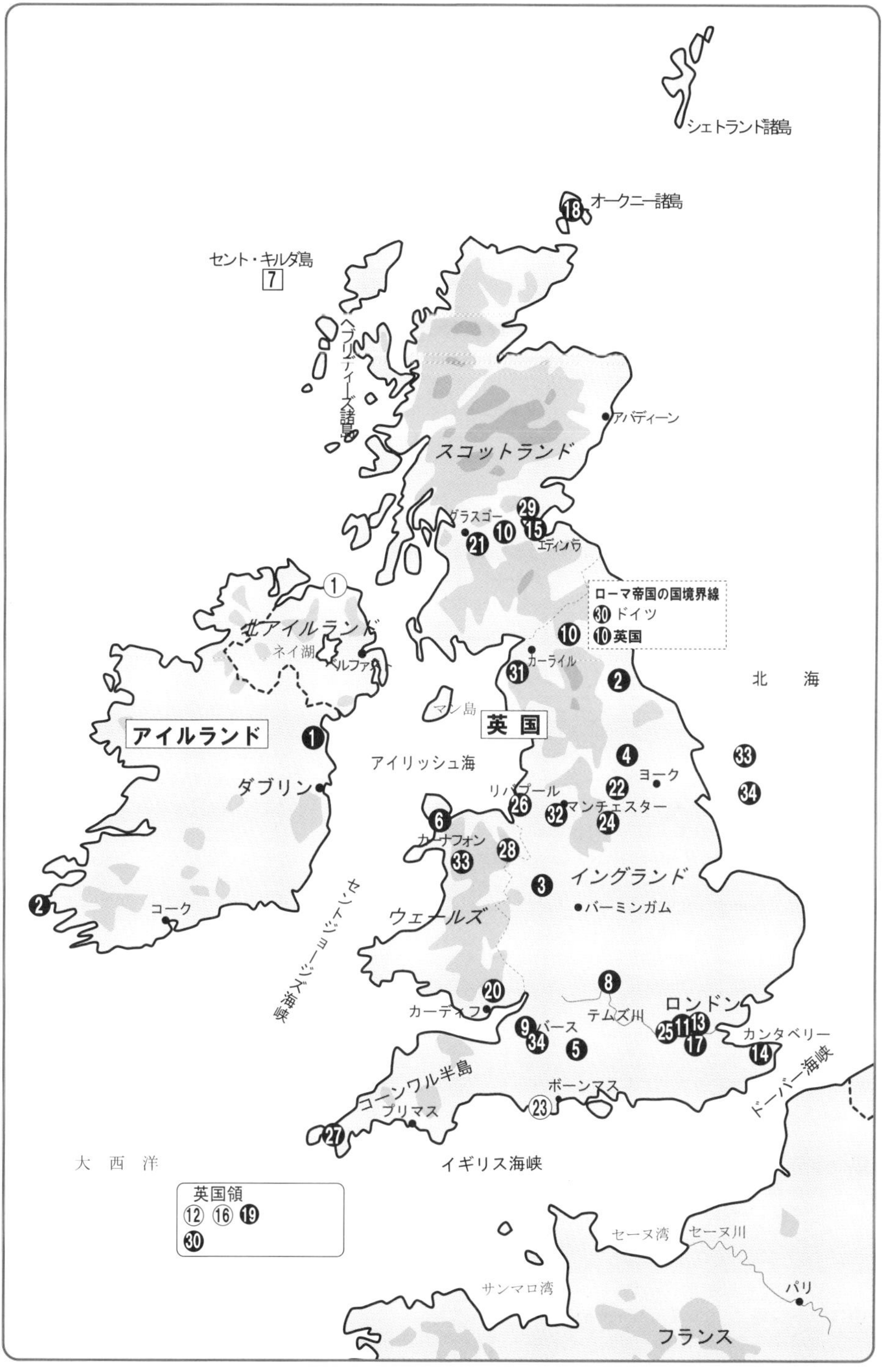
シェトランド諸島
オークニー諸島
セント・キルダ島
7
ヘブリディーズ諸島
アバディーン
スコットランド
グラスゴー
エディンバラ
ローマ帝国の国境界線
30 ドイツ
10 英国
北アイルランド
ネイ湖
ベルファスト
カーライル
北海
マン島
アイルランド
英国
ダブリン
アイリッシュ海
リバプール
ヨーク
マンチェスター
カーナフォン
イングランド
バーミンガム
ウェールズ
コーク
セントジョージズ海峡
ロンドン
テムズ川
カーディフ
バース
カンタベリー
ドーバー海峡
コーンワル半島
ボーンマス
プリマス
大西洋
イギリス海峡
英国領
12 16 19
30
セーヌ湾
セーヌ川
サンマロ湾
パリ
フランス

アイルランド　Ireland

地方行政管理区分　28州（counties）　3市（cities）
面積　7万km²　**人口**　464万人　**首都**　ダブリン（111万人）　**日本との時差**-9時間
主要言語　アイルランド語、英語　**宗教**　キリスト教　**通貨**　ユーロ
世界遺産の数　2（自然遺産　0　文化遺産　2　複合遺産　0）　**世界遺産条約締約年**　1991年

❶ベンド・オブ・ボインのブルーナ・ボーニャ考古学遺跡群
（Bru na Boinne-Archaeological Ensemble of the Bend of the Boyne）
文化遺産（登録基準(i)(iii)(iv)）　1993年　ミース州

❷スケリッグ・マイケル（Sceilg Mhichil）
文化遺産（登録基準(iii)(iv)）　1996年
ケリー州

グレートブリテンおよび北アイルランド連合王国（英国）

United Kingdom of Great Britain and Northern Ireland

地方行政管理区分　ENGLAND: 9地方（regions）（47boroughs, 36counties, 29 London boroughs, 12 cities and boroughs, 10 districts, 12 cities, 3 royal boroughs）SCOTLAND :32単一行政体（unitary authorities）WALES : 22単一行政体（unitary authorities）　NORTHERN ILRELAND :26県（district council areas）
面積　24.4万km²　**人口**　6,443万人　**首都**　ロンドン（842万人）　**日本との時差**　-9時間
主要言語　英語　**宗教**　英国国教など　**通貨**　UKポンド
世界遺産の数　33（自然遺産　4　文化遺産　28　複合遺産　1）　**世界遺産条約締約年**　1984年

①ジャイアンツ・コーズウェイとコーズウェイ海岸（Giant's Causeway and Causeway Coast）
自然遺産（登録基準(vii)(viii)）　1986年　北アイルランド、アントリム県

❷ダラム城と大聖堂（Durham Castle and Cathedral）
文化遺産（登録基準(ii)(iv)(vi)）　1986年／2008年　イングランド、ダーラム県ダーラム

❸アイアンブリッジ峡谷（Ironbridge Gorge）
文化遺産（登録基準(i)(ii)(iv)(vi)）　1986年　イングランド、シュロップシャー県コールブルックティル

❹ファウンティンズ修道院跡を含むスタッドリー王立公園
（Studley Royal Park including the Ruins of Fountains Abbey）
文化遺産（登録基準(i)(iv)）　1986年　イングランド、ノース・ヨークシャー県リポン

❺ストーンヘンジ、エーヴベリーと関連する遺跡群　（Stonehenge, Avebury and Associated Sites）
文化遺産（登録基準(i)(ii)(iii)）　1986年／2008年　イングランド、ウィルシャー県ソールズベリ

❻グウィネズ地方のエドワード1世ゆかりの城郭と市壁
（Castles and Town Walls of King Edward in Gwynedd）
文化遺産（登録基準(i)(iii)(iv)）　1986年　ウェールズ、グウィネズ県カーナフォン

⑦セント・キルダ（St.Kilda）
複合遺産（登録基準(iii)(v)(vii)(ix)(x)）　1986年／2004年／2005年
スコットランド、ウェスタン・アイルズ県セント・キルダ島

❽ブレナム宮殿（Blenheim Palace）　文化遺産（登録基準(ii)(iv)）　1987年
イングランド、オックスフォードシャー県ウッドストック

❾バース市街（City of Bath）
文化遺産（登録基準(i)(ii)(iv)）　1987年　イングランド、エイヴォン県バース

❿ローマ帝国の国境界線（Frontiers of the Roman Empire）
文化遺産（登録基準(ii)(iii)(iv)）　1987年／2005年／2008年
イングランド・ノーサンバーランド県、スコットランド中央部　英国／ドイツ

⓫ウエストミンスター・パレスとウエストミンスター寺院（含む聖マーガレット教会）
（Palace of Westminster and Westminster Abbey including Saint Margaret's Church）
文化遺産（登録基準(i)(ii)(iv)）　1987年／2008年
イングランド、ロンドン大都市圏ウエストミンスター区

⑫ヘンダーソン島（Henderson Island）
自然遺産（登録基準(vii)(x)）　1988年　南太平洋ポリネシア東端ピトケアン諸島

⓭ロンドン塔　（Tower of London）
文化遺産（登録基準(ii)(iv)）　1988年　イングランド、ロンドン大都市圏タワー・ハムレッツ区

⑭カンタベリー大聖堂、聖オーガスチン修道院、聖マーチン教会
（Canterbury Cathedral, St Augustine's Abbey and St Martin's Church）
文化遺産（登録基準(i)(ii)(vi)）　1988年　イングランド、ケント県カンタベリー
⑮エディンバラの旧市街と新市街（Old and New Towns of Edinburgh）
文化遺産（登録基準(ii)(iv)）　1995年　スコットランド、ロジアン県エディンバラ
⑯ゴフ島とイナクセサブル島（Gough and Inaccessible Islands）
自然遺産（登録基準(vii)(x)）　1995年／2004年　英領セント・ヘレナ
⑰グリニッジ海事（Maritime Greenwich）
文化遺産（登録基準(i)(ii)(iv)(vi)）　1997年　イングランド、ロンドン大都市圏グリニッジ区
⑱新石器時代の遺跡の宝庫オークニー（Heart of Neolithic Orkney）
文化遺産（登録基準(i)(ii)(iii)(iv)）　1999年　スコットランド、オークニー諸島
⑲バミューダの古都セント・ジョージと関連要塞群
（Historic Town of St.George and Related Fortifications, Bermuda）
文化遺産（登録基準(iv)）　2000年　バーミューダ諸島
⑳ブレナヴォンの産業景観（Blaenavon Industrial Landscape）
文化遺産（登録基準(iii)(iv)）　2000年　ウェールズ、トルヴァエン自治都市
㉑ニュー・ラナーク（New Lanark）
文化遺産（登録基準(ii)(iv)(vi)）　2001年　スコットランド、ストラスクライド県
㉒ソルテア（Saltaire）
文化遺産（登録基準(ii)(iv)）　2001年　イングランド、西ヨークシャー県
㉓ドーセットおよび東デヴォン海岸（Dorset and East Devon Coast）
自然遺産（登録基準(viii)）　2001年　イングランド、ドーセット県／デボン県
㉔ダウエント渓谷の工場群（Derwent Valley Mills）
文化遺産（登録基準(ii)(iv)）　2001年　イングランド、ダービーシャー県
㉕王立植物園キュー・ガーデン（Royal Botanic Gardens, Kew）
文化遺産（登録基準(ii)(iii)(iv)）　2003年
イングランド、ロンドン大都市圏リッチモンド区
㉖~~リヴァプール－海商都市~~（Liverpool-Maritime Mercantile City）
文化遺産（登録基準(ii)(iii)(iv)）　2004年　★【危機遺産】2012年　2021年登録抹消
イングランド、リバプール市
㉗コンウォールと西デヴォンの鉱山景観（Cornwall and West Devon Mining Landscape）
文化遺産（登録基準(ii)(iii)(iv)）　2006年
南西イングランド、コンウォール州、デヴォン州
㉘ポントカサステ水路橋と運河（Pontcysyllte Aqueduct and Canal）
文化遺産（登録基準(i)(ii)(iv)）　2009年　ウェールズ、デンビーシャー州
㉙フォース橋（The Forth Bridge）
文化遺産（登録基準(i)(iv)）　2015年　スコットランド、ロジアン県エディンバラ
㉚ゴーハムの洞窟遺跡群（Gorham's Cave Complex）
文化遺産（登録基準(iii)）　2016年　英国領ジブラルタル
㉛イングランドの湖水地方（The English Lake District）
文化遺産（登録基準(ii)(v)(vi)）　2017年　ウェストモーランド・カンバーランド郡・ランカシャー地方
㉜ジョドレル・バンク天文台（Jodrell Bank Observatory）
文化遺産（登録基準((i)(ii)(iv)(vi)）　2019年　マンチェスター近郊のジョドレル - バンク
㉝ウェールズ北西部のスレートの景観（The Slate Landscape of Northwest Wales）
文化遺産（登録基準((ii)(iv)）2021年　ウェールズ、グウィネズ州
㉞ヨーロッパの大温泉群（The Great Spas of Europe）
文化遺産（登録基準(ii)(iii)）2021年　バース市
英国／オーストリア／ベルギー／チェコ／フランス／ドイツ／イタリア
※リヴァプール–海商都市（Liverpool-Maritime Mercantile City）
文化遺産（登録基準(ii)(iii)(iv)）
2004年世界遺産登録　→　★【危機遺産】2012年
→　2021年登録抹消

ヨーロッパ

英　国
バミューダ諸島
⑲古都セント・ジョージと関連要塞群
ハワイ
大西洋
太平洋
⑯
⑫ヘンダーソン島
イースター島
インド洋
⑯ゴフ島と
イナクセサブル島

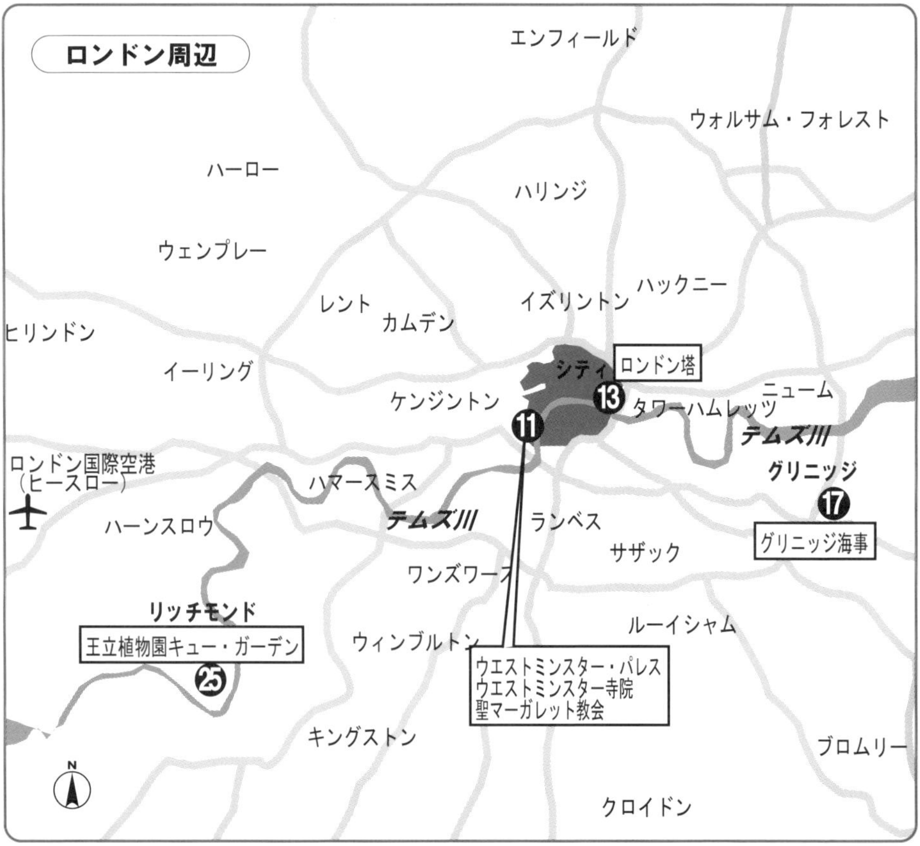
ロンドン周辺
エンフィールド
ウォルサム・フォレスト
ハーロー
ハリンジ
ウェンブレー
レント
カムデン
イズリントン
ハックニー
ヒリンドン
イーリング
シティ
ロンドン塔
⑬
ケンジントン
⑪
タワーハムレッツ
ニューム
テムズ川
グリニッジ
ロンドン国際空港
(ヒースロー)
ハマースミス
⑰
テムズ川
ランベス
ハーンスロウ
グリニッジ海事
サザック
ワンズワース
リッチモンド
ルーイシャム
王立植物園キュー・ガーデン
ウィンブルトン
㉕
ウエストミンスター・パレス
ウエストミンスター寺院
聖マーガレット教会
キングストン
ブロムリー
N
クロイドン

ヨーロッパ

○自然遺産　●文化遺産　□複合遺産　★危機遺産

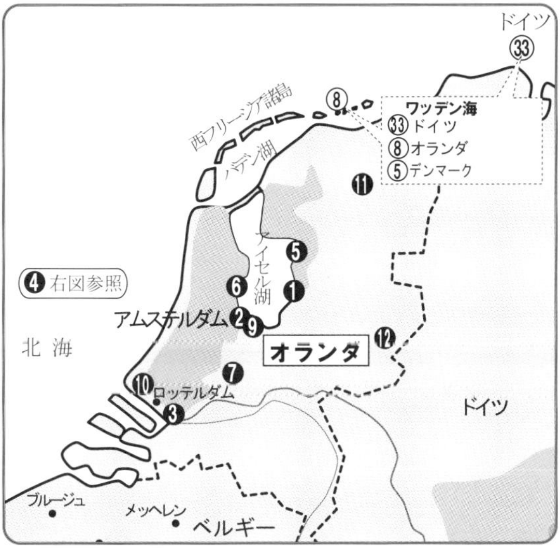
ドイツ
33
西フリージア諸島
8
ワッデン海
33 ドイツ
8 オランダ
5 デンマーク
ワッデン湖
11
アイセル湖
5
1
6
4 右図参照
アムステルダム 2 9
オランダ
12
北 海
7
10 ロッテルダム
3
ドイツ
ブルージュ
メッヘレン
ベルギー

大西洋
西インド諸島
ドミニカ共和国
プエルトリコ
セントキッツ ネイヴィース
カリブ海
ドミニカ国
小アンチル諸島
オランダ領アンチル
キュラソー島
アルバ島
4
ボネル島
ウィレムスタト
カラカス
マラカイボ湖
ヴェネズエラ
オリノコ川

オランダ王国 Kingdom of the Netherlands

地方行政管理区分　12州（provinces）

面積　4.2万km²　人口　1,704万人　首都　アムステルダム（84万人）　日本との時差-8時間

主要言語　オランダ語、フルースラント語など　宗教　キリスト教など　通貨　ユーロ

世界遺産の数　12（自然遺産　1　文化遺産　11　複合遺産　0）世界遺産条約締約年　1992年

❶スホクランドとその周辺（Schockland and Surroundings）
文化遺産（登録基準（iii）（v））　1995年　フレフォランド州

❷オランダの水利防塞線（Dutch Water Defence Lines）
文化遺産（登録基準（ii）（iv）（v））　1996年／2021年　北ホラント州

❸キンデルダイク-エルスハウトの風車群（Mill Network at Kinderdijk-Elshout）
文化遺産（登録基準（i）（ii）（iv））　1997年　南ホラント州ロッテルダム

❹キュラソー島の港町ウィレムスタト市内の歴史地区
（Historic Area of Willemstad, Inner City, and Harbour, Curacao）
文化遺産（登録基準（ii）（iv）（v））　1997年　オランダ領アンティル

❺Ir. D. F. ウォーダヘマール（D. F. ウォーダ蒸気揚水ポンプ場）
（Ir.D.F.Woudagemaal（D.F.Wouda SteamPumping Station））
文化遺産（登録基準（i）（ii）（iv））　1998年　フリースラント州

❻ドローフマカライ・デ・ベームステル（ベームスター干拓地）
（Droogmakerij de Beemster（Beemster Polder））
文化遺産（登録基準（i）（ii）（iv））　1999年　北ホラント州

❼リートフェルト・シュレーダー邸（Rietveld Schroderhuis（Rietveld Schroder House））
文化遺産（登録基準（i）（ii））　2000年　ユトレヒト州ユトレヒト

⑧ワッデン海（The Wadden Sea）　自然遺産（登録基準（viii）（ix）（x））　2009年／2011年／2014年
フリースラント州ワッデン市　オランダ／ドイツ／デンマーク

❾アムステルダムのシンゲル運河の内側にある17世紀の環状運河地域
（Seventeenth-century canal ring area of Amsterdam inside the Singelgracht）
文化遺産（登録遺産（登録基準（i）（ii）（iv））2010年　北ホラント州アムステルダム

❿ファン・ネレ工場（Van Nellefabriek）
文化遺産（登録基準（ii）（iv））　2014年　南ホラント州ロッテルダム

⓫博愛の植民地群（Colonies of Benevolence）　文化遺産（登録基準（ii）（iv）　2021年
ベルギー/オランダ（ドレンテ州、フリースラント州、オーバーアイセル州）

⓬ローマ帝国の国境線―低地ゲルマニアのリーメス
（Frontiers of the Roman Empire – The Lower German Limes）
文化遺産（登録基準（ii）（iii）（iv））　2021年　ドイツ/オランダ（ヘルダーラント州・ユトレヒト州）

ヨーロッパ

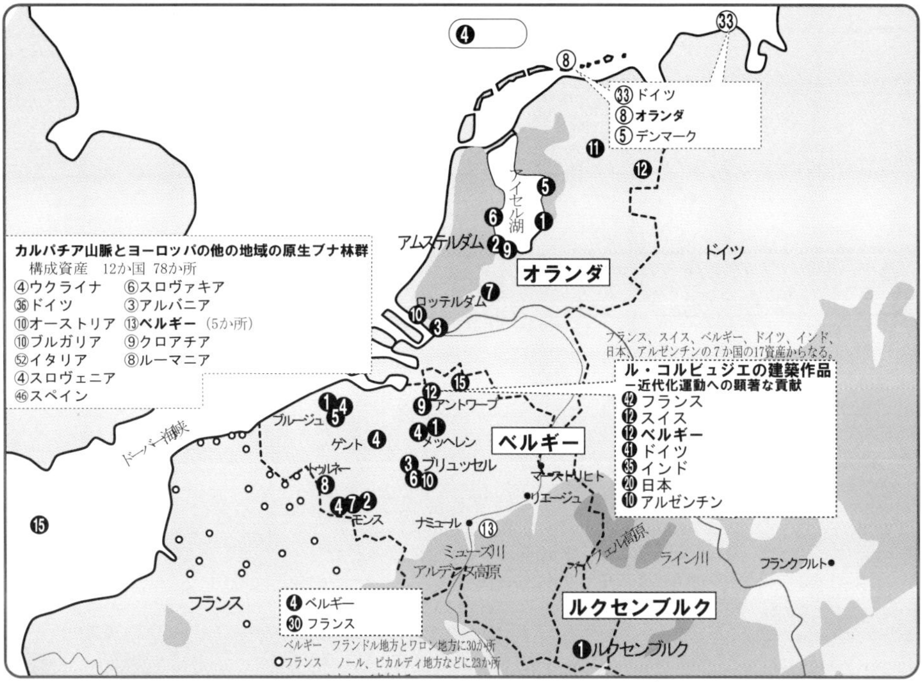
④
⑧
㉝
㉝ドイツ
⑧オランダ
⑤デンマーク
⓫
⓬
アイセル湖
❺
❻
❶
アムステルダム
❷❾
ドイツ
オランダ
カルパチア山脈とヨーロッパの他の地域の原生ブナ林群
構成資産　12か国 78か所
④ウクライナ　⑥スロヴァキア
㊱ドイツ　③アルバニア
⑩オーストリア　⑬ベルギー（5か所）
⑩ブルガリア　⑨クロアチア
㊷イタリア　⑧ルーマニア
④スロヴェニア
㊻スペイン
❼
ロッテルダム
❿
❸
フランス、スイス、ベルギー、ドイツ、インド、日本、アルゼンチンの7か国の17資産からなる。
ル・コルビュジエの建築作品
－近代化運動への顕著な貢献
㊷フランス
⓬スイス
⓬ベルギー
㊶ドイツ
㉟インド
⑳日本
❿アルゼンチン
⓯
⓬
❾アントワープ
❶❹
ブルージュ❺
ドーバー海峡
ゲント❹
❹❶メッヘレン
ベルギー
❸ブリュッセル
❻❿
トゥルネー
❽
マーストリヒト
リエージュ
❹❼❷
モンス
ナミュール
⑬
⓯
ミューズ川
アルデンヌ高原
アイフェル高原
ライン川
フランクフルト
フランス
❹ベルギー
㉚フランス
ルクセンブルク
❶ルクセンブルク
ベルギー　フランドル地方とワロン地方に30か所
○フランス　ノール、ピカルディ地方などに23か所

	ベルギー王国　**Kingdom of Belgium**
	地方行政管理区分　3地方（regions）　10州（provinces）
	面積　3.1万km²　**人口**　1,132万人　**首都**　ブリュッセル（17万人）　**日本との時差**−8時間
	主要言語　オランダ語、仏語、独語　**宗教**　キリスト教など　**通貨**　ユーロ
	世界遺産の数 15（自然遺産　1　文化遺産 14　複合遺産　0）　**世界遺産条約締約年　1996年**

❶フランドル地方のベギン会院（Flemish Beguinages）
文化遺産（登録基準(ii)(iii)(iv)）　1998年
フランドル地方ブルージュ、ゲント、リール、ディースト、トルゲレン、コルトレイク、メッヘレン、ホーグストラーデン、デンデルモンドトゥルンハウト、トンゲレン、ルーヴェン

❷ルヴィエールとルルー（エノー州）にあるサントル運河の4つの閘門と周辺環境
（The Four Lifts on the Canal du Centre and their Environs, La Louviere and Le Roeulx (Hainault)）
文化遺産（登録基準(iii)(iv)）　1998年
ワロン地方エノー州ルヴィエール、ルルー

❸ブリュッセルのグラン・プラス（La Grand-Place, Brussels）
文化遺産（登録基準(ii)(iv)）
1998年
ブリュッセル地方ブリュッセル（首都）

❹ベルギーとフランスの鐘楼群（Belfries of Belgium and France）
文化遺産（登録基準(ii)(iv)）
1999年／2005年
フランドル地方：アールスト、アントワープ、ブルージュ、デンデルモンド、ディクスミュイド、エクロー、ゲント、ヘレンタルス、イーペル、コルトレイク、ルーヴェン、リール、ロレニンゲ、メッヘレン、メーネン、ニウポールト、オウデナールルド、ローゼラーレ、シント・トルイデン、ティールト、ティーネン、トンゲレン、ヴュルヌ、ズートルー
ワロン地方：バンシュ、シャルルロワ、モンス、ナミュール、タン、トゥルネー、ガンブルー
ベルギー／フランス

❺ブルージュの歴史地区（Historic Centre of Brugge）
文化遺産（登録基準(ii)(iv)(vi)）
2000年　フランドル地方西フランドル州

❻ブリュッセルの建築家ヴィクトール・オルタの主な邸宅建築
（Major Town Houses of the Architect Victor Horta,Brussels)）
文化遺産（登録基準(i)(ii)(iv)）
2000年　ブリュッセル地方ブリュッセル（首都）

❼モンスのスピエンヌの新石器時代の燧石採掘坑
（Neolithic Flint Mines at Spiennes(Mons)）
文化遺産（登録基準(i)(iii)(iv)）
2000年　ワロン地方エノー州

❽トゥルネーのノートル・ダム大聖堂（Notre-Dame Cathedral in Tournai）
文化遺産（登録基準(ii)(iv)）
2000年　ワロン地方エノー州

❾プランタン・モレトゥスの住宅、作業場、博物館
（Plantin-Moretus House -Workshops-Museum Complex）
文化遺産（登録基準(ii)(iii)(iv)(vi)）
2005年　フランドル地方アントワープ州アントワープ

❿ストックレー邸（Stoclet House）
文化遺産（登録基準(i)(ii)）　2009年　ブリュッセル地方ブリュッセル（首都）

⓫ワロン地方の主要な鉱山遺跡群（Major Mining Sites of Wallonia）
文化遺産（登録基準(ii)(iv)）
2012年　ワロン地方エノー州、リエージュ州

⓬ル・コルビュジエの建築作品－近代化運動への顕著な貢献
（The Architectural Work of Le Corbusier, an Outstanding Contribution to the Modern Movement）
文化遺産（登録基準(i)(ii)(vi)）
2016年　フランドル地方アントワープ州アントワープ
フランス／スイス／ドイツ／ベルギー／日本／インド／アルゼンチン

⑬カルパチア山脈とヨーロッパの他の地域の原生ブナ林群
（Primeval Beech Forests of the Carpathians and Other Regions of Europe）
自然遺産（登録基準(ix)）　2007年／2011年／2017年
ウクライナ／スロヴァキア／ドイツ／スペイン／イタリア／ベルギー／オーストリア／ルーマニア／ブルガリア／スロヴェニア／クロアチア／アルバニア

⓮ヨーロッパの大温泉群（The Great Spas of Europe）
文化遺産（登録基準(ii)(iii)　2021年
ベルギー（スパ）／オーストリア／チェコ／フランス／ドイツ／イタリア／英国

⓯博愛の植民地群（Colonies of Benevolence）
文化遺産（登録基準(ii)(iv)　2021年　ベルギー（アントワープ州ウォルテル） / オランダ

ルクセンブルク大公国　Grand Duchy of Luxembourg

地方行政管理区分　3広域行政区（districts）　12県（cantons）
面積　2,586km²　**人口**　58万人　**首都**　ルクセンブルク（10万人）　**日本との時差**-8時間
主要言語　ルクセンブルク語、仏語、独語　**宗教**　キリスト教など　**通貨**　ユーロ
世界遺産の数　1（自然遺産　0　文化遺産　1　複合遺産　0）　**世界遺産条約締約年**　1983年

❶ルクセンブルク市街、その古い町並みと要塞都市の遺構
（City of Luxembourg: its Old Quarters and Fortifications）
文化遺産（登録基準(iv)）　1994年
ルクセンブルク広域行政区

ユトランド半島
コペンハーゲン
デンマーク
バルト海
ワッデン海
㉝ドイツ
⑧オランダ
⑤デンマーク
北　海
オランダ
エルベ川
ハンブルグ
リューベック
ヴィスマル
シュトラールズント
ブレーメン
オーデル川
ポーランド
ベルリン
ポツダム
オランダ
アムステルダム
ハノーバー
ヒルデスハイム
デッサウ
ヴェルリッツ
ヴィッテンベルク
㉙ドイツ
⑫ポーランド
ゴスラー
クヴェートリンブルク
アイスレーベン
エッセン
マース川
デュッセルドルフ
ケルン
アーヘン
アイゼナッハ
ワイマール
ライプチヒ
ドレスデン
㊺ドイツ
⑬チェコ
カルパチア山脈とヨーロッパの他の地域の原生ブナ林群
構成資産　12か国 78か所
④ウクライナ
⑥スロヴァキア
㊱ドイツ（5か所）
③アルバニア
⑩オーストリア
⑬ベルギー
⑩ブルガリア
⑨クロアチア
㊷イタリア
⑧ルーマニア
④スロヴェニア
㊻スペイン
ドイツ
ベルギー
ライン川
ルクセンブルク
フランクフルト
バンベルグ
ビュルツブルグ
トリール
マンハイム
ロルシュ
ハイデルベルグ
シュパイアー
フランス
㉚ドイツ
⑩英国
ドナウ川
シュツットガルト
ル・コルビュジエの建築作品－近代化運動への顕著な貢献
㊷フランス
⑫スイス
⑫ベルギー
㊶ドイツ
㉟インド
⑳日本
⑩アルゼンチン
フランス、スイス、ベルギー、ドイツ、インド、日本、アルゼンチンの7か国の17資産からなる。
ミュンヘン
オーストリア
フライブルグ
ヴィース
アルプス山脈周辺の先史時代の杭上住居群
㉟ドイツ（18か所）
オーストリア、フランス、ドイツ、イタリア、スロヴェニア、スイスの6か国の111か所に点在する。
チューリッヒ
ボーデン湖
リヒテンシュタイン
スイス
ヌーシャテル湖
ベルン
レマン湖
イタリア

○自然遺産　●文化遺産　□複合遺産　★危機遺産

ヨーロッパ

ドイツ連邦共和国　Federal Republic of Germany

地方行政管理区分　16州（states）
面積　35.7万km²　人口　8,217万人　首都　ベルリン（342万人）　日本との時差-8時間
主要言語　ドイツ語　宗教　キリスト教、イスラム教　通貨　ユーロ
世界遺産の数　51（自然遺産　3　文化遺産　48　複合遺産　0）　世界遺産条約締約年　1976年

❶アーヘン大聖堂　（Aachen Cathedral）
文化遺産（登録基準（i）（ii）（iv）（vi））　1978年　ノルトライン・ヴェストファーレン州
❷シュパイアー大聖堂　（Speyer Cathedral）
文化遺産（登録基準（ii））　1981年　ラインラント・ファルツ州
❸ヴュルツブルクの司教館、庭園と広場
（Wurzburg Residence with the Court Gardens and Residence Squar）
文化遺産（登録基準（i）（iv））　1981年　バイエルン州
❹ヴィースの巡礼教会（Pilgrimage Church of Wies）
文化遺産（登録基準（i）（iii））　1983年／2010年　バイエルン州
❺ブリュールのアウグストスブルク城とファルケンルスト城
（Castles of Augustusburg and Falkenlust at Bruhl）
文化遺産（登録基準（ii）（iv））　1984年　ノルトライン・ヴェストファーレン州
❻ヒルデスハイムの聖マリア大聖堂と聖ミヒャエル教会
（St. Mary's Cathedral and St. Michael's Church at Hildesheim）
文化遺産（登録基準（i）（ii）（iii））　1985年／2008年　ニーダーザクセン州
❼トリーアのローマ遺跡、聖ペテロ大聖堂、聖母教会
（Roman Monuments, Cathedral of St. Peter and Church of Our Lady in Trier）
文化遺産（登録基準（i）（iii）（iv）（vi））　1986年　ラインラント・ファルツ州
❽ハンザ同盟の都市リューベック（Hanseatic City of Lubeck）
文化遺産（登録基準（iv））　1987年／2009年　シュレースウィヒホルシュタイン州
❾ポツダムとベルリンの公園と宮殿（Palaces and Parks of Potsdam and Berlin）
文化遺産（登録基準（i）（ii）（iv））　1990年／1992年／1999年
ブランデンブルク州ポツダム（州都）、ベルリン都市州
❿ロルシュの修道院とアルテンミュンスター（Abbey and Altenmunster of Lorsch）
文化遺産（登録基準（iii）（iv））　1991年　ヘッセン州
⓫ランメルスベルグ鉱山、古都ゴスラーとハルツ地方北部の水利管理システム
（Mines of Rammelsberg, Historic Town of Goslar and Upper Harz Water Management System）
文化遺産（登録基準（i）（ii）（iii）（iv））　1992年／2008年／2010年　ニーダーザクセン州
⓬バンベルクの町（Town of Bamberg）
文化遺産（登録基準（ii）（iv））　1993年　バイエルン州
⓭マウルブロンの修道院群（Maulbronn Monastery Complex）
文化遺産（登録基準（ii）（iv））　1993年　バーデンウュルテンベルク州
⓮クヴェートリンブルクの教会と城郭と旧市街
（Collegiate Church, Castle and Old Town of Quedlinburg）
文化遺産（登録基準（iv））　1994年　ザクセンアンハルト州
⓯フェルクリンゲン製鉄所（Volklingen Ironworks）
文化遺産（登録基準（ii）（iv））　1994年　ザールラント州フェルクリンゲン
⑯メッセル・ピット化石発掘地（Messel Pit Fossil Site）
自然遺産（登録基準（viii））　1995年／2010年　ヘッセン州メッセル
⓱ケルンの大聖堂　（Cologne Cathedral）
文化遺産（登録基準（i）（ii）（iv））　1996年／2008年
ノルトライン・ヴェストファーレン州ケルン
⓲ワイマールおよびデッサウにあるバウハウスおよび関連遺産群
（Bauhaus and its Sites in Weimar and Dessau）
文化遺産（登録基準（ii）（iv）（vi））　1996年
テューリンゲン州ワイマール、ザクセン州デッサウ
⓳アイスレーベンおよびヴィッテンベルクにあるルター記念碑
（Luther Memorials in Eisleben and Wittenberg）
文化遺産（登録基準（iv）（vi））　1996年
ザクセンアンハルト州アイスレーベン、ヴィッテンベルク
⓴クラシカル・ワイマール（Classical Weimar）
文化遺産（登録基準（iii）（vi））　1998年　テューリンゲン州ワイマール

ヨーロッパ

㉑ベルリンのムゼウムスインゼル（美術館島）（Museumsinsel（Museum Island）, Berlin）
文化遺産（登録基準(ii)(iv)）　1999年　ベルリン都市州ミッテ地区
㉒ヴァルトブルク城（Wartburg Castle）
文化遺産（登録基準(iii)(vi)）　1999年　テューリンゲン州エアフルト県
㉓デッサウ-ヴェルリッツの庭園王国（Garden Kingdom of Dessau-Worlitz）
文化遺産（登録基準(ii)(iv)）　2000年
ザクセン・アンハルト州デッサウ、アンハルト・ツェルプスト郡ピッターフェルト
㉔ライヒェナウ修道院島（Monastic Island of Reichenau）
文化遺産（登録基準(iii)(iv)(vi)）　2000年
バーデンウュルテンベルク州コンスタンツ市ライヒェナウ
㉕エッセンの関税同盟炭坑の産業遺産（Zollverein Coal Mine Industrial Complex in Essen）
文化遺産（登録基準(ii)(iii)）　2001年　ノルトライン・ヴェストファーレン州エッセン
㉖ライン川上中流域の渓谷（Upper Middle Rhine Valley）
文化遺産（登録基準(ii)(iv)(v)）　2002年
ラインラント・ファルツ州コブレンツ、ビンゲン／ヘッセン州リューデスハイム
㉗シュトラールズントとヴィスマルの歴史地区（Historic Centres of Stralsund and Wismar）
文化遺産（登録基準(ii)(iv)）　2002年
メクレンブルク・フォアポンメルン州シュトラールズント、ヴィスマル
㉘ブレーメンのマルクト広場にある市庁舎とローランド像
（Town Hall and Roland on the Marketplace of Bremen）
文化遺産（登録基準(iii)(iv)(vi)）　2004年　ブレーメン都市州
㉙ムスカウ公園／ムザコフスキー公園（Muskauer Park/Park Muzakowski）
文化遺産（登録基準(i)(iv)）　2004年　ザクセン州　ドイツ／ポーランド
㉚ローマ帝国の国境界線（Frontiers of the Roman Empire）
文化遺産（登録基準(ii)(iii)(iv)）　1987年／2005年／2008年
ラインラント・プファルツ州、ヘッセン州、バーデン・ウュルテンブルク州、バイエルン州
英国／ドイツ
㉛レーゲンスブルク旧市街とシュタットアンホフ（Old town of Regensburg with Stadtamhof）
文化遺産（登録基準(ii)(iii)(iv)）　2006年　バイエルン州レーゲンスブルク
㉜ベルリンのモダニズムの集合住宅（Berlin Modernism Housing Estates）
文化遺産（登録基準(ii)(iv)）　2008年　ベルリン都市州ベルリン市
㉝ワッデン海（The Wadden Sea）
自然遺産（登録基準(viii)(ix)(x)）　2009年／2011年／2014年
ザクセン州、シュレスヴィヒ・ホルシュタイン州　オランダ／ドイツ／デンマーク
㉞アルフェルトのファグス工場（Fagus Factory in Alfeld）
文化遺産（登録基準(ii)(iv)）　2011年　ニーダーザクセン州ヒルデスハイム
㉟アルプス山脈周辺の先史時代の杭上住居群（Prehistoric Pile dwellings around the Alps）
文化遺産（登録基準(iii)(v)）　2011年
バーデン・ヴュルテンベルク州、バイエルン州
スイス／オーストリア／フランス／ドイツ／イタリア／スロヴェニア
㊱カルパチア山脈の原生ブナ林群とドイツの古代ブナ林群
（Primeval Beech Forests of the Carpathians and the Ancient Beech Forests of Germany）
自然遺産（登録基準(ix)）　2007年／2011年
メックレンブルク・フォアポンメルン州、ブランデンブルク州、ヘッセン州、テューリンゲン州
スロヴァキア／ウクライナ／ドイツ
㊲バイロイトの辺境伯オペラ・ハウス（Margravial Opera House Bayreuth）
文化遺産（登録基準(i)(iv)）　2012年　バイエルン州オーバーフランケン行政管区
㊳ヴィルヘルムスヘーエ公園（Bergpark Wilhelmshoe）
文化遺産（登録基準(iii)(iv)）　2013年　ヘッセン州カッセル市
㊴コルヴァイ修道院聖堂とカロリング朝のベストベルク
（Carolingian Westwork and Civitas Corvey）
文化遺産（登録基準(ii)(iii)(iv)）　2014年　ノルトライン・ヴェストファーレン州
㊵シュパイヘルシュダッドとチリハウスのあるコントールハウス地区
（Speicherstadt and Kontorhaus District with Chilehaus）
文化遺産（登録基準(iv)）　2015年　ハンブルク都市州
㊶ル・コルビュジエの建築作品－近代化運動への顕著な貢献
（The Architectural Work of Le Corbusier, an Outstanding Contribution to the Modern Movement）
文化遺産（登録基準(i)(ii)(vi)）　2016年　バーデン・ヴュルテンベルク州シュツットガルト
フランス／スイス／ドイツ／ベルギー／日本／インド／アルゼンチン

ヨーロッパ

㊷シュヴァーベン・ジュラにおける洞窟群と氷河時代の芸術
（Caves and Ice Age Art in the Swabian Jura）　文化遺産（登録基準（iii））　2017年
バーデン・ヴュルテンベルク州シュヴァーベン地方
㊸ヘーゼビューとダーネヴィルケの境界上の考古学的景観
（The Archaeological Border Landscape of Hedeby and the Danevirke）
文化遺産（登録基準（iii）（iv））　2018年　シュレースヴィヒ・ホルシュタイン州
㊹ナウムブルク大聖堂　（Naumburg Cathedral）
文化遺産（登録基準（（ii）（iii）（iv）））2019年　**ドイツ／チェコ**
㊻アウクスブルクの水管理システム（Water Management System of Augsburg）
文化遺産（登録基準（（ii）（iv））　2019年　バイエルン州シュヴァーベン行政管区
㊼ヨーロッパの大温泉群（The Great Spas of Europe）　文化遺産（登録基準（（ii）（iii）））2021年
ドイツ（バート・エムス、バーデン・バーデン、バート・キッシンゲン）**／オーストリア／ベルギー／チェコ／フランス／イタリア／英国**
㊽ローマ帝国の国境線―低地ゲルマニアのリーメス
（Frontiers of the Roman Empire – The Lower German Limes）　文化遺産（登録基準（（ii）（iii）（iv）））2021年
ドイツ（ノルトライン・ヴェストファーレン州・ラインラント・プファルツ州）／**オランダ**
㊾ローマ帝国の国境線-ドナウのリーメス（西部分）
（Frontiers of the Roman Empire – The Danube Limes (Western Segment)）
文化遺産（登録基準（（ii）（iii）（iv）））2021年
ドイツ（バート・ゲーグギング ～ハイルバートなど24箇所）**/オーストリア / ハンガリー / スロヴァキア**
㊿ダルムシュタットのマチルダの丘（Mathildenhöhe Darmstadt）
文化遺産（登録基準（（ii）（iv）））2021年　ヘッセン州ダルムシュタット
51シュパイアー、ヴォルムス、マインツのShUM遺跡群（ShUM Sites of Speyer, Worms and Mainz）
文化遺産（登録基準（ii）（iii）（vi））　2021年　ラインラント・プファルツ州
※ドレスデンのエルベ渓谷（Dresden Elbe Valley）
文化遺産（登録基準（ii）（iii）（iv）（v））
2004年世界遺産登録　★【危機遺産】
2006年登録→**2009年登録抹消。**ザクセン州ドレスデン（州都）

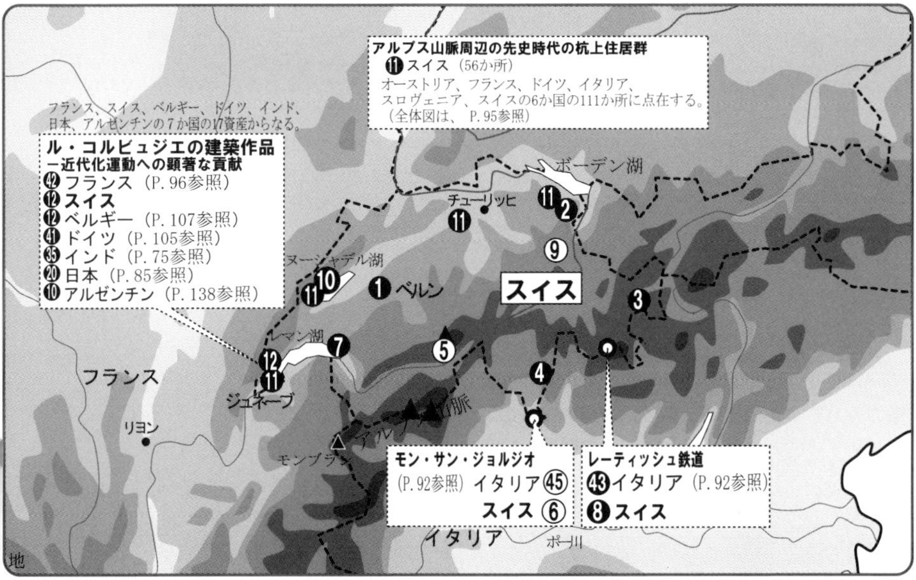
アルプス山脈周辺の先史時代の杭上住居群
⓫スイス（56か所）
オーストリア、フランス、ドイツ、イタリア、
スロヴェニア、スイスの6か国の111か所に点在する。
（全体図は、P. 95参照）
フランス、スイス、ベルギー、ドイツ、インド、
日本、アルゼンチンの7か国の17資産からなる。
ル・コルビュジエの建築作品
－近代化運動への顕著な貢献
㊷フランス（P. 96参照）
⓬スイス
⓬ベルギー（P. 107参照）
㊶ドイツ（P. 105参照）
㉟インド（P. 75参照）
⑳日本（P. 85参照）
⓾アルゼンチン（P. 138参照）
ボーデン湖
チューリッヒ
ヌーシャテル湖
ベルン
スイス
レマン湖
ジュネーブ
フランス
リヨン
モンブラン
アルプス山脈
モン・サン・ジョルジオ
（P. 92参照）イタリア㊺
スイス⑥
レーティッシュ鉄道
㊸イタリア（P. 92参照）
❽スイス
イタリア
ポー川

○自然遺産　●文化遺産　□複合遺産　★危機遺産

ヨーロッパ

スイス連邦　Swiss Confederation
地方行政管理区分　26州（cantons）
面積　4.1万km²　人口　818万人　首都　ベルン（13万人）　日本との時差　-8時間
主要言語　独語、仏語、伊語、ロマンシュ語など　宗教　キリスト教など　通貨　スイス・フラン
世界遺産の数 13（自然遺産　4　文化遺産　9　複合遺産　0）　世界遺産条約締約年　1975年

❶ベルンの旧市街（Old City of Berne）
文化遺産（登録基準(iii)）　1983年　ベルン州

❷ザンクト・ガレン修道院（Abbey of St Gall）
文化遺産（登録基準(ii)(iv)）　1983年　ザンクト・ガレン州

❸ミュスタイヤの聖ヨハン大聖堂（Benedictine Convent of St John at Mustair）
文化遺産（登録基準(iii)）　1983年　グラウビュンデン州

❹市場町ベリンゾーナの3つの城、防壁、土塁
（Three Castles, Defensive Wall and Ramparts of the Market-Town of Bellinzone）
文化遺産（登録基準(iv)）　2000年　ティチーノ州

⑤スイス・アルプス ユングフラウ-アレッチ（Swiss Alps Jungfrau-Aletsch）
自然遺産（登録基準(vii)(viii)(ix)）　2001年／2007年
ベルン州、ヴァレリー州

⑥モン・サン・ジョルジオ（Monte San Giorgio）
自然遺産（登録基準(viii)）　2003年／2010年
ティチーノ州　スイス／イタリア

❼ラヴォーのブドウの段々畑（Lavaux, Vineyard Terraces）
文化遺産（登録基準(iii)(iv)(v)）　2007年
ヴォー州ラヴォー地域

❽レーティッシュ鉄道アルブラ線とベルニナ線の景観群
（Rhaetian Railway in the Albula / Bernina Landscapes）
文化遺産（登録基準(ii)(iv)）　2008年
グラウビュンデン州　スイス／イタリア

⑨スイスの地質構造線サルドーナ（Swiss Tectonic Arena Sardona）
自然遺産（登録基準(viii)）　2008年
ザンクト・ガレン州、グラールス州、グラウビュンデン州

❿ラ・ショー・ド・フォン／ル・ロックル、時計製造の計画都市
（La Chaux-de-Fonds／Le Locle, Watchmaking Town Planning）
文化遺産（登録基準(iv)）　2009年
ヌーシャテル州

⓫アルプス山脈周辺の先史時代の杭上住居群
（Prehistoric Pile dwellings around the Alps）
文化遺産（登録基準(iii)(v)）　2011年
アールガウ州、ベルン州、フリブール州、ジュネーヴ州、ルツェルン州、ヌーテンシャル州、ニトヴァルデン州、シャフハウゼン州、シュヴィーツ州、ソロトゥルン州、ザンクト・ガレン州、トゥールガウ州、ヴォー州、ツーク州、チューリッヒ州
スイス／オーストリア／フランス／ドイツ／イタリア／スロヴェニア

⓬ル・コルビュジエの建築作品－近代化運動への顕著な貢献
（The Architectural Work of Le Corbusier, an Outstanding Contribution to the Modern Movement）
文化遺産（登録基準(i)(ii)(vi)）　2016年
ヴォー州コルソーヴェヴィ、ジュネーヴ州ジュネーヴ
フランス／スイス／ドイツ／ベルギー／日本／インド／アルゼンチン

⓭カルパチア山脈とヨーロッパの他の地域の原生ブナ林群
（Primeval Beech Forests of the Carpathians and Other Regions of Europe）
自然遺産（登録基準(ix)）　2007年／2011年／2017年／2021年
アルバニア／オーストリア／ベルギー／ボスニアヘルツェゴビナ／ブルガリア／クロアチア／チェコ／フランス／ドイツ／イタリア／北マケドニア／ポーランド／ルーマニア／スロヴェニア／スロヴァキア／スペイン／スイス／ウクライナ

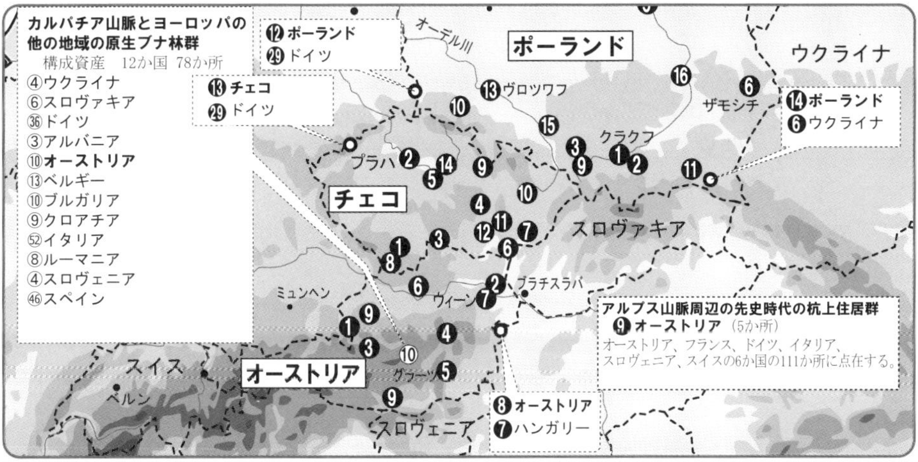
カルパチア山脈とヨーロッパの他の地域の原生ブナ林群
構成資産　12か国 78か所
④ウクライナ
⑥スロヴァキア
㊱ドイツ
③アルバニア
⑩オーストリア
⑬ベルギー
⑩ブルガリア
⑨クロアチア
52イタリア
⑧ルーマニア
④スロヴェニア
46スペイン
⓬ポーランド
㉙ドイツ
⓭チェコ
㉙ドイツ
ポーランド
ウクライナ
⓮ポーランド
❻ウクライナ
オーデル川
ヴロツワフ
ザモシチ
クラクフ
プラハ
チェコ
スロヴァキア
ブラチスラバ
ミュンヘン
ウィーン
スイス
ベルン
オーストリア
グラーツ
スロヴェニア
アルプス山脈周辺の先史時代の杭上住居群
❾オーストリア（5か所）
オーストリア、フランス、ドイツ、イタリア、スロヴェニア、スイスの6か国の111か所に点在する。
❽オーストリア
❼ハンガリー

オーストリア共和国　Republic of Austria

地方行政管理区分　9州（states）
面積　8.4万km²　人口　871万人　首都　ウィーン（182万人）　日本との時差-8時間
主要言語　ドイツ語　宗教　キリスト教など　通貨　ユーロ
世界遺産の数　12（自然遺産　1　文化遺産　11　複合遺産　0）　世界遺産条約締約年　1992

❶ザルツブルク市街の歴史地区（Historic Centre of the City of Salzburg）
文化遺産(登録基準(ii)(iv)(vi))　1996年　ザルツブルグ州

❷シェーンブルン宮殿と庭園群（Palace and Gardens of Schonbrunn）
文化遺産(登録基準(i)(iv))　1996年　ウィーン都市州

❸ザルツカンマーグート地方のハルシュタットとダッハシュタインの文化的景観
(Hallstatt-Dachstein Salzkammergut Cultural Landscape)　文化遺産(登録基準(iii)(iv))　1997年
シュタイアーマルク州、オーバーエスターライヒ州、ザルツブルグ州

❹センメリング鉄道（Semmering Railway）
文化遺産(登録基準(ii)(iv))　1998年　ニーダーエスターライヒ州、シュタイアーマルク州

❺グラーツの市街-歴史地区とエッゲンベルク城
(City of Graz - Historic Centre and Schloss Eggenberg)
文化遺産(登録基準(ii)(iv))　1999年／2010年　シュタイヤマルク州

❻ワッハウの文化的景観（Wachau Cultural Landscape）
文化遺産(登録基準(ii)(iv))　2000年　ニーダー・エステライヒ州

❼ウィーンの歴史地区（Historic Centre of Vienna）
文化遺産(登録基準(ii)(iv)(vi))　2001年　ウィーン都市州

❽フェルトゥー・ノイジィードラーゼーの文化的景観　(Ferto/Neusiedlersee Cultural Landscape)
文化遺産(登録基準(v))　2001年　ブルゲンラント州　ハンガリー／オーストリア

❾アルプス山脈周辺の先史時代の杭上住居群（Prehistoric Pile dwellings around the Alps）
文化遺産(登録基準(iii)(v))　2011年　ケルンテン州、オーバーエスターライヒ州
スイス／オーストリア／フランス／ドイツ／イタリア／スロヴェニア

⑩カルパチア山脈とヨーロッパの他の地域の原生ブナ林群
(Primeval Beech Forests of the Carpathians and Other Regions of Europe)
自然遺産(登録基準(ix))　2007年／2011年／2017年／2021年
アルバニア／オーストリア／ベルギー／ボスニアヘルツェゴビナ／ブルガリア／クロアチア／チェコ／フランス／ドイツ／イタリア／北マケドニア／ポーランド／ルーマニア／スロヴェニア／スロヴァキア／スペイン／スイス／ウクライナ

⓫ヨーロッパの大温泉群（The Great Spas of Europe）
文化遺産(登録基準(ii)(iii))　2021年
オーストリア／ベルギー／チェコ／フランス／ドイツ／イタリア／英国

⓬ローマ帝国の国境線-ドナウのリーメス（西部分）
(Frontiers of the Roman Empire – The Danube Limes (Western Segment))
文化遺産(登録基準(ii)(iii)(iv))　2021年 オーストリア / ドイツ /ハンガリー / スロヴァキア

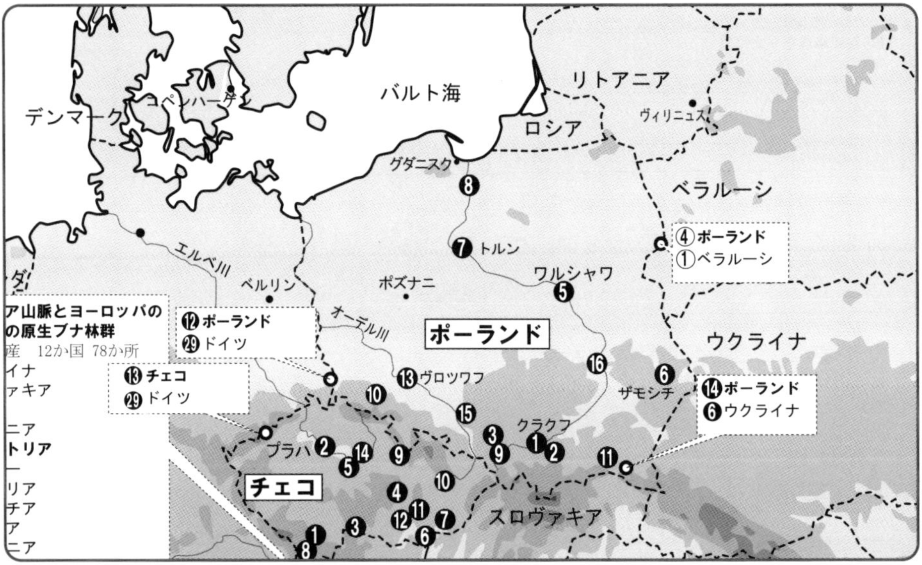

バルト海
リトアニア
ヴィリニュス
デンマーク
コペンハーゲン
ロシア
グダニスク
ベラルーシ
トルン
④ポーランド
①ベラルーシ
エルベ川
ベルリン
ポズナニ
ワルシャワ
ポーランド
ウクライナ
オーデル川
⑫ポーランド
㉙ドイツ
⑬チェコ
㉙ドイツ
⑬ヴロツワフ
ザモシチ
⑭ポーランド
⑥ウクライナ
クラクフ
プラハ
チェコ
スロヴァキア

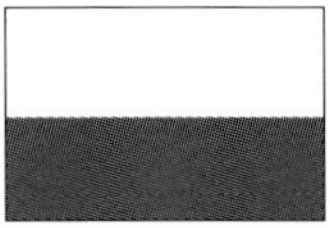

ポーランド共和国 Republic of Poland

地方行政管理区分　16県（provinces）

面積　31.3万km²　人口　3,852万人　首都　ワルシャワ（173万人）　日本との時差−8時間

主要言語　ポーランド語　宗教　カトリックなど　通貨　ズロチ

世界遺産の数　17（自然遺産　2　文化遺産　15　複合遺産　0）　世界遺産条約締約年　1976年

❶**クラクフの歴史地区**（Historic Centre of Krakow）
文化遺産(登録基準(iv))　1978年／2010年　マウォポルスキエ県

❷**ヴィエリチカとボフニャの王立塩坑群**（Wieliczka and Bochnia Royal Salt Mine）
文化遺産(登録基準(iv))　1978年／2008年／2013年　マウォポルスキエ県

❸**アウシュヴィッツ・ビルケナウのナチス・ドイツ強制・絶滅収容所（1940−1945）**
(Auschwitz Birkenau German Nazi Concentration and Extermination Camp(1940-1945))
文化遺産(登録基準(vi))　1979年　マウォポルスキエ県

④**ビャウォヴィエジャ森林**（Bialowieza Forest）
自然遺産(登録基準(ix)(x))　1979年／1992年／2014年
ポドゥラスキエ県　ベラルーシ／ポーランド

❺**ワルシャワの歴史地区**（Historic Centre of Warsaw）
文化遺産(登録基準(ii)(vi))　1980年　マゾヴィエツキエ県

❻**ザモシチの旧市街**（Old City of Zamosc）
文化遺産(登録基準(iv))　1992年　ルベンスキエ県

❼**トルンの中世都市**（Medieval Town of Torun）
文化遺産(登録基準(ii)(iv))　1997年　クヤフスコ・ポモルスキエ県

❽**マルボルクのチュートン騎士団の城**（Castle of the Teutonic Order in Malbork）
文化遺産(登録基準(ii)(iii)(iv))　1997年　ポモルスキエ県

❾**カルヴァリア ゼブジドフスカ:マニエリズム建築と公園景観それに巡礼公園**
(Kalwaria Zebrzydowska:theManneristArchitectural and Park Landscape Complex and Pilgrimage Park)
文化遺産(登録基準(ii)(iv))　1999年　マウォポルスキエ県

❿**ヤヴォルとシフィドニツァの平和教会**（Churches of Peace in Jawor and Swidnica）
文化遺産(登録基準(iii)(iv)(vi))　2001年　ドルノシノンスキエ県

⓫**マウォポルスカ南部の木造教会群**（Wooden Churches of Southern Maloposka）
文化遺産(登録基準(iii)(iv))　2003年　マウオポルスカ県、ポトカルパチェ県

⓬**ムスカウ公園／ムザコフスキー公園**（Muskauer Park/Park Muzakowski）
文化遺産(登録基準(i)(iv))　2004年　ルブスキエ県　ドイツ／ポーランド

⓭**ヴロツワフの百年祭記念館**（Centennial Hall in Wroclaw）
文化遺産(登録基準(i)(ii)(iv))　2006年　ドルヌィ・シロンスク県

⓮**ポーランドとウクライナのカルパチア地方の木造教会群**
(Wooden Tserkvas of the Carpathian Region in Poland and Ukraine)
文化遺産(登録基準(iii)(iv))　2013年
マウォポルスカ県、ポトカルパツキ県　ウクライナ／ポーランド

⓯**タルノフスキェ・グルィの鉛・銀・亜鉛鉱山とその地下水管理システム**

ヨーロッパ

○自然遺産　●文化遺産　□複合遺産　★危機遺産

(Tarnowskie Góry Lead-Silver-Zinc Mine and its Underground Water Management System)
文化遺産(登録基準(i)(ii)(iv)) 2017年 シロンスク県タルノフスキェ・グルィ郡

⑯クシェミオンキの先史時代の状燧石採掘地域
(Krzemionki Prehistoric Striped Flint Mining Region) 文化遺産(登録基準(i)(ii)(iv)) 2019年
シフェントクシスキェ県

⑰カルパチア山脈とヨーロッパの他の地域の原生ブナ林群
(Primeval Beech Forests of the Carpathians and Other Regions of Europe)
自然遺産(登録基準(ix)) 2007年／2011年／2017年／2021年
アルバニア／オーストリア／ベルギー／ボスニアヘルツェゴビナ／ブルガリア／クロアチア／チェコ／フランス／ドイツ／イタリア／北マケドニア／ポーランド／ルーマニア／スロヴェニア／スロヴァキア／スペイン／スイス／ウクライナ

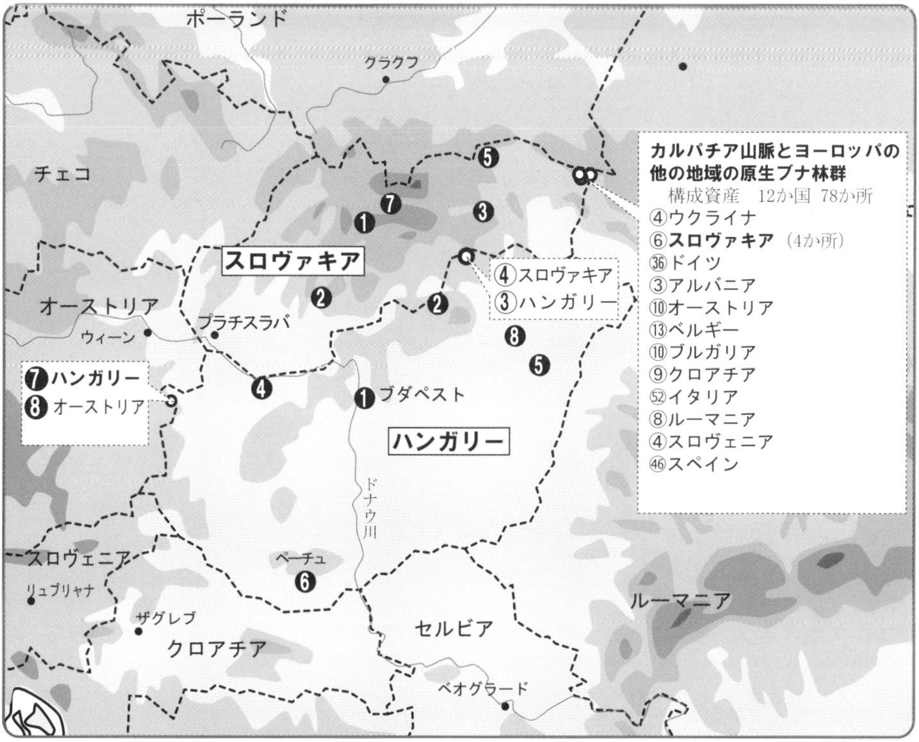
ポーランド
クラクフ
チェコ
スロヴァキア
オーストリア
ウィーン
ブラチスラバ
❼ハンガリー
❽オーストリア
❶ブダペスト
ハンガリー
ドナウ川
ペーチュ
スロヴェニア
リュブリャナ
ザグレブ
クロアチア
セルビア
ベオグラード
ルーマニア
④スロヴァキア
③ハンガリー
カルパチア山脈とヨーロッパの他の地域の原生ブナ林群
構成資産 12か国 78か所
④ウクライナ
⑥スロヴァキア (4か所)
㊱ドイツ
③アルバニア
⑩オーストリア
⑬ベルギー
⑩ブルガリア
⑨クロアチア
52イタリア
⑧ルーマニア
④スロヴェニア
㊻スペイン

チェコ共和国 Czech Republic
地方行政管理区分 13州 (regions) 1首都 (capital city)
面積 7.9万km² 人口 1,055万人 首都 プラハ (127万人) 日本との時差-8時間
主要言語 チェコ語 宗教 カトリックなど 通貨 チェコ・コルナ
世界遺産の数 16 (自然遺産 1 文化遺産 15 複合遺産 0) 世界遺産条約締約年 1993年

❶チェルキー・クルムロフの歴史地区 (Historic Centre of Cesky Krumlov)
文化遺産(登録基準(iv)) 1992年 ボヘミア地方南ボヘミア州

❷プラハの歴史地区 (Historic Centre of Prague)
文化遺産(登録基準(ii)(iv)(vi)) 1992年 ボヘミア地方プラハ

❸テルチの歴史地区 (Historic Centre of Telc)
文化遺産(登録基準(i)(iv)) 1992年 モラヴィア地方南モラヴィア州

❹ゼレナホラ地方のネポムクの巡礼教会 (Pilgrimage Church of St John of Nepomuk at Zelena Hora)
文化遺産(登録基準(iv)) 1994年 南モラヴィア州

ヨーロッパ

❺クトナ・ホラ　聖バーバラ教会とセドリックの聖母マリア聖堂を含む歴史地区
（Kutna Hora:Historical Town Centre with the Church of St. Barbara and the Cathedral of Our Lady at Sedlec）
文化遺産（登録基準(ii)(iv)）　1995年　ボヘミア地方中央ボヘミア州
❻レドニツェとヴァルティツェの文化的景観（Lednice-Valtice Cultural Landscape）
文化遺産（登録基準(i)(ii)(iv)）　1996年　モラヴィア地方南モラヴィア州
❼クロメルジーシュの庭園と城（Gardens and Castle at Kromeriz）
文化遺産（登録基準(ii)(iv)）　1998年　モラヴィア地方南モラヴィア州
❽ホラソヴィツェの歴史的集落（Holasovice Historic Village）
文化遺産（登録基準(ii)(iv)）　1998年　ボヘミア地方南ボヘミア州
❾リトミシュル城　（Litomysl Castle）
文化遺産（登録基準(ii)(iv)）　1999年　ボヘミア地方パルドゥビツェ州
❿オロモウツの聖三位一体の塔（Holy Trinity Column in Olomouc）
文化遺産（登録基準(i)(iv)）　2000年　モラヴィア地方オロモウツ州
⓫ブルノのトューゲントハット邸（Tugendhat Villa in Brno）
文化遺産（登録基準(ii)(iv)）　2001年　モラヴィア地方南モラヴィア州ブルノ
⓬トルシェビチのユダヤ人街と聖プロコピウス大聖堂
（Jewish Quarter and St Procopius' Basilica in Trebic）
文化遺産（登録基準(ii)(iii)）　2003年　高原地方ヴィソチナ州
⓭エルツ山地の鉱山地域（Erzgebirge/Krušnohoří Mining Region）
文化遺産（登録基準((ii)(iii)(iv))）2019年　**チェコ／ドイツ**
⓮クラドルビ・ナト・ラベムの儀礼用馬車馬の繁殖・訓練の景観
（Landscape for Breeding and Training of Ceremonial Carriage Horses at Kladruby nad Labem）
文化遺産（登録基準((iv)(v))　2019年　プルゼニ州タホフ郡
⓯ヨーロッパの大温泉群（The Great Spas of Europe）　文化遺産（登録基準(ii)(iii)）　2021年
チェコ／オーストリア／ベルギー／フランス／ドイツ／イタリア／英国
⑯カルパチア山脈とヨーロッパの他の地域の原生ブナ林群
（Primeval Beech Forests of the Carpathians and Other Regions of Europe）
自然遺産（登録基準(ix)）　2007年／2011年／2017年／2021年
アルバニア／オーストリア／ベルギー／ボスニアヘルツェゴビナ／ブルガリア／クロアチア／チェコ／フランス／ドイツ／イタリア／北マケドニア／ポーランド／ルーマニア／スロヴェニア／スロヴァキア／スペイン／スイス／ウクライナ

スロヴァキア共和国　The Slovak Republic

地方行政管理区分　8州（regions）
面積　4.9万km²　**人口**　545万人　**首都**　ブラチスラヴァ（42万人）　**日本との時差**　-8時間
主要言語　スロヴァキア語　**宗教**　キリスト教など　**通貨**　ユーロ
世界遺産の数　7（自然遺産　2　文化遺産　5　複合遺産　0）　世界遺産条約締約年　1993年

❶ヴルコリニェツ（Vlkolinec）文化遺産（登録基準(iv)(v)）　1993年　中部ジリナ州
❷バンスカー・シュティアヴニッツアの町の歴史地区と周辺の技術的な遺跡
（Historic Town of Banska Stiavnica and he Technical Monuments in its Vicinity）
文化遺産（登録基準(iv)(v)）　1993年　中部バンスカー・ビストリツァ州
❸レヴォチャ、スピシュスキー・ヒラットと周辺の文化財
（Levoca, Spissky Hrad and the Associated Cultural Monuments）
文化遺産（登録基準(iv)）　1993年／2009年　東部プレショフ州
④アグテレック・カルストとスロヴァキア・カルストの鍾乳洞群
（Caves of Aggtelek Karst and Slovak Karst）
自然遺産（登録基準(viii)）1995年／2000年／2008年 東部コシツェ州　ハンガリー／スロヴァキア
❺バルデヨフ市街保全地区（Bardejov Town Conservation Reserve）
文化遺産（登録基準(iii)(iv)）　2000年　東部プレショフ州
⑥カルパチア山脈の原生ブナ林群とドイツの古代ブナ林群
（Primeval Beech Forests of the Carpathians and the Ancient Beech Forests of Germany）
自然遺産（登録基準(ix)）　2007年／2011年　東部プレショフ州　スロヴァキア／ウクライナ／ドイツ
❼カルパチア山脈地域のスロヴァキア側の木造教会群
（Wooden Churches of the Slovak part of Carpathian Mountain Area）
文化遺産（登録基準(iii)(iv)）　2008年
東部プレショフ州、東部コシツェ州、中部ジリナ州、中部バンスカー・ビストリツァ州

ヨーロッパ

○自然遺産　●文化遺産　□複合遺産　★危機遺産

ハンガリー共和国 Republic of Hungary

地方行政管理区分 19県（counties） 23市（cities with county right） 1首都（capital city）
面積 9.3万km² **人口** 990万人 **首都** ブダペスト（174万人） **日本との時差**-8時間
主要言語 ハンガリー語 **宗教** キリスト教 **通貨** フォリント
世界遺産の数 8（自然遺産 1 文化遺産 7 複合遺産 0） 世界遺産条約締約年 1985年

❶ドナウ川の河岸、ブダ王宮の丘とアンドラーシ通りを含むブダペスト
（Budapest, including the Banks of the Danube, the Buda Castle Quarter and Andrassy Avenue）
文化遺産（登録基準（ii）（iv）） 1987年／2002年 中部ブダペスト（首都）

❷ホッローケーの古村と周辺環境（Old Village of Holloko and its Surroundings）
文化遺産（登録基準（v）） 1987年 中部ノーグラード県

③アグテレック・カルストとスロヴァキア・カルストの鍾乳洞群
（Caves of Aggtelek Karst and Slovak Karst）
自然遺産（登録基準（viii）） 1995年／2000年／2008年
東部ボルショド・アバウィ・ゼンプレン県 ハンガリー／スロヴァキア

❹パンノンハルマの至福千年修道院とその自然環境
（Millenary Benedictine Abbey of Pannonhalma and its Natural Environment）
文化遺産（登録基準（iv）（vi）） 1996年 西部ジョール・モション・ショプロン県

❺ホルトバージ国立公園 -プスタ（Hortobagy National Park - the *Puszta*）
文化遺産（登録基準（iv）（v）） 1999年
東部ボルショド・アバウィ・ゼンプレン県、東部ヘヴェシュ県、東部ハイドゥー・ビハル県、
東部ヤース・ナチクン・ソルノク県

❻ペーチュ（ソピアナエ）の初期キリスト教徒の墓地（Early Christian Necropolis of Pecs（Sopianae））
文化遺産（登録基準（iii）（iv）） 2000年 南部バラニャ県

❼フェルトゥー・ノイジィードラーゼーの文化的景観
（Ferto/Neusiedlersee Cultural Landscape）
文化遺産（登録基準（v）） 2001年 西部ジョール・モション・ショプロン県
ハンガリー／オーストリア

❽トカイ・ワイン地方の歴史的・文化的景観（Tokaj Wine Region Historic Cultural Landscape）
文化遺産（登録基準（iii）（v）） 2002年 東部ボルショド・アバウィ・ゼンプレン県

スロヴェニア共和国 Republic of Slovenia

地方行政管理区分 206市（municipalities） 11都市群（urban municipalities）
面積 2万km² **人口** 201万人 **首都** リュブリャナ（26.5万人） **日本との時差**-8時間
主要言語 スロヴェニア語 **宗教** キリスト教、イスラム教、ギリシャ正教など **通貨** ユーロ
世界遺産の数 5（自然遺産 2 文化遺産 3 複合遺産 0） 世界遺産条約締約年 1992年

①シュコチアン洞窟（Skocjan Caves）
自然遺産（登録基準（vii）（viii）） 1986年 ディヴァカ市、セジャーナ市

❷アルプス山脈周辺の先史時代の杭上住居群（Prehistoric Pile dwellings around the Alps）
文化遺産（登録基準（iii）（v）） 2011年 イグ市
スイス／オーストリア／フランス／ドイツ／イタリア／スロヴェニア

❸水銀の遺産、アルマデン鉱山とイドリャ鉱山（Heritage of Mercury. Almaden and Idrija）
文化遺産（登録基準（ii）（iv）） 2012年 プリモルスカ地方イドリャ水銀鉱山
スロヴェニア／スペイン

④カルパチア山脈とヨーロッパの他の地域の原生ブナ林群
（Primeval Beech Forests of the Carpathians and Other Regions of Europe）
自然遺産（登録基準（ix）） 2007年／2011年／2017年
ウクライナ／スロヴァキア／ドイツ／スペイン／イタリア／ベルギー／オーストリア／ルーマニア／
ブルガリア／スロヴェニア／クロアチア／アルバニア

❺リュブリャナのヨジェ・プレチニックの作品群 ― 人を中心とした都市計画
（The works of Jože Plečnik in Ljubljana – Human Centred Urban Design）
文化遺産（登録基準（ii）（iv）） 2021年 リュブリャナ

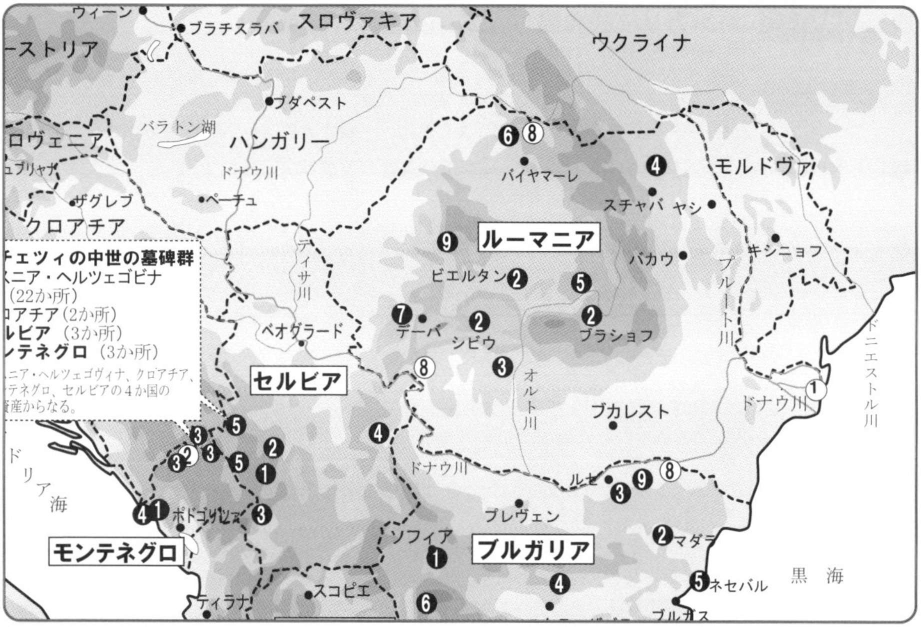

ウィーン
ブラチスラバ
スロヴァキア
ウクライナ
ーストリア
ブダペスト
バラトン湖
ロヴェニア
ハンガリー
ドナウ川
ュブリャナ
ザグレブ
ペーチュ
クロアチア
ルーマニア
バイヤマーレ
モルドヴァ
スチャバ
ヤシ
キシニョフ
バカウ
ティサ川
プルート川
ビエルタン
デーバ
シビウ
ブラショフ
ベオグラード
セルビア
オルト川
ブカレスト
ドナウ川
ドニエストル川
チェツィの中世の墓碑群
スニア・ヘルツェゴビナ
(22か所)
ロアチア(2か所)
ルビア (3か所)
ンテネグロ (3か所)
ニア・ヘルツェゴヴィナ、クロアチア、
テネグロ、セルビアの4か国の
遺産からなる。
ドリア海
ルセ
プレヴェン
ポドゴリツァ
モンテネグロ
ソフィア
ブルガリア
マダラ
ネセバル
黒海
ティラナ
スコピエ
ブルガス

ルーマニア Romania

地方行政管理区分 41県(counties) 1首都(municipality)
面積 23.8万km² **人口** 2,160万人 **首都** ブカレスト(188万人) **日本との時差**－7時間
主要言語 ルーマニア語、ハンガリー語 **宗教** ルーマニア正教、カトリック **通貨** レイ
世界遺産の数 9(自然遺産 2 文化遺産 7 複合遺産 0) **世界遺産条約締約年** 1990年

①ドナウ河三角州(Danube Delta)
自然遺産(登録基準(vii)(x)) 1991年 ドブロジャ地方トゥルチャ県

❷トランシルヴァニア地方にある要塞教会のある村
(Villages with Fortified Churches in Transylvania)
文化遺産(登録基準(iv)) 1993年/1999年 トランシルヴァニア地方ムレッシュ県

❸ホレズ修道院(Monastery of Horezu) 文化遺産(登録基準(ii)) 1993年 ワラキア地方ヴルチャ県

❹モルダヴィアの教会群(Churches of Moldavia)
文化遺産(登録基準(i)(iv)) 1993年/2010年 モルダヴィア地方スチャバ県

❺シギショアラの歴史地区(Historic Centre of Sighisoara)
文化遺産(登録基準(iii)(v)) 1999年 トランシルヴァニア地方ムレシュ県

❻マラムレシュの木造教会(Wooden Churches of Maramures)
文化遺産(登録基準(iv)) 1999年 トランシルヴァニア地方マラムレシュ県

❼オラシュティエ山脈のダキア人の要塞 (Dacien Fortresses of the Orastie Mountains)
文化遺産(登録基準(ii)(iii)(iv)) 1999年 トランシルヴァニア地方フーネドワラ県、アルバ県

⑧カルパチア山脈とヨーロッパの他の地域の原生ブナ林群
(Primeval Beech Forests of the Carpathians and Other Regions of Europe)
自然遺産(登録基準(ix)) 2007年/2011年/2017年
バナト地方カラシュ・セヴェリン県など。
スロヴェニア/ウクライナ/ドイツ/スペイン/イタリア/ベルギー/オーストリア/ルーマニア/
ブルガリア/スロヴァキア/クロアチア/アルバニア

❾ロシア・モンタナの鉱山景観(Roșia Montană Mining Landscape)
文化遺産(登録基準(ii)(iii)(iv)) 2021年 ★【危機遺産】2021年
トランシルヴァニア地方

ヨーロッパ

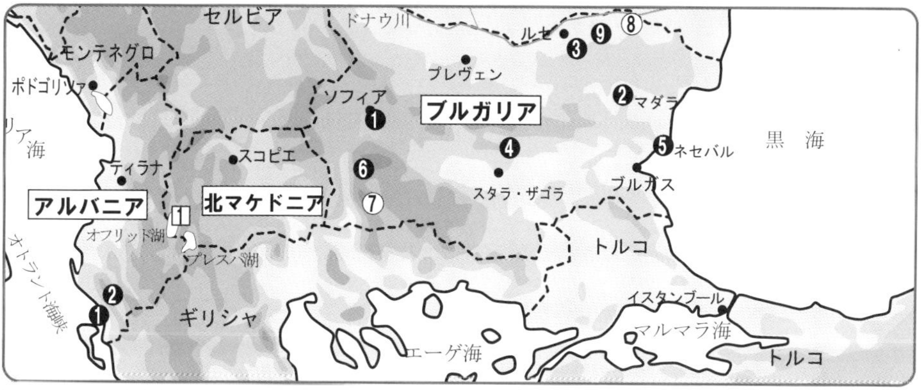

セルビア
ドナウ川
ルセ
モンテネグロ
ポドゴリツァ
プレヴェン
ソフィア
ブルガリア
マダラ
リア海
黒 海
ネセバル
スコピエ
ティラナ
スタラ・ザゴラ
ブルガス
アルバニア
北マケドニア
1
オフリッド湖
プレスパ湖
トルコ
オトラント海峡
イスタンブール
ギリシャ
マルマラ海
エーゲ海
トルコ

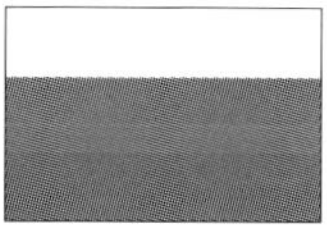

ブルガリア共和国 **Republic of Bulgaria**

地方行政管理区分 28州 (provinces)
面積 11.1万km² **人口** 718万人 **首都** ソフィア（129万人） **日本との時差**-7時間
主要言語 ブルガリア語 **宗教** ブルガリア正教、イスラム教など **通貨** レフ
世界遺産の数 10（自然遺産 3 文化遺産 7 複合遺産 0） 世界遺産条約締約年 1974年

❶ボヤナ教会（Boyana Church） 文化遺産（登録基準(ii)(iii)） 1979年 ソフィア州ボヤナ
❷マダラの騎士像（Madara Rider） 文化遺産（登録基準(i)(iii)） 1979年 シュメン州マダラ
❸イワノヴォ岩壁修道院（Rock-Hewn Churches of Ivanovo）
文化遺産（登録基準(ii)(iii)） 1979年 ラズグラード州イワノヴォ村
❹カザンラクのトラキア人墓地（Thracian Tomb of Kazanlak）
文化遺産（登録基準(i)(iii)(iv)） 1979年 スタラ・ザゴラ州カザンラク
❺古代都市ネセバル（Ancient City of Nessebar） 文化遺産（登録基準(iii)(iv)） 1983年 ブルガス州ネセバル
❻リラ修道院（Rila Monastery） 文化遺産（登録基準(vi)） 1983年 ブラゴエフグラード州リラ
⑦ピリン国立公園（Pirin National Park）
自然遺産（登録基準(vii)(viii)(ix)） 1983年／2010年 ブラゴエヴグラド州ピリン山
⑧スレバルナ自然保護区（Srebarna Nature Reserve）
自然遺産（登録基準(x)） 1983年／2008年 シリストラ州スレバルナ村
❾スベシュタリのトラキア人墓地（Thracian Tomb of Sveshtari）
文化遺産（登録基準(i)(iii)） 1985年 ラズグラード州スベシュタリ
⑩カルパチア山脈とヨーロッパの他の地域の原生ブナ林群
(Primeval Beech Forests of the Carpathians and Other Regions of Europe)
自然遺産（登録基準(ix)） 2007年／2011年／2017年
ウクライナ／スロヴァキア／ドイツ／スペイン／イタリア／ベルギー／オーストリア／ルーマニア／ブルガリア／スロヴェニア／クロアチア／アルバニア

北マケドニア共和国 ※2019年2月にマケドニア・旧ユーゴスラビア共和国から国名変更

The Former Yugoslav Republic of Macedonia
地方行政管理区分 70基礎自治体 (municipalities) 1市 (city)
面積 2.5万km² **人口** 211万人 **首都** スコピエ（50万人） **日本との時差**-8時間
主要言語 マケドニア語、アルバニア語 **宗教** キリスト教、マケドニア正教、イスラム教
通貨 マケドニア・デナル
世界遺産の数 2（自然遺産 1 文化遺産 0 複合遺産 1） 世界遺産条約締約年 1997年

1 オフリッド地域の自然・文化遺産（Natural and Cultural Heritage of the Ohrid region）
複合遺産（登録基準(i)(iii)(iv)(vii)） 1979年／1980年／2009年／2019年
北マケドニア共和国／アルバニア オフリッド市
②カルパチア山脈とヨーロッパの他の地域の原生ブナ林群
(Primeval Beech Forests of the Carpathians and Other Regions of Europe)
自然遺産（登録基準(ix)） 2007年／2011年／2017年／2021年
アルバニア／オーストリア／ベルギー／ボスニアヘルツェゴビナ／ブルガリア／クロアチア／チェコ／フランス／ドイツ／イタリア／北マケドニア／ポーランド／ルーマニア／スロヴェニア／スロヴァキア／スペイン／スイス／ウクライナ

アルバニア共和国 Republic of Albania

地方行政管理区分　12州（counties）
面積　2.9万km²　**人口**　304万人　**首都**　ティラナ（42万人）　**日本との時差**　-8時間
主要言語　アルバニア語　**宗教**　イスラム教、アルバニア正教、カソリック　**通貨**　レク
世界遺産の数　4（自然遺産　1　文化遺産　2　複合遺産　1）　**世界遺産条約締約年**　1989年

❶ブトリント（Butrint）文化遺産（登録基準(iii)）　1992年／1999年／2007年　ヴロラ州
❷ベラトとギロカストラの歴史地区群（Historic Centres of Berat and Gjirokastra）
文化遺産（登録基準(iii)(iv)）　2005年／2008年　ギロカスタル州
③カルパチア山脈とヨーロッパの他の地域の原生ブナ林群
（Primeval Beech Forests of the Carpathians and Other Regions of Europe）
自然遺産（登録基準(ix)）　2007年／2011年／2017年
ウクライナ／スロヴァキア／ドイツ／スペイン／イタリア／ベルギー／オーストリア／ルーマニア／ブルガリア／スロヴェニア／クロアチア／アルバニア
④オフリッド地域の自然・文化遺産　（Natural and Cultural Heritage of the Ohrid region）
複合遺産（登録基準(i)(iii)(iv)(vii)）　1979年／1980年／2009年／2019年
アルバニア／北マケドニア共和国

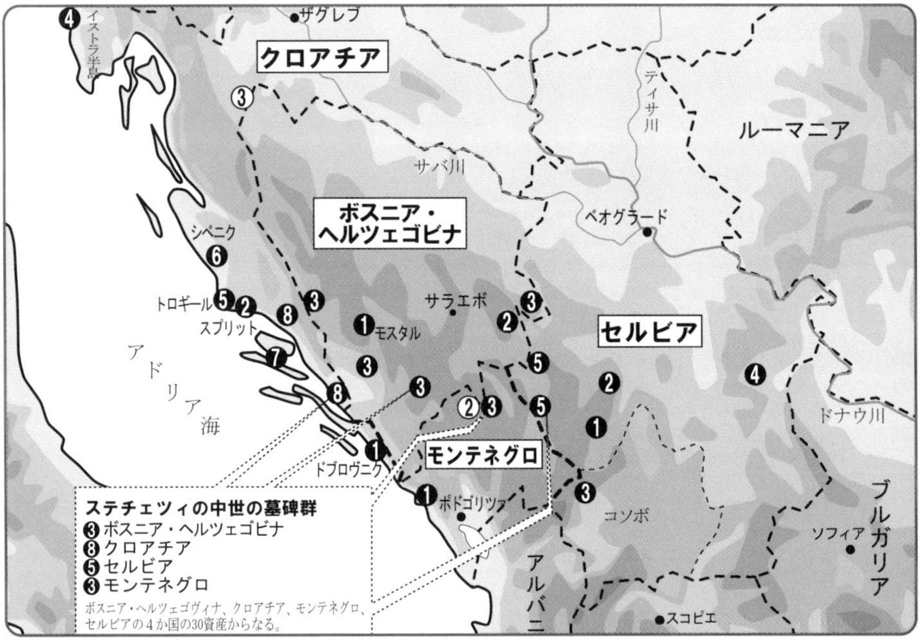

イストラ半島
ザグレブ
クロアチア
ティサ川
ルーマニア
サバ川
ボスニア・ヘルツェゴビナ
ベオグラード
シベニク
トロギール
スプリット
サラエボ
モスタル
セルビア
アドリア海
ドナウ川
モンテネグロ
ドブロヴニク
ポドゴリツァ
コソボ
ブルガリア
ソフィア
アルバニア
スコピエ
ステチェツィの中世の墓碑群
❸ボスニア・ヘルツェゴビナ
❽クロアチア
❺セルビア
❸モンテネグロ
ボスニア・ヘルツェゴヴィナ、クロアチア、モンテネグロ、セルビアの4か国の30資産からなる。

クロアチア共和国 Republic of Croatia

地方行政管理区分　20郡（counties）　1首都（capital city）
面積　5.7万km²　**人口**　431万人　**首都**　サグレブ（79万人）　**日本との時差**-8時間
主要言語　クロアチア語　**宗教**　カトリック、セルビア正教など　**通貨**　クーナ
世界遺産の数　10（自然遺産　2　文化遺産　8　複合遺産　0）　**世界遺産条約締約年**　1992年

❶ドブロヴニクの旧市街（Old City of Dubrovnik）
文化遺産（登録基準(i)(iii)(iv)）　1979年／1994年
ダルマチア地方ドゥブロヴニク・ネレトヴァ郡
❷ディオクレティアヌス宮殿などのスプリット史跡群
（Historical Complex of Split with the Palace of Diocletian）
文化遺産（登録基準(ii)(iii)(iv)）　1979年　ダルマチア地方スプリット・ダルマチア郡

③プリトヴィチェ湖群国立公園（Plitvice Lakes National Park）
自然遺産（登録基準（vii）（viii）（ix）　1979年／2000年　イストリア地方リチェコ・セニスカ郡
❹ポレッチの歴史地区のエウフラシウス聖堂建築物
（Episcopal Complex of the Euphrasian Basilica in the Historic Centre of Porec）
文化遺産（登録基準（ii）（iii）（iv））　1997年　イストリア地方イストラ郡
❺トロギールの歴史都市（Historic City of Trogir）
文化遺産（登録基準（ii）（iv））　1997年　ダルマチア地方スプリット・ダルマチア郡
❻シベニクの聖ヤコブ大聖堂（The Cathedral of St.James in Sibenik）
文化遺産（登録基準（i）（ii）（iv））　2000年　ダルマチア地方シベニク・クニン郡
❼スタリ・グラド平原（Stari Grad Plain）
文化遺産（登録基準（ii）（iii）（v））　2008年　ダルマチア地方スプリット・ダルマチア郡
❽ステチェツィの中世の墓碑群（Stećci Medieval Tombstones Graveyards）
文化遺産（登録基準（iii）（vi））　2016年
ダルマチア地方スプリット・ダルマチア郡、ドゥブロヴニク・ネレトヴァ郡
ボスニア・ヘルツェゴヴィナ／クロアチア／モンテネグロ／セルビア
⑨カルパチア山脈とヨーロッパの他の地域の原生ブナ林群
（Primeval Beech Forests of the Carpathians and Other Regions of Europe）
自然遺産（登録基準（ix））　2007年／2011年／2017年
ウクライナ／スロヴァキア／ドイツ／スペイン／イタリア／ベルギー／オーストリア／ルーマニア／ブルガリア／スロヴェニア／クロアチア／アルバニア
❿16～17世紀のヴェネツィアの防衛施設群：スタート・ダ・テーラ-西スタート・ダ・マール
（Venetian Works of Defence between the 16th and 17th Centuries: *Stato da Terra* – Western *Stato da Mar*）文化遺産（登録基準（iii）（vi））　2017年　イタリア／クロアチア／モンテネグロ

ボスニア・ヘルツェゴヴィナ　Bosnia and Herzegovina

地方行政管理区分　2first-order administrative devisions　1internationarlly supervised district
10県（kanton）　**面積**　5.1万km²　**人口**　388万人　**首都**　サラエヴォ（31万人）
日本との時差-8時間　**主要言語**　ボスニア語、セルビア語、クロアチア語
宗教　イスラム教、セルビア正教、カトリック　**通貨**　兌換マルク
世界遺産の数　3（自然遺産　0　文化遺産　3　複合遺産　0）　**世界遺産条約締約年**　1993年

❶モスタル旧市街の古橋地域（Old Bridge Area of the Old City of Mostar）
文化遺産（登録基準（vi））　2005年　ヘルツェゴヴィナ・ネレトヴァ県
❷ヴィシェグラードのメフメット・パシャ・ソコロヴィッチ橋
（Mehmed Pasa Sokolovic Bridge in Visegrad）
文化遺産（登録基準（ii）（iv））　2007年　サラエヴォ県
❸ステチェツィの中世の墓碑群（Stećci Medieval Tombstones Graveyards）
文化遺産（登録基準（iii）（vi））　2016年
ヘルツェゴビナ・ネレトヴァ県、中央ボスニア県、西ヘルツェゴビナ県、トゥズラ県、サラエヴォ県、ボスニア・ポドリニェ県、第十県、スルプスカ共和国
ボスニア・ヘルツェゴヴィナ／クロアチア／モンテネグロ／セルビア

モンテネグロ　Montenegro

地方行政管理区分　23市（municipalities）
面積　1.4万km²　**人口**　62万人　**首都**　ポドゴリツァ（15万人）　**日本との時差**-8時間
主要言語　セルビア語、モンテネグロ語　**宗教**　東方正教など　**通貨**　ユーロ
世界遺産の数　4（自然遺産　1　文化遺産　3　複合遺産　0）　**世界遺産条約締約年**　2006年※

❶コトルの自然・文化-歴史地域（Natural and Culturo-Historical Region of Kotor）
文化遺産（登録基準（i）（ii）（iii）（iv））　1979年　コトル市
②ドゥルミトル国立公園（Durmitor National Park）
自然遺産（登録基準（vii）（viii）（x））　1980年／2005年　ジャブリャク市
❸ステチェツィの中世の墓碑群（Stećci Medieval Tombstones Graveyards）
文化遺産（登録基準（iii）（vi））　2016年　ジャブリャク市、プルジネ市
ボスニア・ヘルツェゴヴィナ／クロアチア／モンテネグロ／セルビア
❹16～17世紀のヴェネツィアの防衛施設群：スタート・ダ・テーラ-西スタート・ダ・マール
（Venetian Works of Defence between the 16th and 17th Centuries: *Stato da Terra* – Western *Stato da Mar*）文化遺産（登録基準（iii）（vi））　2017年　イタリア／クロアチア／モンテネグロ

セルビア共和国　Republic of Serbia

地方行政管理区分　31郡（okrug）　1市
面積　7.7万km²　**人口**　714万人　**首都**　ベオグラード（164万人）　**日本との時差**　-8時間
主要言語　セルビア語、ハンガリー語　**宗教**　セルビア正教、カトリック
通貨　セルビア・ディナール
世界遺産の数　5（自然遺産　0　文化遺産　5　複合遺産　0）　世界遺産条約締約年　2001年※

※ユーゴスラヴィア連邦共和国としては、1975年に締約している。

❶スタリ・ラスとソポチャニ（Stari Ras and Sopocani）
文化遺産（登録基準（i）（iii））　1979年
ラシュカ郡ノヴィ・パサル自治体

❷ストゥデニカ修道院（Studenica Monastery）
文化遺産（登録基準（i）（ii）（iv）（vi））　1986年
ラシュカ郡クラリエボ自治体 ストゥデニカ村

❸コソヴォの中世の記念物群（Medieval Monuments in Kosovo）
文化遺産（登録基準（ii）（iii）（iv））
2004年／2006年　★【危機遺産】2006年　コソヴォ郡

❹ガムジグラード・ロムリアナ、ガレリウス宮殿
（Gamzigrad-Romuliana, Palace of Galerius）
文化遺産（登録基準（iii）（iv））　2007年
ザイェチャル郡ザイェチャル自治体

❺ステチェツィの中世の墓碑群（Stećci Medieval Tombstones Graveyards）
文化遺産（登録基準（iii）（vi））　2016年
ズラティボル郡
ボスニア・ヘルツェゴヴィナ／クロアチア／モンテネグロ／セルビア

アイスランド共和国

Republic of Iceland
地方行政管理区分
8地方（regions）
面積　10.3万km²　**人口**　33万人
首都　レイキャビク（12万人）　**日本との時差**　-9時間
主要言語　アイスランド語、英語
宗教　福音ルーテル教　**通貨**　アイスランド・クローナ
世界遺産の数　3
（自然遺産　2　文化遺産　1　複合遺産　0）
世界遺産条約締約年　1995年

（デンマーク領）
デンマーク海峡
アイスランド
レイキャビク
❶
②
③
ノルウェー海
フェロー諸島
（デンマーク領）
シェトランド諸島
（イギリス領）
大西洋
北海
英国

❶シンクヴェトリル国立公園
（Þingvellir National Park）
文化遺産（登録基準（iii）（vi））
2004年　アルネスシースラー州

②スルツェイ島（Surtsey）
自然遺産（登録基準（ix））2008年　ヴストマン州

③ヴァトナヨークトル国立公園－炎と氷のダイナミックな自然
（Vatnajökull National Park - dynamic nature of fire and ice）
自然遺産（登録基準（（viii））2019年

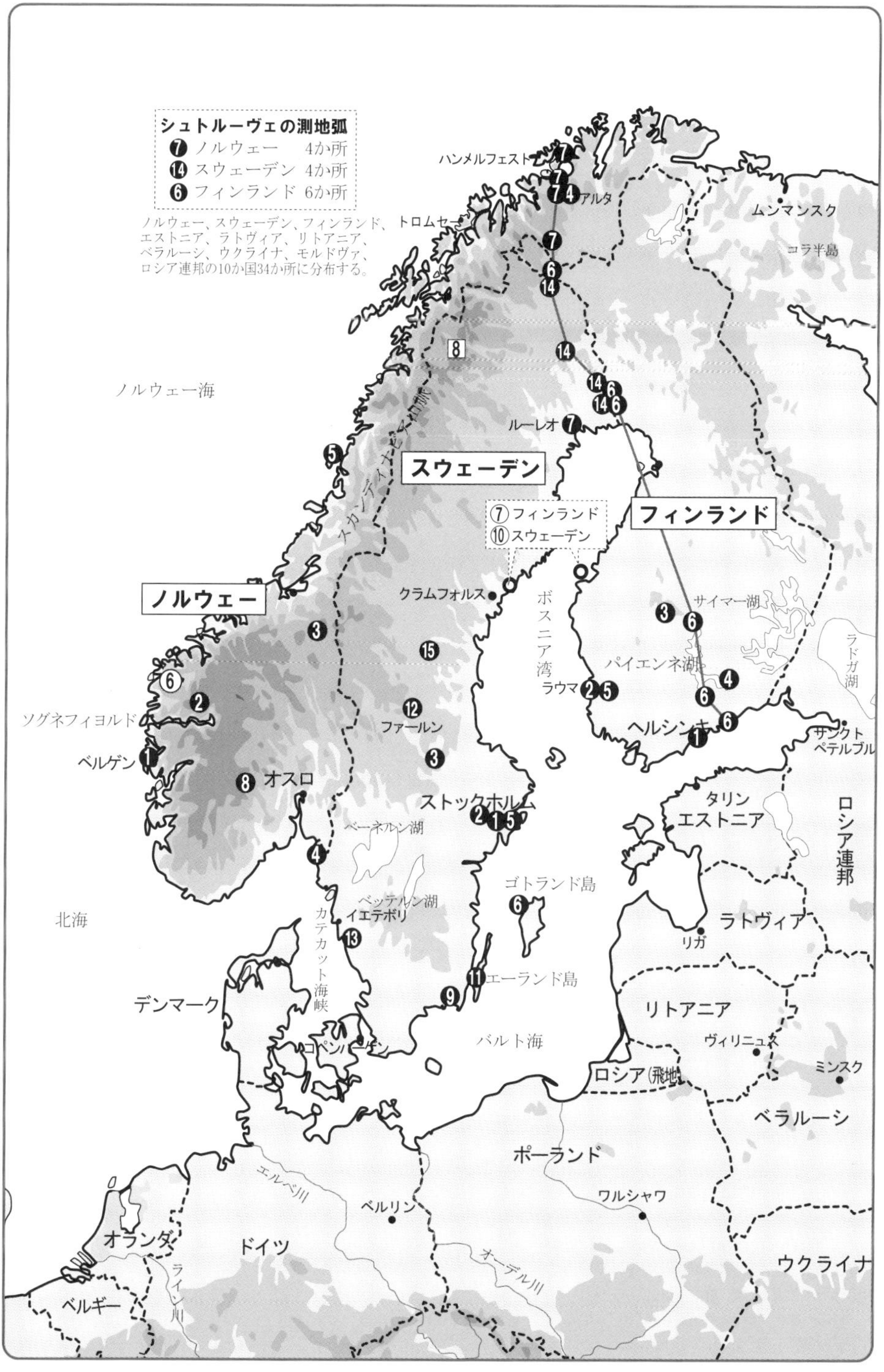
シュトルーヴェの測地弧
❼ ノルウェー　4か所
⓮ スウェーデン　4か所
❻ フィンランド　6か所
ノルウェー、スウェーデン、フィンランド、エストニア、ラトヴィア、リトアニア、ベラルーシ、ウクライナ、モルドヴァ、ロシア連邦の10か国34か所に分布する。
ハンメルフェスト
アルタ
トロムセ
ムンマンスク
コラ半島
ノルウェー海
ルーレオ
スウェーデン
フィンランド
⑦フィンランド
⑩スウェーデン
ノルウェー
クラムフォルス
ボスニア湾
サイマー湖
ラドガ湖
パイエンネ湖
ラウマ
ソグネフィヨルド
ファールン
ヘルシンキ
サンクトペテルブルク
ベルゲン
オスロ
ストックホルム
タリン
エストニア
ロシア連邦
ベーネルン湖
ゴトランド島
ベッテルン湖
北海
カテガット海峡
イエテボリ
ラトヴィア
リガ
エーランド島
デンマーク
リトアニア
コペンハーゲン
バルト海
ヴィリニュス
ミンスク
ロシア(飛地)
ベラルーシ
ポーランド
エルベ川
ワルシャワ
ベルリン
オランダ
ドイツ
オーデル川
ライン川
ウクライナ
ベルギー

ヨーロッパ

ノルウェー王国　Kingdom of Norway

地方行政管理区分　19県（counties）
面積　32.4万km²　**人口**　526万人　**首都**　オスロ（66万人）　**日本との時差**−8時間
主要言語　ノルウェー語など　**宗教**　福音ルーテル教他　**通貨**　ノルウェー・クローネ
世界遺産の数　8（自然遺産　1　文化遺産　7　複合遺産　0）　世界遺産条約締約年　1977年

❶ブリッゲン（Bryggen）
文化遺産（登録基準(iii)）　1979年　ホルダラン県
❷ウルネスのスターヴ教会（Urnes Stave Church）
文化遺産（登録基準(i)(ii)(iii)）　1979年　ソグンオフィヨーラ県
❸ローロスの鉱山都市と周辺環境（Røros Mining Town and the Circumference）
文化遺産（登録基準(iii)(iv)(v)）　1980年／2010年　セールトネレラーグ県
❹アルタの岩画（Rock Art of Alta）
文化遺産（登録基準(iii)）　1985年　フィンマルク県
❺ヴェガオヤン-ヴェガ群島（Vegaøyan - The Vega Archipelago）
文化遺産（登録基準(v)）　2004年　ノルドランド県
⑥西ノルウェー・フィヨルド-ガイランゲル・フィヨルドとネーロイ・フィヨルド
（West Norwegian Fjords - Geirangerfjord and Nærøyfjord）
自然遺産（登録基準(vii)(viii)）　2005年
ムーレ・オ・ロムスダール県、ソグン・オ・フィヨルダーネ県、ホーダーランド県
❼シュトルーヴェの測地弧（Struve Geodetic Arc）
文化遺産（登録基準(ii)(iv)(vi)）　2005年　フィンマルク県
スウェーデン／ノルウェー／フィンランド／エストニア／ラトヴィア／リトアニア／ロシア連邦／ベラルーシ／ウクライナ／モルドヴァ
❽リューカン・ノトデン産業遺産地
（Rjukan-Notodden Industrial Heritage Site）
文化遺産（登録基準(ii)(iv)）　2015年
テルマルク県

スウェーデン王国　Kingdom of Sweden

地方行政管理区分　21県（counties）
面積　45万km²　**人口**　988万人　**首都**　ストックホルム（93万人）　**日本との時差**　−8時間
主要言語　スウェーデン語など　**宗教**　福音ルーテル教など　**通貨**　クローナ
世界遺産の数　15（自然遺産　1　文化遺産　13　複合遺産　1）　世界遺産条約締約年　1985年

❶ドロットニングホルムの王領地（Royal Domain of Drottningholm）
文化遺産（登録基準(iv)）　1991年　ストックホルム県
❷ビルカとホーブゴーデン（Birka and Hovgården）
文化遺産（登録基準(iii)(iv)）　1993年　ストックホルム県
❸エンゲルスベルクの製鉄所（Engelsberg Ironworks）
文化遺産（登録基準(iv)）　1993年　ヴェストマンランド県
❹ターヌムの岩石刻画（Rock Carvings of Tanum）
文化遺産（登録基準(i)(iii)(iv)）　1994年　イェーテボリ・オク・ボーヒュース県
❺スコースキュアコゴーデン（Skogskyrkogården）
文化遺産（登録基準(ii)(iv)）　1994年　ストックホルム県
❻ハンザ同盟の都市ヴィスビー（Hanseatic Town of Visby）
文化遺産（登録基準(iv)(v)）　1995年　ゴトランド県
❼ルーレオのガンメルスタードの教会の町
（Church Town of Gammelstad, Luleå）
文化遺産（登録基準(ii)(iv)(v)）　1996年　ノルボッテン県
[8]ラップ人地域（Laponian Area）
複合遺産（登録基準(iii)(v)(vii)(viii)(ix)）　1996年
ノルボッテン県

❾カールスクルーナの軍港（Naval Port of Karlskrona）
文化遺産（登録基準(ii)(iv)）　1998年
ブレーキング県

❿ハイ・コースト／クヴァルケン群島（High Coast / Kvarken Archipelago）
自然遺産（登録基準(viii)）　2000年／2006年
ヴェステルノールランド県
スウェーデン／フィンランド

⓫エーランド島南部の農業景観（Agricultural Landscape of Southern Öland）
文化遺産（登録基準(iv)(v)）　2000年　カルマル県

⓬ファールンの大銅山の採鉱地域
（Mining Area of the Great Copper Mountain in Falun）
文化遺産（登録基準(ii)(iii)(v)）　2001年
ダーラルナ県

⓭ヴァルベルイのグリムトン無線通信所（Grimeton Radio Station, Varberg）
文化遺産（登録基準(ii)(iv)）　2004年　ハッランド県

⓮シュトルーヴェの測地弧（Struve Geodetic Arc）
文化遺産（登録基準(ii)(iv)(vi)）　2005年
ノルボッテン県
スウェーデン／ノルウェー／フィンランド／エストニア／ラトヴィア／リトアニア／ロシア連邦／ベラルーシ／ウクライナ／モルドヴァ

⓯ヘルシングランド地方の装飾農家群（Decorated Farmhouses of Hälsingland）
文化遺産（登録基準(v)）　2012年
ヘルシングランド地方・ダーラナ地方／イェヴレボリ県

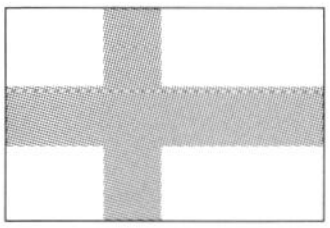

フィンランド共和国 **Republic of Finland**

地方行政管理区分　19県（regions）
面積　33.8万km²　**人口**　549万人　**首都**　ヘルシンキ（62万人）　**日本との時差**-7時間
主要言語　フィンランド語、スウェーデン語　**宗教**　福音ルーテル教、正教会　**通貨**　ユーロ
世界遺産の数　7（自然遺産　1　文化遺産　6　複合遺産　0）　**世界遺産条約締約年**　1987年

❶スオメンリンナ要塞（Fortress of Suomenlinna）
文化遺産（登録基準(iv)）　1991年　ウーシーマ県

❷ラウマ旧市街（Old Rauma）
文化遺産（登録基準(iv)(v)）1991年／2009年
サタクンタ県

❸ペタヤヴェシの古い教会（Petajavesi Old Church）
文化遺産（登録基準(iv)）　1994年　中央スオミ県

❹ヴェルラ製材製紙工場
（Verla Groundwood and Board Mill）
文化遺産（登録基準(iv)）　1996年　キュメンラークソ県

❺サンマルラハデンマキの青銅器時代の埋葬地
（Bronze Age Burial Site of Sammallahdenmaki）
文化遺産（登録基準(iii)(iv)）　1999年
サタクンタ県

❻シュトルーヴェの測地弧（Struve Geodetic Arc）
文化遺産（登録基準(ii)(iv)(vi)）　2005年
ラッピ県、中央スオミ県、ウーシーマ県、キュメンラークソ県
スウェーデン／ノルウェー／フィンランド／エストニア／ラトヴィア／リトアニア／ロシア連邦／ベラルーシ／ウクライナ／モルドヴァ

⑦ハイ・コースト／クヴァルケン群島（High Coast / Kvarken Archipelago）
自然遺産（登録基準(viii)）　2000年／2006年
ポフヤンマー県
スウェーデン／フィンランド

デンマーク王国 Kingdom of Denmark

地方行政管理区分　5地域（regions）
面積　4.3万km²　人口　559万人　首都　コペンハーゲン（56万人）日本との時差 −8時間
主要言語　デンマーク語など　宗教　福音ルーテル教など　通貨　デンマーク・クローネ
世界遺産の数　10（自然遺産 3　文化遺産 7　複合遺産 0）　世界遺産条約締約年　1979年

❶イェリング墳丘、ルーン文字石碑と教会
（Jelling Mounds, Runic Stones and Church）
文化遺産（登録基準（iii））　1994年
中央ユラン地域ヴァイレ県

❷ロスキレ大聖堂（Roskilde Cathedral）
文化遺産（登録基準（ii）（iv））
1995年　シュラン地域ロスキレ県

❸クロンボー城（Kronborg Castle）
文化遺産（登録基準（iv））　2000年
デンマーク首都地域フレゼリクスボー県

④イルリサート・アイスフィヨルド
（Ilulissat Icefjord）
自然遺産（登録基準（vii）（viii））　2004年
グリーンランド自治政府

⑤ワッデン海（The Wadden Sea）
自然遺産（登録基準（viii）（ix）（x））
2009年／2011年／2014年　南デンマーク地域
オランダ／ドイツ／デンマーク

⑥スティーブンス・クリント（Stevns Klint）
自然遺産（登録基準（viii））　2014年
シュラン地域

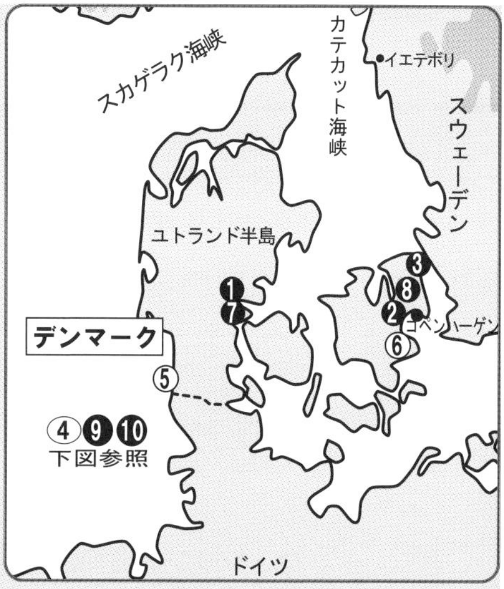
スカゲラク海峡
カテカット海峡
•イエテボリ
スウェーデン
ユトランド半島
デンマーク
コペンハーゲン
④❾❿
下図参照
ドイツ

❼クリスチャンフィールド、モラヴィア教会の入植地（Christiansfeld, a Moravian Church Settlement）
文化遺産（登録基準（iii）（iv））　2015年　南デンマーク地域

❽シェラン島北部のパル・フォルス式狩猟の景観（Le paysage de chasse par force de Zelande du Nord）
文化遺産（登録基準（ii）（iv））　2015年　デンマーク首都地域

❾クヤータ・グリーンランド：氷帽周縁部でのノース人とイヌイットの農業
（Kujataa Greenland: Norse and Inuit Farming at the Edge of the Ice Cap）
文化遺産（登録基準（v））　2017年　グリーンランド

❿アシヴィスイットーニピサット、氷と海に覆われたイヌイットの狩猟場
（Aasivissuit – Nipisat. Inuit Hunting Ground between Ice and Sea）
文化遺産（登録基準（v））　2018年　西グリーンランドのマニートソックとシシミウト

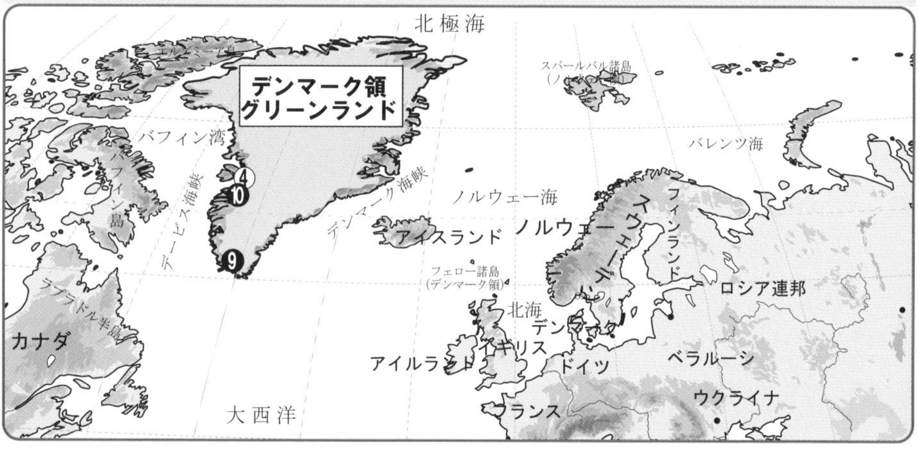
北極海
デンマーク領
グリーンランド
スバールバル諸島
バフィン湾
バフィン島
デービス海峡
デンマーク海峡
ノルウェー海
バレンツ海
アイスランド
ノルウェー
スウェーデン
フィンランド
フェロー諸島
（デンマーク領）
ロシア連邦
北海
デンマーク
イギリス
アイルランド
ドイツ
ベラルーシ
ウクライナ
フランス
ラブラドル半島
カナダ
大西洋

○自然遺産　●文化遺産　□複合遺産　★危機遺産

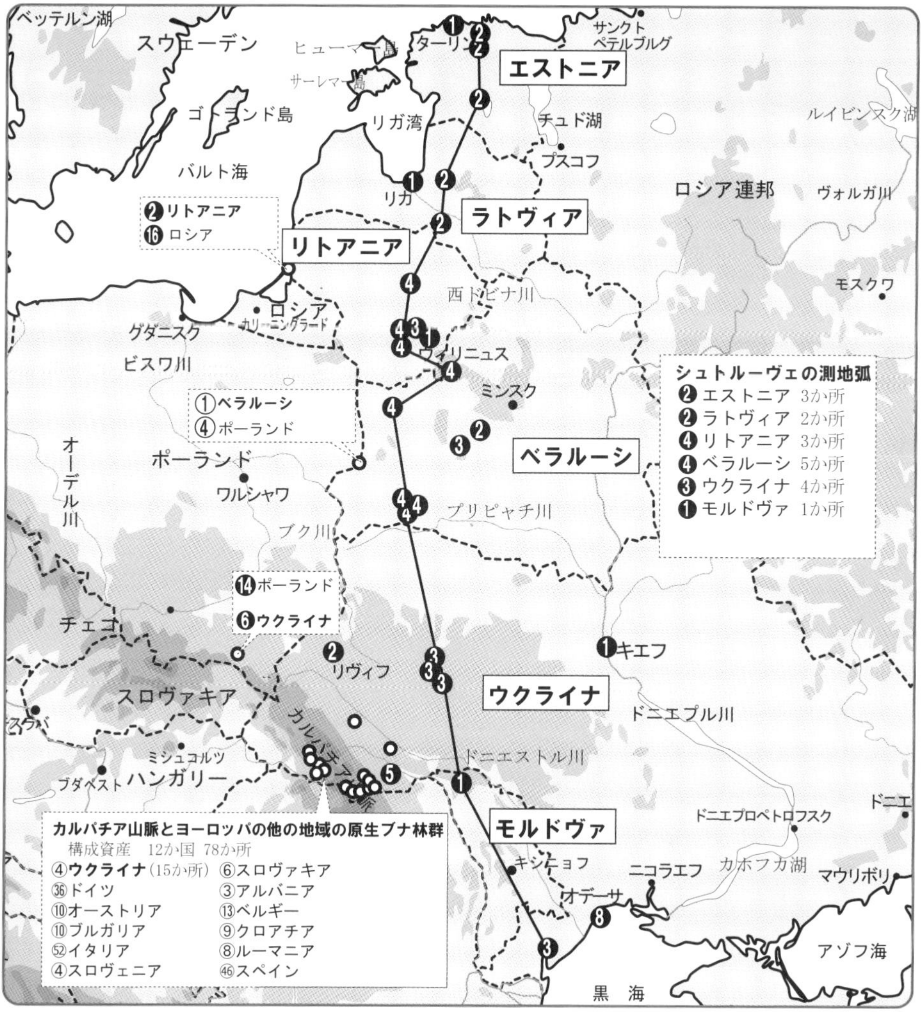

ベッテルン湖
スウェーデン
ヒューマー島
サーレマー島
ゴトランド島
バルト海
ターリン
サンクト
ペテルブルグ
エストニア
チュド湖
プスコフ
ルイビンスク湖
リガ湾
リガ
ラトヴィア
ロシア連邦
ヴォルガ川
❷リトアニア
⑯ロシア
リトアニア
西ドビナ川
モスクワ
ロシア
カリーニングラード
グダニスク
ビスワ川
ヴィリニュス
ミンスク
①ベラルーシ
④ポーランド
シュトルーヴェの測地弧
❷エストニア 3か所
❷ラトヴィア 2か所
❹リトアニア 3か所
❹ベラルーシ 5か所
❸ウクライナ 4か所
❶モルドヴァ 1か所
オーデル川
ポーランド
ワルシャワ
ベラルーシ
プリピャチ川
ブク川
⑭ポーランド
❻ウクライナ
チェコ
キエフ
リヴィフ
スロヴァキア
ウクライナ
ドニエプル川
カルパチア山脈
ミシュコルツ
ブダペスト
ハンガリー
ドニエストル川
ドニエプロペトロフスク
ドニエ
モルドヴァ
キシニョフ
ニコラエフ
カホフカ湖
マウリポリ
オデーサ
アゾフ海
黒海
カルパチア山脈とヨーロッパの他の地域の原生ブナ林群
構成資産 12か国 78か所
④ウクライナ(15か所) ⑥スロヴァキア
㊱ドイツ ③アルバニア
⑩オーストリア ⑬ベルギー
⑩ブルガリア ⑨クロアチア
52イタリア ⑧ルーマニア
④スロヴェニア ㊻スペイン

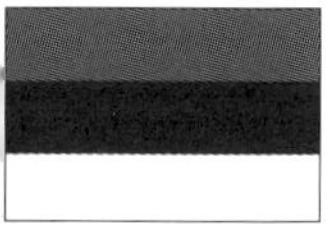

エストニア共和国 Republic of Estonia

地方行政管理区分 15県（counties）

面積 4.5万km^2 **人口** 131万人 **首都** ターリン（42万人） **日本との時差**-7時間

主要言語 エストニア語、ロシア語 **宗教** プロテスタント、ロシア正教等 **通貨** ユーロ

世界遺産の数 2（自然遺産 0 文化遺産 2 複合遺産 0） **世界遺産条約締約年** 1995年

❶ターリンの歴史地区（旧市街）

(Historic Centre（Old Town）of Tallinn)
文化遺産(登録基準(ii)(iv)) 1997年／2008年
ハリュ県

❷シュトルーヴェの測地弧（Struve Geodetic Arc）

文化遺産(登録基準(ii)(iv)(vi)) 2005年
ラーネ・ヴィル県、タルトゥ県
スウェーデン／ノルウェー／フィンランド／エストニア／ラトヴィア／リトアニア／ロシア連邦／ベラルーシ／ウクライナ／モルドヴァ

ラトヴィア共和国　Republic of Latvia

地方行政管理区分　110州（municipalities）　9直轄市（cities）
面積　6.5万km²　**人口**　197万人　**首都**　リガ（70万人）　**日本との時差** -7時間
主要言語　ラトヴィア語、ロシア語　**宗教**　ロシア正教、ルーテル教会、カトリック等　**通貨**　ユーロ
世界遺産の数　2（自然遺産　0　文化遺産　2　複合遺産　0）　**世界遺産条約締約年**　1995年

❶リガの歴史地区（Historic Centre of Riga）
文化遺産（登録基準(i)(ii)）　1997年
リガ市（首都）

❷シュトルーヴェの測地弧（Struve Geodetic Arc）
文化遺産（登録基準(ii)(iv)(vi)）　2005年
マドナ市
スウェーデン／ノルウェー／フィンランド／エストニア／ラトヴィア／リトアニア／ロシア連邦／ベラルーシ／ウクライナ／モルドヴァ

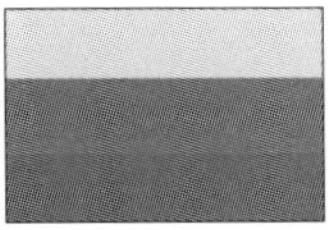

リトアニア共和国　Republic of Lithuania

地方行政管理区分　10州（counties）　60自治体（municipalities）
面積　6.5万km²　**人口**　285万人　**首都**　ヴィリニュス（54万人）　**日本との時差** -7時間
主要言語　リトアニア語、ロシア語　**宗教**　カトリック、ロシア正教　**通貨**　ユーロ
世界遺産の数　4（自然遺産　0　文化遺産　4　複合遺産　0）　**世界遺産条約締約年**　1992年

❶ヴィリニュスの歴史地区（Vilnius Historic Centre）
文化遺産（登録基準(ii)(iv)）　1994年　ヴィリニュス州

❷クルシュ砂州（Curonian Spit）
文化遺産（登録基準(v)）
2000年　クライペダ州
リトアニア／ロシア連邦

❸ケルナヴェ考古学遺跡（ケルナヴェ文化保護区）
（Kernave Archeological Site (Cultural Reserve of Kernave)）
文化遺産（登録基準(iii)(iv)）　2004年　ヴィリニュス州

❹シュトルーヴェの測地弧（Struve Geodetic Arc）
文化遺産（登録基準(ii)(iv)(vi)）　2005年
パネベジス州、ヴィリニュス州
スウェーデン／ノルウェー／フィンランド／エストニア／ラトヴィア／リトアニア／ロシア連邦／ベラルーシ／ウクライナ／モルドヴァ

ウクライナ　Ukraine

地方行政管理区分　24州（provinces）1自治共和国（autonomous republic）2特別市（municipalities）
面積　60.4万km²　**人口**　4,520万人　**首都**　キエフ（279万人）　**日本との時差** -7～-6時間
主要言語　ウクライナ語、ロシア語　**宗教**　ウクライナ正教など　**通貨**　フリヴニャ
世界遺産の数　8（自然遺産　1　文化遺産　7　複合遺産　0）　**世界遺産条約締約年**　1988年

❶キエフの聖ソフィア大聖堂と修道院群、キエフ・ペチェルスカヤ大修道院
（Kyiv: Saint-Sophia Cathedral and Related Monastic Buildings, Kyiv-Pechersk Lavra）
文化遺産（登録基準(i)(ii)(iii)(iv)）1990年／2005年
キエフ州

❷リヴィフの歴史地区（L'viv-the Ensemble of the Historic Centre）
文化遺産（登録基準(ii)(v)）　1998年／2008年
リヴィフ州

❸シュトルーヴェの測地弧（Struve Geodetic Arc）
文化遺産（登録基準(ii)(iv)(vi)）　2005年
フメリニッキ州、オデッサ州
スウェーデン／ノルウェー／フィンランド／エストニア／ラトヴィア／リトアニア／ロシア連邦／ベラルーシ／ウクライナ／モルドヴァ

④**カルパチア山脈の原生ブナ林群とドイツの古代ブナ林群**
(Primeval Beech Forests of the Carpathians and the Ancient Beech Forests of Germany)
自然遺産(登録基準(ix)) 2007年／2011年／2017年
ザカルパッチャ州　スロヴァキア／ウクライナ／ドイツ

❺**ブコヴィナ・ダルマチア府主教の邸宅**
(Residence of Bukovinian and Dalmatian Metropolitans)
文化遺産(登録基準(ii)(iii)(iv)) 2011年　チェルニウツィー州

❻**ポーランドとウクライナのカルパチア地方の木造教会群**
(Wooden Tserkvas of the Carpathian Region in Poland and Ukraine)
文化遺産(登録基準(iii)(iv)) 2013年
リヴィフ州、イヴァーノ・フランキーウシク州、トランスカルパチア地域
ウクライナ／ポーランド

❼**タウリカ・ケルソネソスの古代都市とそのホラ**
(Ancient City of Tauric Chersonese and its Chora)
文化遺産(登録基準(ii)(v)) 2013年
セヴァストポリ地域管理区セヴァストポリ市

❽**オデーサの歴史地区**
(The Historic Centre of Odesa)
文化遺産(登録基準(ii)(iv)) 2023年　★【危機遺産】2023年
オデーサ州オデーサ市

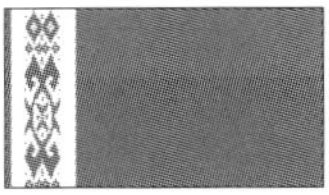

ベラルーシ共和国 Republic of Belarus

地方行政管理区分 6州 (provinces)　1首都 (municipality)
面積 20.8万km² **人口** 950万人 **首都** ミンスク (192万人) **日本との時差**-7時間
主要言語 ベラルーシ語、ロシア語 **宗教** ロシア正教等 **通貨** ベラルーシ・ルーブル
世界遺産の数 4 (自然遺産 1 文化遺産 3 複合遺産 0) **世界遺産条約締約年** 1988年

①**ビャウォヴィエジャ森林** (Bialowieza Forest)
自然遺産(登録基準(ix)(x)) 1979年／1992年／2014年
ブレスト州、グロドノ州　ベラルーシ／ポーランド

❷**ミール城の建築物群** (Mir Castle Complex)
文化遺産(登録基準(ii)(iv)) 2000年　グロドノ州

❸**ネスヴィシェにあるラジヴィル家の建築、住居、文化の遺産群**
(Architectural, Residential and Cultural Complex of the Radziwill Family at Nesvizh)
文化遺産(登録基準(ii)(iv)(vi)) 2005年　ミンスク州

❹**シュトルーヴェの測地弧** (Struve Geodetic Arc)
文化遺産(登録基準(ii)(iv)(vi)) 2005年　グロドノ州、ブレスト州
スウェーデン／ノルウェー／フィンランド／エストニア／ラトヴィア／リトアニア／ロシア連邦／ベラルーシ／ウクライナ／モルドヴァ

モルドヴァ共和国 Republic of Moldova

地方行政管理区分 32県 (regions)　3都市区域 (municipalities)
1独立自治地区 (autonomous territorical unit)　1領域 (territorical unit)
面積 3.4万km² **人口** 291万人 **首都** キシニョフ (66万人) **日本との時差**-7時間
主要言語 モルドヴァ語、ロシア語 **宗教** 東方正教など **通貨** モリドヴァ・レウ
世界遺産の数 1 (自然遺産 0 文化遺産 1 複合遺産 0) **世界遺産条約締約年** 2002年

❶**シュトルーヴェの測地弧** (Struve Geodetic Arc)
文化遺産(登録基準(ii)(iv)(vi)) 2005年
ソロカ県
スウェーデン／ノルウェー／フィンランド／エストニア／ラトヴィア／リトアニア／ロシア連邦／ベラルーシ／ウクライナ／モルドヴァ

ヨーロッパ

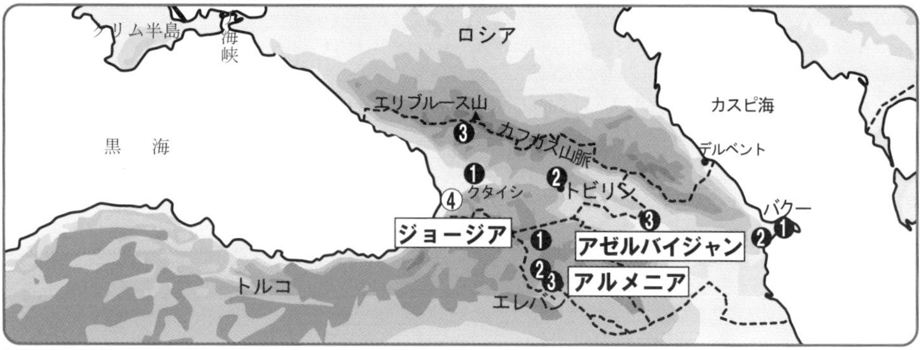
クリム半島
海峡
ロシア
エリブルース山
カスピ海
黒　海
カフカス山脈
デルベント
クタイシ
トビリシ
バクー
ジョージア
アゼルバイジャン
アルメニア
トルコ
エレバン

アゼルバイジャン共和国　Azerbaijan Republic

地方行政管理区分　66県（rayons）　11市（cities）　1自治共和国（autonomous republic）
面積　8.7万km²　人口　987万人　首都　バクー（204万人）　日本との時差 −5時間
主要言語 アゼルバイジャン語等　宗教 イスラム教等　通貨 アゼルバイジャン・マナト
世界遺産の数　3（自然遺産　0　文化遺産　3　複合遺産　0）　世界遺産条約締約年　1993年

❶シルヴァンシャーの宮殿と乙女の塔がある城塞都市バクー
（Walled City of Baku with the Shirvanshah's Palace and Maiden Tower）
文化遺産（登録基準（iv））　2000年　バクー市（首都）
❷ゴブスタンの岩石画の文化的景観（Gobustan Rock Art Cultural Landscape）
文化遺産（登録基準（iii））　2007年　バクー市ガラダフ地区、アプシェロン県
❸ハン宮殿のあるシャキ歴史地区　（Historic Centre of Sheki with the Khan’s Palace）
文化遺産（登録基準（(ii)(v)）　2019年　シャキ県シャキ

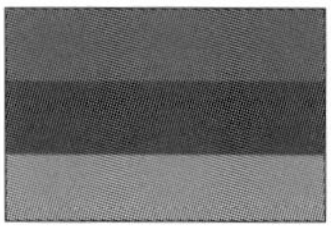

アルメニア共和国　Republic of Armenia

地方行政管理区分　11州（provinces）
面積　3万km²　人口　300万人　首都　エレバン（106万人）　日本との時差−5時間
主要言語　アルメニア語　宗教　キリスト教　通貨　ドラム
世界遺産の数　3（自然遺産　0　文化遺産　3　複合遺産　0）　世界遺産条約締約年　1993年

❶ハフパットとサナヒンの修道院（Monasteries of Haghpat and Sanahin）
文化遺産（登録基準（ii）（iv））　1996年／2000年　ロリー州
❷ゲガルド修道院とアザト峡谷の上流（Monastery of Geghard and the Upper Azat Valley）
文化遺産（登録基準（ii））　2000年　コタイク州
❸エチミアジンの聖堂と教会群およびスヴァルトノツの考古学遺跡
（Cathedral and Churches of Echmiatsin and the Archaeological Site of Zvartnots）
文化遺産（登録基準（ii）（iii））　2000年　アルマヴィル州

ジョージア　Georgia

地方行政管理区分　9地方（regions）　1首都（city）　2自治共和国（autonomous republics）
面積　7万km²　人口　430万人　首都　トビリシ（110万人）　日本との時差−6時間
主要言語　ジョージア語　宗教　キリスト教、イスラム教　通貨　ラリ
世界遺産の数　4（自然遺産　1　文化遺産　3　複合遺産　0）　世界遺産条約締約年　1992年

❶バグラチ大聖堂とゲラチ修道院（Bagrati Cathedral and Gelati Monastery）
文化遺産（登録基準（iv））　1994年　★【危機遺産】2010年　イメレチ地方
❷ムツヘータの歴史的建造物群（Historical Monuments of Mtskheta）
文化遺産（登録基準（iii）（iv））　1994年　ムツヘタ・ムティアネティ地方
❸アッパー・スヴァネチ（Upper Svaneti）
文化遺産（登録基準（iv）（v））　1996年　サメグレロ・ゼモ・スヴァネティ地方
④コルキスの雨林群と湿地群（Colchic Rain forests and Wetlands）
自然遺産（登録基準（ix）（x））　2021年　アジャリア自治共和国、グリア州、サメグレロ・ゼモ・スヴァネティ州

○自然遺産　●文化遺産　□複合遺産　★危機遺産

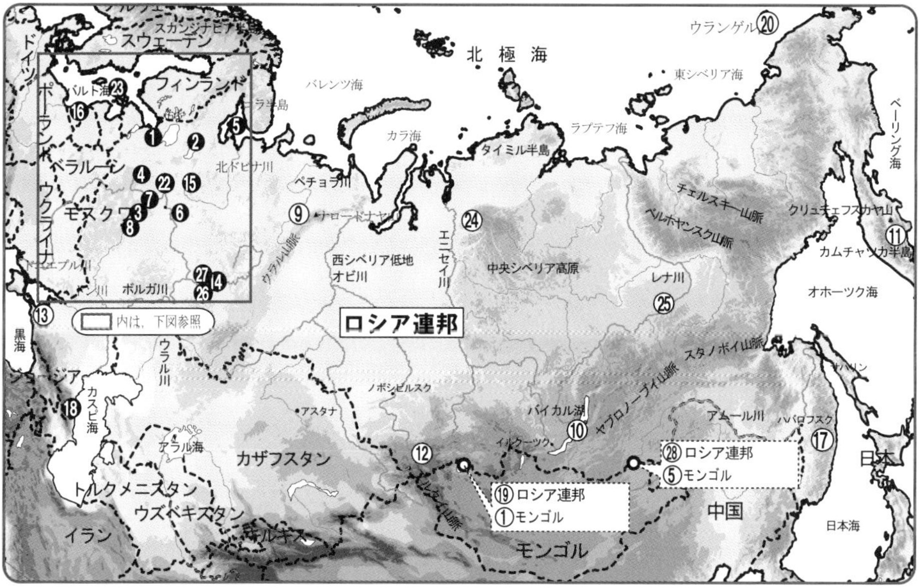
北極海
ウランゲル⑳
東シベリア海
バレンツ海
スカンジナビア
スウェーデン
ドイツ
ポーランド
バルト海
フィンランド
コラ半島
カラ海
ラプテフ海
タイミル半島
ベーリング海
ベラルーシ
ウクライナ
モスクワ
北ドビナ川
ペチョラ川
⑨ナロードナヤ山
チェルスキー山脈
ベルホヤンスク山脈
クリュチェフスカヤ山
カムチャツカ半島
西シベリア低地
オビ川
エニセイ川
中央シベリア高原
レナ川
オホーツク海
ドニエプル川
ボルガ川
ウラル山脈
内は，下図参照
ロシア連邦
黒海
ジョージア
ウラル川
カスピ海
スタノボイ山脈
ヤブロノーブイ山脈
サハリン
ノボシビルスク
アスタナ
バイカル湖
アムール川
ハバロフスク
アラル海
カザフスタン
イルクーツク
⑲ロシア連邦
①モンゴル
㉘ロシア連邦
⑤モンゴル
日本
トルクメニスタン
ウズベキスタン
中国
日本海
イラン
キルギス
モンゴル

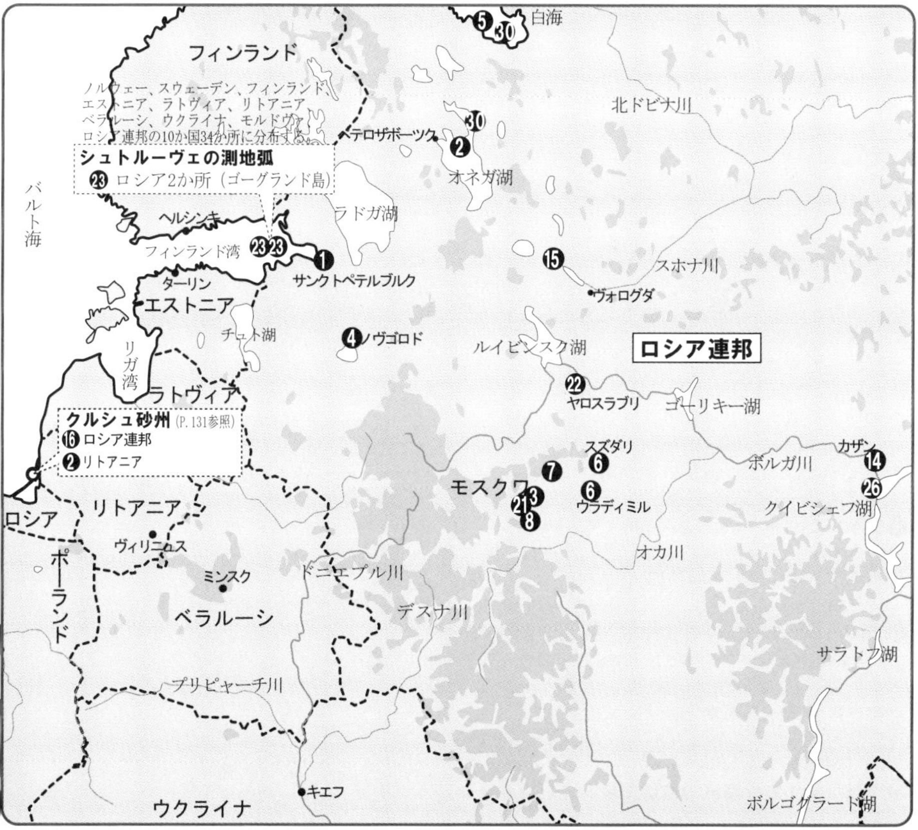
白海
フィンランド
ノルウェー、スウェーデン、フィンランド、エストニア、ラトヴィア、リトアニア、ベラルーシ、ウクライナ、モルドヴァ、ロシア連邦の10か国34か所に分布する
シュトルーヴェの測地弧
㉓ ロシア2か所（ゴーグランド島）
ペテロザボーツク
オネガ湖
北ドビナ川
バルト海
ラドガ湖
ヘルシンキ
フィンランド湾
サンクトペテルブルク
スホナ川
ヴォログダ
ターリン
エストニア
チュド湖
ノヴゴロド
ルイビンスク湖
ロシア連邦
リガ湾
ラトヴィア
ヤロスラブリ
ゴーリキー湖
クルシュ砂州 (P.131参照)
⑯ロシア連邦
②リトアニア
スズダリ
カザン
ボルガ川
モスクワ
ウラディミル
クイビシェフ湖
ロシア
リトアニア
ヴィリニュス
オカ川
ポーランド
ミンスク
ドニエプル川
デスナ川
ベラルーシ
サラトフ湖
プリピャーチ川
キエフ
ウクライナ
ボルゴグラード湖

○自然遺産　●文化遺産　□複合遺産　★危機遺産

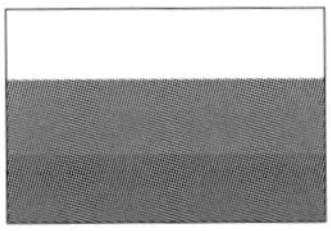

ロシア連邦 Russian Federation

地方行政管理区分 46州（provinces） 21共和国（republics） 4自治管区（autonomous okrugs） 9地方（krays） 2連邦市（federal cities） 1自治州（autonomous oblast）
面積 1,708万km² **人口** 14,651万人 **首都** モスクワ（1,210万人） **日本との時差** −6～+3時間
主要言語 ロシア語等 **宗教** ロシア正教、イスラム教、仏教、イスラム教等 **通貨** ルーブル
世界遺産の数 30（自然遺産 11 文化遺産 19 複合遺産 0） **世界遺産条約締約年** 1988年

❶サンクト・ペテルブルクの歴史地区と記念物群
（Historic Centre of Saint Petersburg and Related Groups of Monuments）
文化遺産（登録基準(i)(ii)(iv)(vi)） 1990年 北西連邦管区レニングラード州
❷キジ島の木造建築（Kizhi Pogost）
文化遺産（登録基準(i)(iv)(v)） 1990年 北西連邦管区カレリア共和国
❸モスクワのクレムリンと赤の広場（Kremlin and Red Square, Moscow）
文化遺産（登録基準(i)(ii)(iv)(vi)） 1990年 中央連邦管区モスクワ連邦市
❹ノヴゴロドと周辺の歴史的建造物群
（Historic Monuments of Novgorod and Surroundings）
文化遺産（登録基準(ii)(iv)(vi)） 1992年 北西連邦管区ノヴゴロド州
❺ソロベツキー諸島の文化・歴史的遺跡群
（Cultural and Historic Ensemble of the Solovetsky Islands）
文化遺産（登録基準(iv)） 1992年 北西連邦管区アルハンゲリスク州
❻ウラディミルとスズダリの白壁建築群（White Monuments of Vladimir and Suzdal）
文化遺産（登録基準(i)(ii)(iv)） 1992年 中央連邦管区ウラディミル州
❼セルギエフ・ポサドにあるトロイツェ・セルギー大修道院の建造物群
（Architectural Ensemble of the Trinity Sergius Lavra in Sergiev Posad）
文化遺産（登録基準(ii)(iv)） 1993年 中央連邦管区モスクワ州
❽コローメンスコエの主昇天教会（Church of the Ascension, Kolomenskoye）
文化遺産（登録基準(ii)） 1994年 中央連邦管区モスクワ連邦市
⑨コミの原生林（Virgin Komi Forests）
自然遺産（登録基準(vii)(ix)） 1995年 北西連邦管区コミ共和国
⑩バイカル湖（Lake Baikal）
自然遺産（登録基準(vii)(viii)(ix)(x)） 1996年
シベリア連邦管区イルクーツク州、ブリヤート共和国
⑪カムチャッカの火山群（Volcanoes of Kamchatka）
自然遺産（登録基準(vii)(viii)(ix)(x)） 1996年／2001年 極東連邦管区カムチャッカ州
⑫アルタイ・ゴールデン・マウンテン（Golden Mountains of Altai）
自然遺産（登録基準(x)） 1998年 シベリア連邦管区アルタイ共和国
⑬西コーカサス（Western Caucasus）
自然遺産（登録基準(ix)(x)） 1999年 南部連邦管区コーカサス地方
⓮カザン要塞の歴史的建築物群（Historic and Architectural Complex of the Kazan Kremlin）
文化遺産（登録基準(ii)(iii)(iv)） 2000年 沿ヴォルガ連邦管区タタールスタン共和国
⓯フェラポントフ修道院の建築物群（Ensemble of the Ferrapontov Monastery）
文化遺産（登録基準(i)(iv)） 2000年 北西連邦管区ヴォログダ州
⓰クルシュ砂州（Curonian Spit）
文化遺産（登録基準(v)） 2000年 北西連邦管区カリーニングラード州 ロシア連邦／リトアニア
⑰シホテ・アリン山脈中央部（Central Sikhote-Alin）
自然遺産（登録基準(x)） 2001年 極東連邦管区ハバロフスク地方、沿海地方
⓲デルベントの城塞、古代都市、要塞建造物群
（Citadel, Ancient City and Fortress Buildings of Derbent）
文化遺産（登録基準(iii)(iv)） 2003年 南部連邦管区ダゲスタン共和国
⑲ウフス・ヌール盆地（Uvs Nuur Basin）
自然遺産（登録基準(ix)(x)） 2003年 シベリア連邦管区トゥヴァ共和国
ロシア連邦／モンゴル
⑳ウランゲル島保護区の自然体系

サーレマー島
エストニア
ゴトランド島
バルト海
リガ湾
リガ
クルシュ砂州
⑯ロシア連邦
❷リトアニア
ラトヴィア
西ドビナ川
リトアニア
カリーニングラード
グダニスク
ヴィリニュス
ロシア連邦飛地
ビスワ川
ポーランド
ベラルーシ
ミンスク

（Natural System of Wrangel Island Reserve）
自然遺産（登録基準（ix）（x））　2004年
マガダン州

㉑ノボデヴィチ修道院の建築物群
（Ensemble of the Novodevichy Convent）
文化遺産（登録基準（i）（iv）（vi））
2004年　中央連邦管区モスクワ連邦市

㉒ヤロスラブル市の歴史地区
（Historical Centre of the City of Yaroslavl）
文化遺産（登録基準（ii）（iv））　2005年
中央連邦管区ヤロスラヴリ州

㉓シュトルーヴェの測地弧
（Struve Geodetic Arc）
文化遺産（登録基準（ii）（iv）（vi））　2005年
北西連邦管区レニングラード州
スウェーデン／ノルウェー／フィンランド／エストニア／ラトヴィア／リトアニア／ロシア連邦／ベラルーシ／ウクライナ／モルドヴァ

㉔プトラナ高原（Putorana Plateau）
自然遺産（登録基準（vii）（ix））　2010年　シベリア連邦管区クラスノヤルスク地方

㉕レナ・ピラーズ自然公園（Lena Pillars Nature Park）
自然遺産（登録基準（viii））　2012年　サハ共和国（ヤクーチャ）

㉖ボルガルの歴史・考古遺産群（Bolgar Historical and Archaeological Complex）
文化遺産（登録基準（ii）（vi））　2014年　タタールスタン共和国スパックス地区

㉗スヴィヤズスク島の被昇天大聖堂と修道院
（Assumption Cathedral and Monastery of the town- island of Sviyazhsk）
文化遺産（登録基準（ii）（iv））　2017年

㉘ダウリアの景観群（Landscapes of Dauria）
自然遺産（登録基準（ix）（x））　2017年　モンゴル／ロシア連邦　ザバイカリエ地方オノン地区、ザバイカリスク地区

㉙プスコフ派建築の聖堂群
（Churches of the Pskov School of Architecture）　文化遺産（登録基準（（ii））　2019年　プスコフ州

㉚オネガ湖と白海のペトログリフ（Petroglyphs of Lake Onega and the White Sea）
文化遺産（登録基準（iii））2021年　カレリア共和国

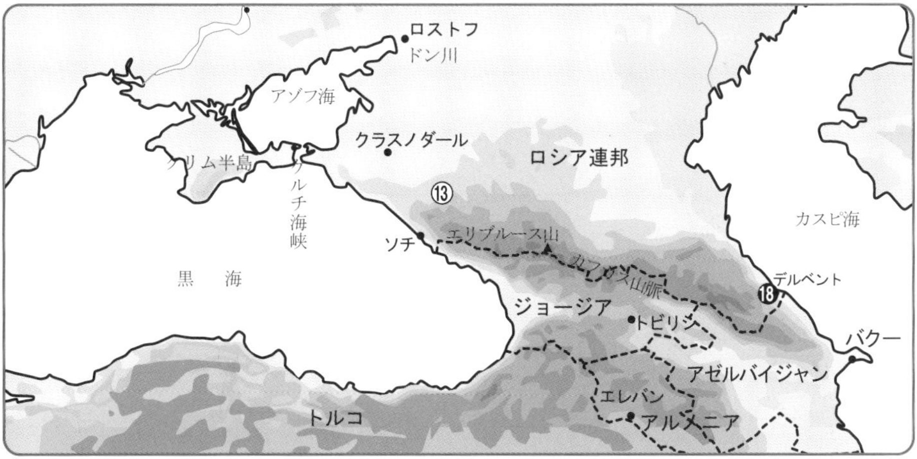
ロストフ
ドン川
アゾフ海
クラスノダール
クリム半島
ケルチ海峡
ロシア連邦
⑬
カスピ海
ソチ
エリブルース山
カフカス山脈
黒　海
デルベント
⑱
ジョージア
トビリシ
バクー
アゼルバイジャン
エレバン
アルメニア
トルコ

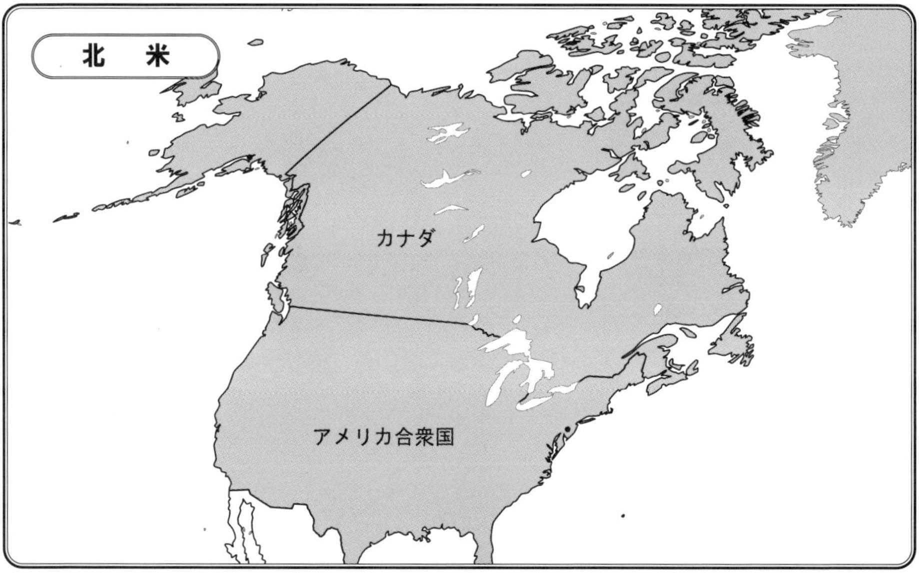
北　米
カナダ
アメリカ合衆国

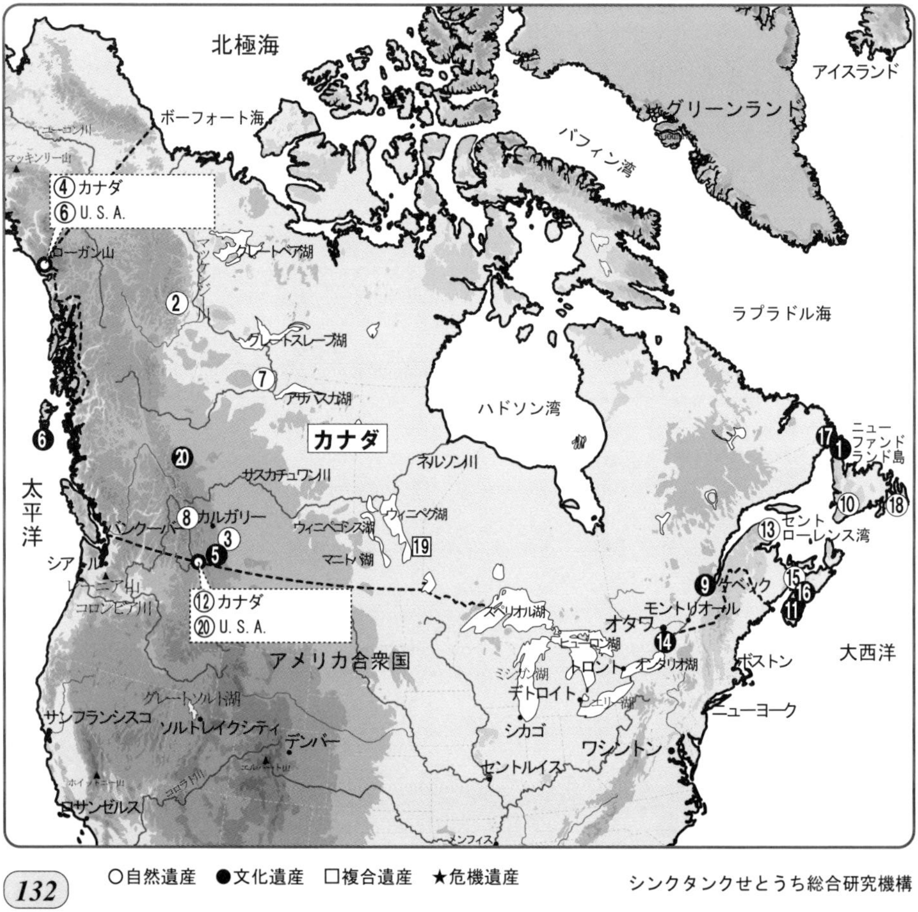
北極海
アイスランド
ボーフォート海
グリーンランド
バフィン湾
ユーコン川
マッキンリー山
④カナダ
⑥U. S. A.
ローガン山
グレートベア湖
マッケンジー川
②
ラブラドル海
グレートスレーブ湖
⑦
アサバスカ湖
ハドソン湾
⑥
カナダ
⑰
❶
ニューファンドランド島
⑳
ネルソン川
サスカチュワン川
太平洋
ウィニペグ湖
⑩
⑱
⑧カルガリー
③
バンクーバー
ウィニペゴシス湖
⑬セントローレンス湾
❺
⑲
マニトバ湖
シアトル
⑫
レーニア山
❾ケベック
⑮
⑯
⑪
⑫カナダ
⑳U. S. A.
コロンビア川
スペリオル湖
モントリオール
オタワ
⑭
ヒューロン湖
アメリカ合衆国
オンタリオ湖
大西洋
ミシガン湖
トロント
ボストン
グレートソルト湖
デトロイト
エリー湖
ニューヨーク
サンフランシスコ
ソルトレイクシティ
シカゴ
デンバー
ワシントン
エルバート山
ホイットニー山
セントルイス
コロラド川
ロサンゼルス
メンフィス

○自然遺産　●文化遺産　□複合遺産　★危機遺産

	**カナダ** **Canada**
	地方行政管理区分 10州（provinces） 3準州（territories）
	面積 998万km² **人口** 3,616万人 **首都** オタワ（88万人） **日本との時差**-11.5～-17時間
	主要言語 英語、仏語、その他 **宗教** キリスト教など **通貨** カナダ・ドル
	世界遺産の数 20（自然遺産 10 文化遺産 9 複合遺産 1）世界遺産条約締約年 1976年

❶ランゾー・メドーズ国立史跡（L'Anse aux Meadows National Historic Site）
文化遺産（登録基準（vi）） 1978年
ニューファンドランド・ラブラドル州ニューファンドランド島

②ナハニ国立公園（Nahanni National Park）
自然遺産（登録基準（vii）（viii）） 1978年 ノースウェスト準州、ユーコン準州

③ダイナソール州立公園（Dinosaur Provincial Park）
自然遺産（登録基準（vii）（viii）） 1979年 アルバータ州

④クルエーン／ランゲルーセントエライアス／グレーシャーベイ／タッシェンシニ・アルセク
（Kluane / Wrangell-St Elias / GlacierBay / Tatshenshini-Alsek）
自然遺産（登録基準（vii）（viii）（ix）（x）） 1979年／1992年／1994年
ユーコン準州、ブリティシュ・コロンビア州、アラスカ州 カナダ／アメリカ合衆国

❺ヘッド・スマッシュト・イン・バッファロー・ジャンプ（Head-Smashed-In Buffalo Jump）
文化遺産（登録基準（vi）） 1981年 アルバータ州

❻スカン・グアイ（SGang Gwaay）
文化遺産（登録基準（iii）） 1981年 ブリティシュ・コロンビア州

⑦ウッドバッファロー国立公園（Wood Buffalo National Park）
自然遺産（登録基準（vii）（ix）（x）） 1983年 アルバータ州、ノースウェスト準州

⑧カナディアン・ロッキー山脈公園群（Canadian Rocky Mountain Parks）
自然遺産（登録基準（vii）（viii）） 1984年／1990年
ブリティシュ・コロンビア州、アルバータ州

❾オールド・ケベックの歴史地区（Historic District of Old Quebec）
文化遺産（登録基準（iv）（vi）） 1985年 ケベック州

⑩グロスモーン国立公園（Gros Morne National Park）
自然遺産（登録基準（vii）（viii）） 1987年 ニューファンドランド州ニューファンドランド島

⓫古都ルーネンバーグ（Old Town Lunenburg）
文化遺産（登録基準（iv）（v）） 1995年 ノバスコシア州

⑫ウォータートン・グレーシャー国際平和公園
（Waterton Glacier International Peace Park）
自然遺産（登録基準（vii）（ix）） 1995年 アルバータ州 カナダ／アメリカ合衆国

⑬ミグアシャ国立公園（Miguasha National Park）
自然遺産（登録基準（viii）） 1999年 ケベック州

⓮リドー運河（Rideau Canal）
文化遺産（登録基準（i）（iv）） 2007年 オンタリオ州

⑮ジョギンズ化石の断崖（Joggins Fossil Cliffs）
自然遺産（登録基準（viii）） 2008年 ノバスコシア州

⓰グラン・プレの景観（Landscape of Grand-Pre）
文化遺産（登録基準（v）（vi）） 2012年 ノバスコシア州

⓱レッド・ベイのバスク人の捕鯨基地（Red Bay Basque Whaling Station）
文化遺産（登録基準（iii）（iv）） 2013年 ニューファンドランド・ラブラドル州

⑱ミステイクン・ポイント（Mistaken Point）
自然遺産（登録基準（viii）） 2016年 ニューファンドランド・ラブラドル州ニューファンドランド島

⑲ピマチオウィン・アキ（Pimachiowin Aki）
複合遺産（登録基準（iii）（vi）（ix）） 2018年 マニトバ州／オンタリオ州

⓴ライティング・オン・ストーン／アイシナイピ（Writing-on-Stone / Áísínai'pi）
文化遺産（登録基準（（iii））） 2019年 アルバータ州

北米

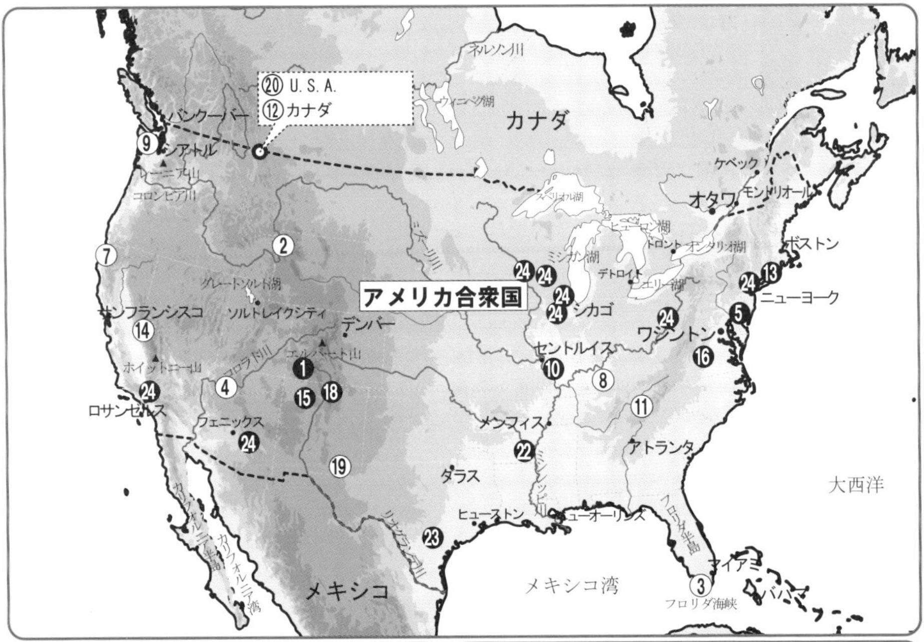
⑳ U. S. A.
⑫ カナダ
ネルソン川
ウィニペグ湖
カナダ
バンクーバー
シアトル
レーニア山
コロンビア川
ケベック
オタワ
モントリオール
スペリオル湖
ヒューロン湖
ミシガン湖
トロント
オンタリオ湖
ボストン
デトロイト
エリー湖
ニューヨーク
ミズーリ川
グレートソルト湖
アメリカ合衆国
サンフランシスコ
ソルトレイクシティ
デンバー
シカゴ
ワシントン
エルバート山
セントルイス
ホイットニー山
コロラド川
ロサンゼルス
フェニックス
メンフィス
アトランタ
ダラス
ミシシッピ川
大西洋
ヒューストン
ニューオーリンズ
フロリダ半島
カリフォルニア半島
カリフォルニア湾
リオグランデ川
マイアミ
メキシコ
メキシコ湾
フロリダ海峡
バハマ

北極海
ベーリング海
ボーフォート海
ユーコン川
マッキンリー山
アンカレジ
アラスカ半島
ローガン山
マッケンジー川
アラスカ湾
カナダ
⑥ U. S. A.
④ カナダ
太平洋
アラスカ

21
カウアイ島
ニイハウ島
オアフ島
ホノルル
モロイカ島
マウイ島
ラナイ島
ハワイ
カホアラビ島
ハワイ島
ハワイ

アメリカ合衆国（米国） United States of America

地方行政管理区分　50州（states）　1地区（district）

面積　963万km²　人口　32,400万人　首都　ワシントン(60万人)　日本との時差－13～－17時間

主要言語　英語、スペイン語、その他　宗教　キリスト教など　通貨　ドル

世界遺産の数　24（自然遺産　12　文化遺産　11　複合遺産　1）　世界遺産条約締約年　1973年

❶メサ・ヴェルデ国立公園（Mesa Verde National Park）

文化遺産(登録基準(iii))　1978年　コロラド州

②イエローストーン国立公園

(Yellowstone National Park)

自然遺産(登録基準(vii)(viii)(ix)(x))　1978年

ワイオミング州、モンタナ州、アイダホ州

北米

③エバーグレーズ国立公園（Everglades National Park）
自然遺産（登録基準(viii)(ix)(x)）　1979年
★【危機遺産】2010年　フロリダ州フロリダ
④グランド・キャニオン国立公園（Grand Canyon National Park）
自然遺産（登録基準(vii)(viii)(ix)(x)）　1979年　アリゾナ州
❺独立記念館（Independence Hall）
文化遺産（登録基準(vi)）　1979年　ペンシルベニア州フィラデルフィア
⑥クルエーン／ランゲルーセントエライアス／グレーシャーベイ／タッシェンシニ・アルセク
（Kluane / Wrangell-StElias / GlacierBay / Tatshenshini-Alsek）
自然遺産（登録基準(vii)(viii)(ix)(x)）　1979年／1992年／1994年
アラスカ州　アメリカ合衆国／カナダ
⑦レッドウッド国立州立公園（Redwood National and State Parks）
自然遺産（登録基準(vii)(ix)）　1980年　カリフォルニア州
⑧マンモスケーブ国立公園（Mammoth Cave National Park）
自然遺産（登録基準(vii)(viii)(x)）　1981年　ケンタッキー州
⑨オリンピック国立公園（Olympic National Park）
自然遺産（登録基準(vii)(ix)）　1981年　ワシントン州
❿カホキア土塁州立史跡（Cahokia Mounds State Historic Site）
文化遺産（登録基準(iii)(iv)）　1982年　イリノイ州
⑪グレート・スモーキー山脈国立公園（Great Smoky Mountains National Park）
自然遺産（登録基準(vii)(viii)(ix)(x)）　1983年　テネシー州、ノースカロライナ州
⓬プエルト・リコのラ・フォルタレサとサン・ファンの国立歴史地区
（La Fortaleza and San Juan National Historic Site in Puerto Rico）
文化遺産（登録基準(vi)）　1983年　プエルト・リコ准州
⓭自由の女神像（Statue of Liberty）
文化遺産（登録基準(i)(vi)）　1984年　ニューヨーク州
⑭ヨセミテ国立公園（Yosemite National Park）
自然遺産（登録基準(vii)(viii)）　1984年　カリフォルニア州
⓯チャコ文化（Chaco Culture）
文化遺産（登録基準(iii)）　1987年　ニューメキシコ州
⓰シャーロッツビルのモンティセロとヴァージニア大学
（Monticello and the University of Virginia in Charlottesville）
文化遺産（登録基準(i)(iv)(vi)）　1987年　ヴァージニア州
⑰ハワイ火山群国立公園（Hawaii Volcanoes National Park）
自然遺産（登録基準(viii)）　1987年　ハワイ州
⓲タオス・プエブロ（Taos Pueblo）
文化遺産（登録基準(iv)）　1992年　ニューメキシコ州
⑲カールスバッド洞窟群国立公園（Carlsbad Caverns National Park）
自然遺産（登録基準(vii)(viii)）　1995年　ニューメキシコ州
⑳ウォータートン・グレーシャー国際平和公園（Waterton Glacier International Peace Park）
自然遺産（登録基準(vii)(ix)）　1995年
モンタナ州　アメリカ合衆国／カナダ
㉑パパハナウモクアケア（Papahanaumokuakea）
複合遺産（登録基準(iii)(vi)(viii)(ix)(x)）　2010年　ハワイ州
㉒ポヴァティ・ポイントの記念碑的な土塁群（Monumental Earthworks of Poverty Point）
文化遺産（登録基準(iii)）　2014年　ルイジアナ州ウェストキャロル
㉓サン・アントニオ・ミッションズ（San Antonio Missions）
文化遺産（登録基準(ii)）　2015年　テキサス州
㉔フランク・ロイド・ライトの20世紀の建築
（The 20th-Century Architecture of Frank Lloyd Wright）　文化遺産（登録基準((ii)）　2019年
イリノイ州オークパーク、イリノイ州シカゴ、ウィスコンシン州スプリング・グリーン、
カリフォルニア州ロサンゼルス、ペンシルバニア州ミル・ラン、ウィスコンシン州マディソン、
ウィスコンシン州スプリング・グリーン、ニューヨーク州ニューヨーク

北米

ラテンアメリカ・カリブ

アメリカ合衆国
バハマ
メキシコ
ハイチ
ドミニカ共和国
キューバ
セントキッツ・ネイヴィース
アンティグア・バーブーダ
ベリーズ
ジャマイカ
ドミニカ国
ホンジュラス
グアテマラ
セントルシア
バルバドス
ニカラグア
エルサルバドル
セントビンセント及びグレナディーン諸島
グレナダ
トリニダードトバコ
コスタリカ
ガイアナ
ヴェネズエラ
スリナム
パナマ
ギアナ
コロンビア
ガラパゴス諸島
エクアドル
ブラジル
ペルー
ボリヴィア
パラグアイ
イースター島
チリ
ウルグアイ
アルゼンチン

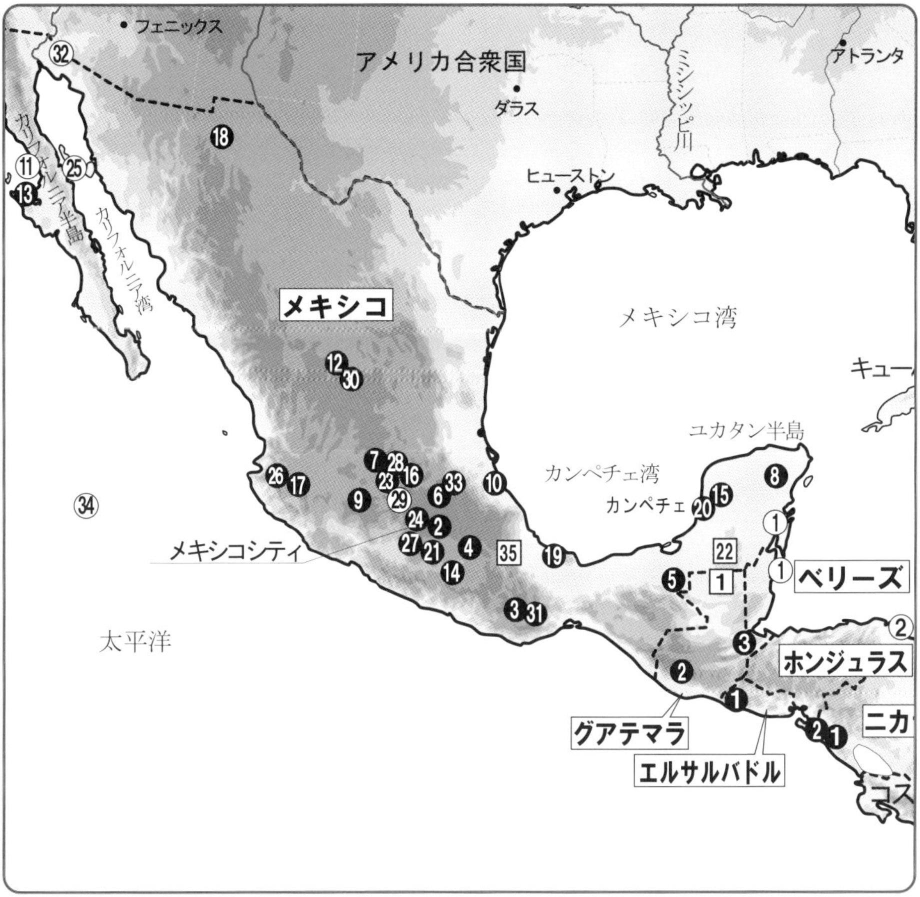
フェニックス
アメリカ合衆国
ダラス
ミシシッピ川
アトランタ
ヒューストン
カリフォルニア半島
カリフォルニア湾
メキシコ
メキシコ湾
キュー
ユカタン半島
カンペチェ湾
カンペチェ
メキシコシティ
ベリーズ
太平洋
ホンジュラス
グアテマラ
エルサルバドル
ニカ
コス

メキシコ合衆国 **United Mexican States**
地方行政管理区分　31州（states）　1市（city）
面積　197万km²　**人口**　12,700万人　**首都**　メキシコシティ（887万人）　**日本との時差**－17～－14時間
主要言語　スペイン語など　**宗教**　カトリックなど　**通貨**　ペソ
世界遺産の数　35（自然遺産　6　文化遺産　27　複合遺産　2）　世界遺産条約締約年　1984年

①シアン・カアン（Sian Ka'an）
自然遺産（登録基準(vii)(x)）　1987年　キンタナ・ロー州

❷メキシコシティーの歴史地区とソチミルコ（Historic Centre of Mexico City and Xochimilco）
文化遺産（登録基準(ii)(iii)(iv)(v)）　1987年　メキシコ・シティ

❸オアハカの歴史地区とモンテ・アルバンの考古学遺跡
（Historic Centre of Oaxaca and Archaeological Site of Monte Alban）
文化遺産（登録基準(i)(ii)(iii)(iv)）　1987年　オアハカ州

❹プエブラの歴史地区（Historic Centre of Puebla）
文化遺産（登録基準(ii)(iv)）　1987年　プエブラ州

❺パレンケ古代都市と国立公園（Pre-Hispanic City and National Park of Palenque）
文化遺産（登録基準(i)(ii)(iii)(iv)）　1987年　チアパス州

❻テオティワカン古代都市（Pre-Hispanic City of Teotihuacan）
文化遺産（登録基準(i)(ii)(iii)(iv)(vi)）　1987年　チアパス州

❼古都グアナファトと近隣の鉱山群（Historic Town of Guanajuato and Adjacent Mines）
文化遺産（登録基準(i)(ii)(iv)(vi)） 1988年 グアナファト州
❽チチェン・イッツァ古代都市（Pre-Hispanic City of Chichen-Itza）
文化遺産（登録基準(i)(ii)(iii)） 1988年 ユカタン州
❾モレリアの歴史地区（Historic Centre of Morelia）
文化遺産（登録基準(ii)(iv)(vi)） 1991年 ミチョアカン州
❿エル・タヒン古代都市（El Tajin, Pre-Hispanic City）
文化遺産（登録基準(iii)(iv)） 1992年 ベラクルス州
⑪エル・ヴィスカイノの鯨保護区（Whale Sanctuary of El Vizcaino）
自然遺産（登録基準(x)） 1993年
バハ・カリフォルニア州、バハ・カリフォルニア・スール州
⓬サカテカスの歴史地区（Historic Centre of Zacatecas）
文化遺産（登録基準(ii)(iv)） 1993年 サカテカス州
⓭サン・フランシスコ山地の岩絵（Rock Paintings of the Sierra de San Francisco）
文化遺産（登録基準(i)(iii)） 1993年 バハ・カリフォルニア・スール州
⓮トラスカラの聖母被昇天大聖堂とフランシスコ会修道院の建造物群
（Franciscan Ensemble of the Monastery and Cathedral of Our Lady of the Assumption of Tlaxcala）
文化遺産（登録基準(ii)(iv)） 1994年／2021年 メヒコ州、プエブラ州
⓯ウシュマル古代都市（Pre-Hispanic Town of Uxmal）
文化遺産（登録基準(i)(ii)(iii)） 1996年 ユカタン州
⓰ケレタロの歴史的建造物地域（Historic Monuments Zone of Queretaro）
文化遺産（登録基準(ii)(iv)） 1996年 ケレタロ州
⓱グアダラハラのオスピシオ・カバニャス（Hospicio Cabanas, Guadalajara）
文化遺産（登録基準(i)(ii)(iii)(iv)） 1997年 ハリスコ州
⓲カサス・グランデスのパキメの考古学地域（Archaeological Zone of Paquime, Casas Grandes）
文化遺産（登録基準(iii)(iv)） 1998年 チワワ州
⓳トラコタルパンの歴史的建造物地域（Historic Monuments Zone of Tlacotalpan）
文化遺産（登録基準(ii)(iv)） 1998年 ベラクルス州
⓴カンペチェの歴史的要塞都市（Historic Fortified Town of Campeche）
文化遺産（登録基準(ii)(iv)） 1999年 カンペチェ州
㉑ソチカルコの考古学遺跡ゾーン（Archaeological Monuments Zone of Xochicalco）
文化遺産（登録基準(iii)(iv)） 1999年 モレロス州
㉒カンペチェ州、カラクムルの古代マヤ都市と熱帯林保護区
（Ancient Maya City and Protected Tropical Forests of Calakmul, Campeche）
複合遺産（登録基準(i)(ii)(iii)(iv)(vi)(ix)(x)） 2002年／2014年
カンペチェ州
㉓ケレタロ州のシエラ・ゴルダにあるフランシスコ会伝道施設
（Franciscan Missions in the Sierra Gorda of Queretaro）
文化遺産（登録基準(ii)(iii)） 2003年 ケレタロ州
㉔ルイス・バラガン邸と仕事場（Luis Barragan House and Studio）
文化遺産（登録基準(i)(ii)） 2004年 メキシコ・シティ
㉕カリフォルニア湾の諸島と保護地域（Islands and Protected Areas of the Gulf of California）
自然遺産（登録基準(vii)(ix)(x)） 2005年／2007年
バハ・カリフォルニア州、バハ・カリフォルニア・スル州、 ソノラ州、ミナロア州、ナヤリット州
★【危機遺産】2019年
㉖テキーラ（地方）のリュウゼツランの景観と古代産業設備
（Agave Landscape and Ancient Industrial Facilities of Tequila）
文化遺産（登録基準(ii)(iv)(v)(vi)） 2006年 ハリスコ州
㉗メキシコ国立自治大学（UNAM）の中央大学都市キャンパス
（Central University City Campus of the *Universidad Nacional Autonoma de Mexico*（UNAM））
文化遺産（登録基準(i)(ii)(iv)） 2007年 メキシコ・シティ
㉘オオカバマダラ蝶の生物圏保護区（Monarch Butterfly Biosphere Reserve）
自然遺産（登録基準(vii)） 2008年

ミチョアカン州、メヒコ州

㉙サン・ミゲルの保護都市とアトトニルコのナザレのイエス聖域
(Protective town of San Miguel and the Sanctuary of Jesus de Nazareno de Atotonilco)
文化遺産(登録基準(ii)(iv))　2008年　グアナファト州

㉚カミノ・レアル・デ・ティエラ・アデントロ (Camino Real de Tierra Adentro)
文化遺産(登録基準(ii)(iv))　2010年
メキシコ・シティ、メヒコ州、イダルゴ州、ケレタロ州、グアナファト州、ハリスコ州、アグアスカリエンテス州、サカテカス州、サン・ルイス・ポトシ州、ドウランゴ州、チワワ州

㉛オアハカの中央渓谷のヤグールとミトラの先史時代の洞窟群
(Prehistoric Caves of Yagul and Mitla in the Central Valley of Oaxaca)
文化遺産(登録基準(iii))　2010年　オアハカ州

㉜エル・ピナカテ／アルタル大砂漠生物圏保護区
(El Pinacate and Gran Desierto de Altar Biosphere Reserve)
自然遺産(登録基準(vii)(viii)(x))　2013年　ソノラ州

㉝テンブレケ神父の水道橋の水利システム (Aqueduct of Padre Tembleque Hydraulic System)
文化遺産(登録基準(i)(ii)(iv))　2015年　メヒコ州、イダルゴ州

㉞レヴィリャヒヘド諸島 (Archipielago de Revillagigedo)
自然遺産(登録基準(vii)(ix)(x))　2016年　コリマ州

㉟テワカン・クイカトラン渓谷：メソアメリカの起源となる環境
(Thuacán-Cuicatlán Vally : originary habitat of Mesoamerica)
複合遺産(登録基準(iv)(x))　2018年　プエブラ州、オアハカ州

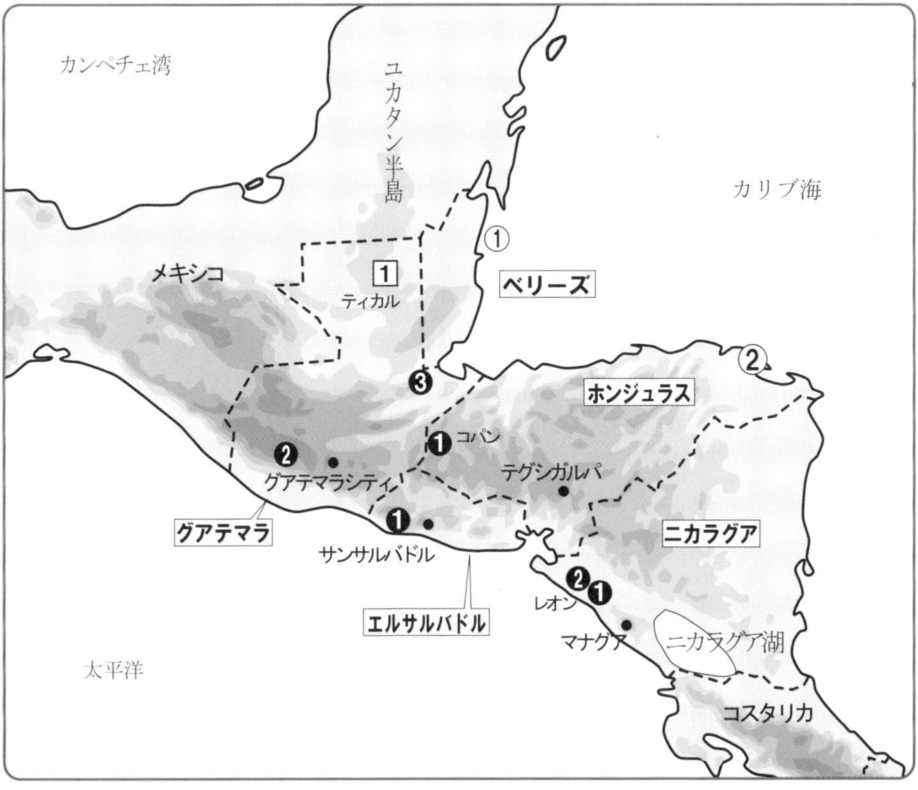
カンペチェ湾
ユカタン半島
カリブ海
メキシコ
1
ティカル
①
ベリーズ
3
②
ホンジュラス
1
コパン
2
グアテマラシティ
テグシガルパ
1
グアテマラ
ニカラグア
サンサルバドル
2
1
レオン
エルサルバドル
マナグア
ニカラグア湖
太平洋
コスタリカ

ベリーズ　Belize

地方行政管理区分　6州（districts）
面積　2.3万km²　人口　35.2万人　首都　ベルモパン（1.1万人）　日本との時差-15時間
主要言語　英語、スペイン語、クレオール語等　宗教　カトリック、英国国教会など
通貨　ベリーズ・ドル
世界遺産の数　1（自然遺産　1　文化遺産　0　複合遺産　0）　世界遺産条約締約年　1990年

①**ベリーズ珊瑚礁保護区**（Belize Barrier Reef Reserve System）
自然遺産（登録基準（vii）（ix）（x））
1996年　★【危機遺産】2009年
トレド州、スタン・クリーク州、ベリーズ州

グアテマラ共和国　Republic of Guatemala

地方行政管理区分　22県（departments）
面積　10.9万km²　人口　1,634万人　首都　グアテマラシティ（215万人）　日本との時差-15時間
主要言語　スペイン語、キチェ語等　宗教　カトリックなど　通貨　ケッツアル
世界遺産の数　3（自然遺産　0　文化遺産　2　複合遺産　1）　世界遺産条約締約年　1979年

[1]**ティカル国立公園**（Tikal National Park）
複合遺産（登録基準（i）（iii）（iv）（ix）（x））　1979年
ペテン県

❷**アンティグア・グアテマラ**（Antigua Guatemala）
文化遺産（登録基準（ii）（iii）（iv））　1979年
サカテペケス県

❸**キリグア遺跡公園と遺跡**（Archaeological Park and Ruins of Quirigua）
文化遺産（登録基準（i）（ii）（iv））　1981年
イザバル県

エルサルバドル共和国　Republic of El Salvador

地方行政管理区分　14県（departments）
面積　2.1万km²　人口　611万人　首都　サンサルバドル（178万人）　日本との時差-15時間
主要言語　スペイン語　宗教　カトリック、プロテスタントなど　通貨　ドル
世界遺産の数　1（自然遺産　0　文化遺産　1　複合遺産　0）　世界遺産条約締約年　1991年

❶**ホヤ・デ・セレンの考古学遺跡**（Joya de Ceren Archaeological Site）
文化遺産（登録基準（iii）（iv））　1993年
ラ・リベルタ県

ホンジュラス共和国　Republic of Honduras

地方行政管理区分　18県（departments）
面積　11.2万km²　人口　800万人　首都　テグシガルパ（117万人）　日本との時差-15時間
主要言語　スペイン語　宗教　カトリックなど　通貨　レンピーラ
世界遺産の数　2（自然遺産　1　文化遺産　1　複合遺産　0）　世界遺産条約締約年　1979年

❶**コパンのマヤ遺跡**（Maya Site of Copan）
文化遺産（登録基準（iv）（vi））　1980年
コパン県

②**リオ・プラターノ生物圏保護区**（Rio Platano Biosphere Reserve）
自然遺産（登録基準（vi）（viii）（ix）（x））1982年
★【危機遺産】2011年
グラシアス・ディオス県、オランチョ県、コロン県

ニカラグア共和国　Republic of Nicaragua

地方行政管理区分　15県（departments）　2自治地域（autonomous regions）
面積　12.9万km²　**人口**　617万人　**首都**　マナグア（220万人）　**日本との時差**−15時間
主要言語　スペイン語　**宗教**　カトリック、福音ルーテル教他　**通貨**　コルドバ・オロ
世界遺産の数　2（自然遺産　0　文化遺産　2　複合遺産　0）　**世界遺産条約締約年**　1979年

❶レオン・ヴィエホの遺跡（Ruins of Leon Viejo）
文化遺産（登録基準(iii)(iv)）　2000年　レオン県
❷レオン大聖堂（Leon Cathedral）
文化遺産（登録基準(ii)(iv)）　2011年　レオン県

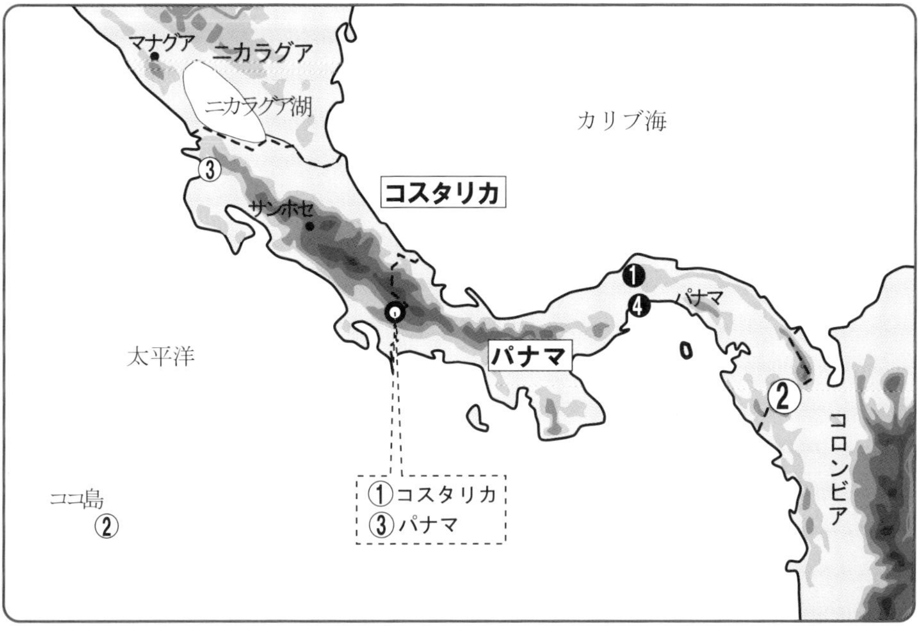
マナグア
ニカラグア
ニカラグア湖
カリブ海
③
コスタリカ
サンホセ
❶
❹
パナマ
太平洋
パナマ
②
コロンビア
①コスタリカ
③パナマ
ココ島
②

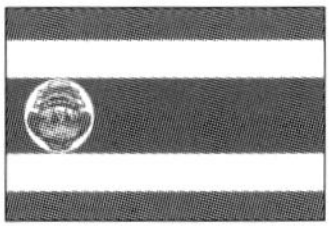

コスタリカ共和国　Republic of Costa Rica

地方行政管理区分　7州（provinces）
面積　5.1万km²　**人口**　476万人　**首都**　サンホセ（33万人）　**日本との時差**−15時間
主要言語　スペイン語　**宗教**　カトリック、プロテスタントなど　**通貨**　コロン
世界遺産の数　4（自然遺産　3　文化遺産　1　複合遺産　0）　**世界遺産条約締約年**　1977年

①タラマンカ地方－ラ・アミスター保護区群／ラ・アミスター国立公園
（Talamanca Range-La Amistad Reserves/ La Amistad National Park）
自然遺産（登録基準(vi)(viii)(ix)(x)）　1983年／1990年
レモン州、プンタレナス州　コスタリカ／パナマ
②ココ島国立公園（Cocos Island National Park）
自然遺産（登録基準(ix)(x)）　1997年／2002年　プンタレナス州
③グアナカステ保全地域（Area de Conservacion Guanacaste）
自然遺産（登録基準(ix)(x)）　1999年／2004年
グアナカステ州
❹ディキス地方の石球のあるプレ・コロンビア期の首長制集落群
（Precolumbian Chiefdom Settlements with Stone Spheres of the Diquis）
文化遺産（登録基準(iii)）　2014年　ディキス地方

パナマ共和国　Republic of Panama

地方行政管理区分　10州（provinces）　3自治区（comarcas）
面積　7.5万km²　**人口**　387万人　**首都**　パナマ・シティ（88万人）　**日本との時差**-14時間
主要言語　スペイン語、英語など　**宗教**　カトリック、プロテスタント　**通貨**　バルボア
世界遺産の数　5（自然遺産　3　文化遺産　2　複合遺産　0）　**世界遺産条約締約年**　1978年

❶パナマのカリブ海沿岸のポルトベロ-サン・ロレンソ要塞群
(Fortifications on the Caribbean Side of Panama : Portobelo-San Lorenzo)
文化遺産（登録基準(i)(iv)）　1980年
★【危機遺産】2012年
コロン州

②ダリエン国立公園（Darien National Park）
自然遺産（登録基準(vii)(ix)(x)）　1981年
ダリエン州

③タラマンカ地方ーラ・アミスター保護区群／ラ・アミスター国立公園
(Talamanca Range-La Amistad Reserves/La Amistad National Park)
自然遺産（登録基準(vii)(viii)(ix)(x)）　1983年／1990年
ボカス・デル・トーロ州、チリキ州
パナマ／コスタリカ

❹パナマ・ヴィエホの考古遺跡とパナマの歴史地区
(Archaeological Site of Panama Viejo and Historic District of Panama)
文化遺産（登録基準(ii)(iv)(vi)）　1997年／2003年
コロン州

⑤コイバ国立公園とその海洋保護特別区域
(Coiba National Park and its Special Zone of Marine Protection)
自然遺産（登録基準(ix)(x)）　2005年
ベラグアス州、チリキ州

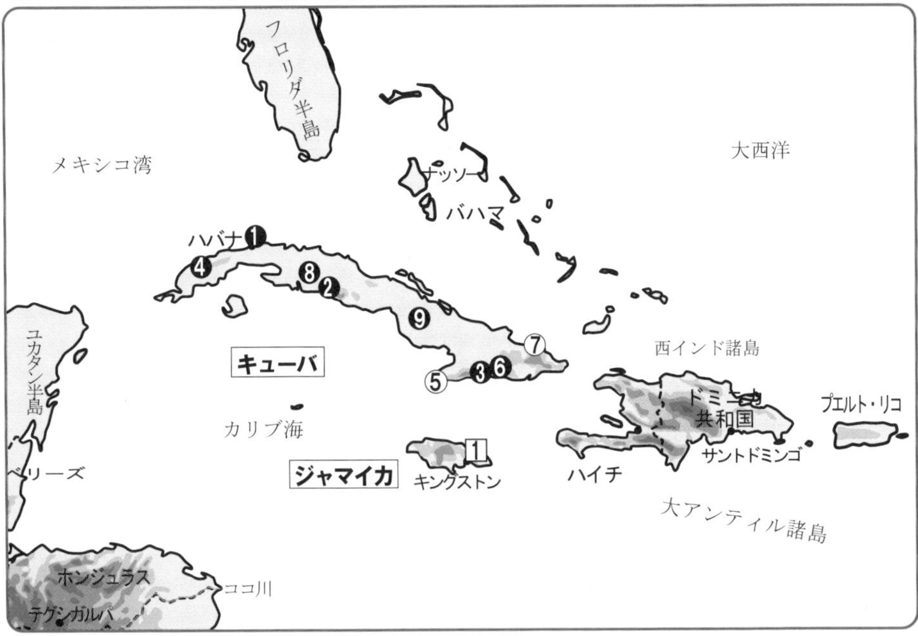

フロリダ半島
メキシコ湾
大西洋
ナッソー
バハマ
ハバナ
キューバ
ユカタン半島
西インド諸島
ドミニカ共和国
プエルト・リコ
カリブ海
ジャマイカ
キングストン
ハイチ
サントドミンゴ
ベリーズ
大アンティル諸島
ホンジュラス
ココ川
テグシガルパ

○自然遺産　●文化遺産　□複合遺産　★危機遺産

キューバ共和国　**Republic of Cuba**

地方行政管理区分　15州（provinces）　1特別自治体（special municipality）
面積　11万km²　**人口**　1,126万人　**首都**　ハバナ（210万人）　**日本との時差**－14時間
主要言語　スペイン語など　**宗教**　カトリックなど　**通貨**　キューバ・ペソ
世界遺産の数　9（自然遺産　2　文化遺産　7　複合遺産　0）　**世界遺産条約締約年**　1981年

❶オールド・ハバナとその要塞システム（Old Havana and its Fortifications）
文化遺産（登録基準（iv）（v））　1982年
ハバナ州

❷トリニダードとインヘニオス渓谷（Trinidad and the Valley de los Ingenios）
文化遺産（登録基準（iv）（v））　1988年
サンクティ・スピトゥス州

❸サンティアゴ・デ・クーバのサン・ペドロ・ロカ要塞
（San Pedro de la Roca Castle, Santiago de Cuba）
文化遺産（登録基準（iv）（v））　1997年
サンティアゴ・デ・クーバ州

❹ヴィニャーレス渓谷（Vinales Valley）
文化遺産（登録基準（iv））　1999年
ピナール・デル・リオ州

⑤デセンバルコ・デル・グランマ国立公園
（Desembarco del Granma National Park）
自然遺産（登録基準（vii）（viii））　1999年　グランマ州

❻キューバ南東部の最初のコーヒー農園の考古学的景観
（Archaeological Landscape of the First Coffee Plantation in the Southeast of Cuba）
文化遺産（登録基準（iii）（iv））　2000年
グアンタナモ州

⑦アレハンドロ・デ・フンボルト国立公園（Alejandro de Humboldt National Park）
自然遺産（登録基準（ix）（x））　2001年
グアンタナモ州、オルギン州

❽シェンフェゴスの都市歴史地区（Urban Historic Centre of Cienfuegos）
文化遺産（登録基準（ii）（iv））　2005年
シェンフェゴス州

❾カマグエイの歴史地区（Historic Centre of Camaguey）
文化遺産（登録基準（iv）（v））　2008年
カマグエイ州

ジャマイカ　**Jamaica**

地方行政管理区分　2郡（counties）　14教区（parishes）
面積　1.1万km²　**人口**　297万人　**首都**　キングストン（67万人）　**日本との時差**　－14時間
主要言語　英語など　**宗教**　プロテスタントなど　**通貨**　ジャマイカ・ドル
世界遺産の数　1（自然遺産　0　文化遺産　0　複合遺産　1）　**世界遺産条約締約年**　1983年

1ブルー・ジョン・クロウ山脈（Blue and John Crow Mountains）
複合遺産（登録基準（iii）（vi）（x））　2015年
東部サリー郡セント・アンドリュー教区、セント・トーマス教区、ポートランド教区
中部ミドルセックス郡セント・メアリー教区

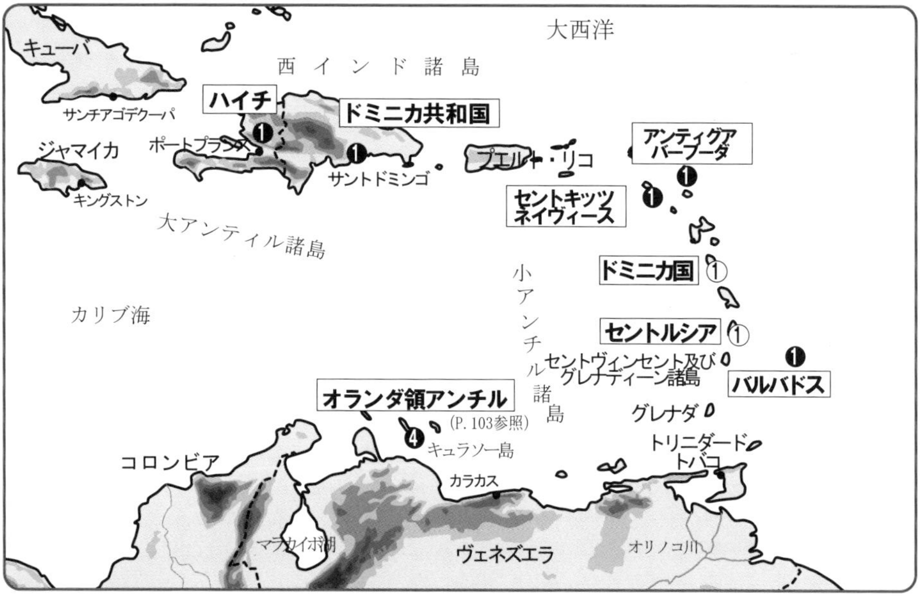
大西洋
西インド諸島
キューバ
サンチアゴデクーバ
ハイチ
ドミニカ共和国
ジャマイカ
ポートプランス
キングストン
サントドミンゴ
プエルト・リコ
アンティグア
バーブーダ
セントキッツ
ネイヴィース
大アンティル諸島
ドミニカ国
カリブ海
小アンチル諸島
セントルシア
セントヴィンセント及び
グレナディーン諸島
バルバドス
オランダ領アンチル
(P.103参照)
グレナダ
キュラソー島
トリニダード
トバコ
コロンビア
カラカス
マラカイボ湖
ヴェネズエラ
オリノコ川

ハイチ共和国　Republic of Haiti

地方行政管理区分　10県（departments）
面積　2.8万km²　**人口**　1,057万人　**首都**　ポルトープランス（98万人）　**日本との時差**－14時間
主要言語　フランス語、クレオール語　**宗教**　キリスト教、ブードゥー教など　**通貨**　グールド
世界遺産の数　1（自然遺産　0　文化遺産　1　複合遺産　0）　世界遺産条約締約年　1980年

❶シタデル、サン・スーシー、ラミエール国立歴史公園
(National History Park-Citadel, Sans Souci, Ramiers)
文化遺産（登録基準(iv)(vi)）　1982年
ドゥ・ノール県

ドミニカ共和国　Dominican Republic

地方行政管理区分　31州（provinces）　1首都地区（district）
面積　4.8万km²　**人口**　1,041万人　**首都**　サントドミンゴ（96万人）　**日本との時差**－13時間
主要言語　スペイン語　**宗教**　カトリックなど　**通貨**　ペソ
世界遺産の数　1（自然遺産　0　文化遺産　1　複合遺産　0）　世界遺産条約締約年　1985年

❶サント・ドミンゴの植民都市（Colonial City of Santo Domingo）
文化遺産（登録基準(ii)(iv)(vi)）　1990年
サント・ドミンゴ州

アンティグア・バーブーダ　Antigua and Barbuda

地方行政管理区分　6郡（parishes）　2属領区（dependencies）
面積　443km²　人口　8.2万人　首都　セントジョンズ（3.1万人）　日本との時差-13時間
主要言語　英語など　宗教　プロテスタントなど　通貨　東カリブ・ドル
世界遺産の数　1（自然遺産　0　文化遺産　1　複合遺産　0）　世界遺産条約締約年　1983年

❶アンティグア海軍造船所と関連考古学遺跡群
(Antigua Naval Dockyard and Related Archaeological Sites)
文化遺産(登録基準(ii)(iv))　2016年
アンティグア島セント・ポール郡

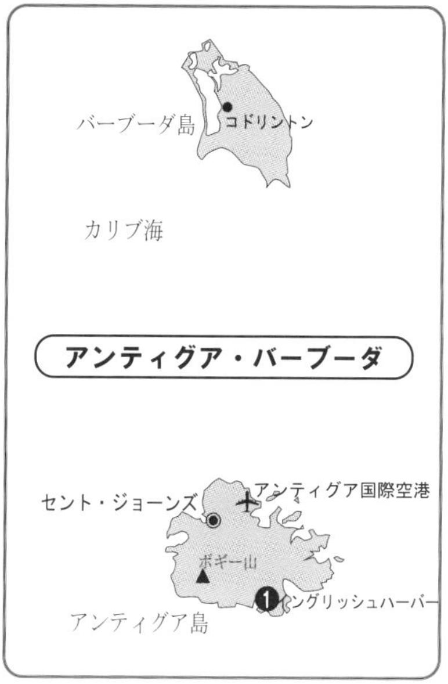
バーブーダ島
コドリントン
カリブ海
アンティグア・バーブーダ
セント・ジョーンズ
アンティグア国際空港
ボギー山
❶
イングリッシュハーバー
アンティグア島

セントキッツ・ネイヴィース　Saint Kitts and Nevis

地方行政管理区分　14郡（parishes）
面積　262km²　人口　5.2万人　首都　バセテール（1.3万人）　日本との時差-13時間
主要言語　英語　宗教　英国国教など　通貨　東カリブ・ドル
世界遺産の数　1（自然遺産　0　文化遺産　1　複合遺産　0）　世界遺産条約締約年　1986年

❶ブリムストンヒル要塞国立公園
(Brimstone Hill Fortress National park)
文化遺産(登録基準(iii)(iv))　1999年
セント・キッツ島セント・トーマス郡

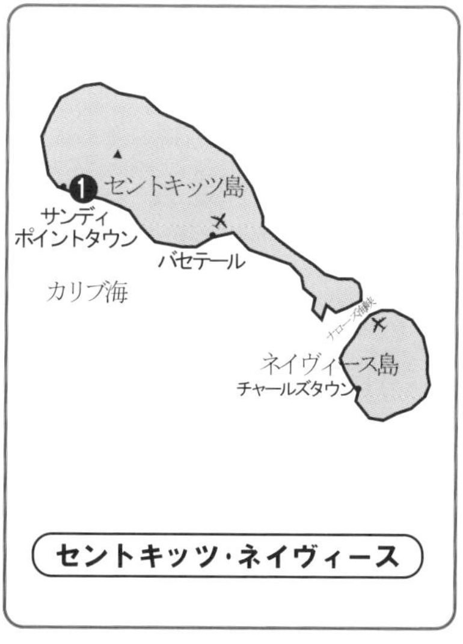
❶
セントキッツ島
サンディ
ポイントタウン
バセテール
カリブ海
ネイヴィース島
チャールズタウン
セントキッツ・ネイヴィース

ドミニカ国

Commonwealth of Dominica

地方行政管理区分 10郡（parishes）
面積 754km² **人口** 7.4万人
首都 ロゾー（1.5万人）
日本との時差-13時間 **主要言語** 英語など
宗教 英国国教、カトリックなど **通貨** 東カリブ・ドル
世界遺産の数 1（自然遺産 1 文化遺産 0 複合遺産 0）
世界遺産条約締約年 1995年

①トワ・ピトン山国立公園
(Morne Trois Pitons National Park)
自然遺産(登録基準(viii)(x)) 1997年
セント・ポール郡、セント・ディヴィッド郡

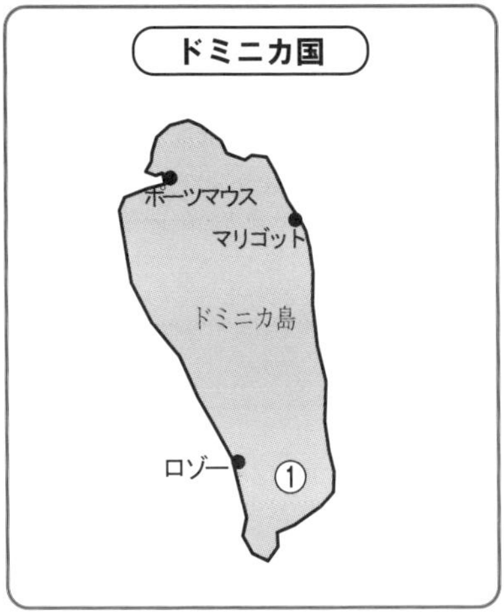
ドミニカ国
ポーツマウス
マリゴット
ドミニカ島
ロゾー
①

セント・ルシア

Saint Lucia

地方行政管理区分 11地区（quarters）
面積 620km² **人口** 16.4万人
首都 カストリーズ（2万人）
日本との時差 -13時間 **主要言語** 英語など
宗教 キリスト教など **通貨** 東カリブ・ドル
世界遺産の数 1（自然遺産 1 文化遺産 0 複合遺産 0）
世界遺産条約締約年 1991年

①ピトン管理地域（Pitons Management Area）
自然遺産(登録基準(vii)(viii)) 2004年
スフレ地区

セント・ルシア
カストリーズ
セントルシア島
①ピトン管理地域

バルバドス

Barbados

地方行政管理区分 11教区（parish）
面積 431km² **人口** 28.3万人
首都 ブリッジタウン（11万人）
日本との時差-13時間 **主要言語** 英語
宗教 キリスト教など **通貨** バルバドス・ドル
世界遺産の数 1（自然遺産 0 文化遺産 1 複合遺産 0）
世界遺産条約締約年 2002年

❶ブリッジタウンの歴史地区とその駐屯地
(Historic Bridgetown and its Garrison)
文化遺産(登録基準(ii)(iii)(iv)) 2011年
セント・マイケル教区

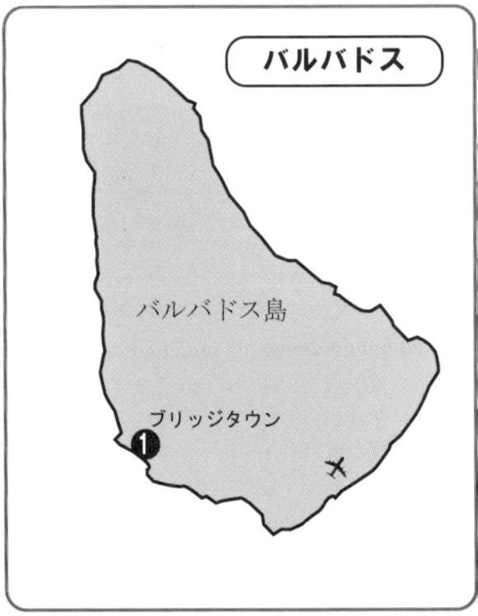
バルバドス
バルバドス島
ブリッジタウン
❶

○自然遺産 ●文化遺産 □複合遺産 ★危機遺産

ホンジュラス
ニカラグア
コスタリカ
パナマ
カリブ海
小アンティル諸島
パランキア
カラカス
オリノコ川
マラカイボ湖
ヴェネズエラ
ジョージタウン
パラマリボ
ガイアナ
仏領ギアナ
ボゴタ
コロンビア
ギアナ高地
スリナム
ガラパゴス諸島
エクアドル
キト
カパック・ニャン、
アンデス山脈の道路網
8 コロンビア
5 エクアドル
12 ペルー
7 ボリヴィア
6 チリ
9 アルゼンチン
アマゾン川
マラニョン川
ジュルアル川
ブラジル
ペルー
ワスカラン山
リマ
クスコ
太平洋
ナスカ
アレキパ
ボリヴィア
ラパス
アリカ湾
ブラジル高原
パラグアイ
アスンシオン

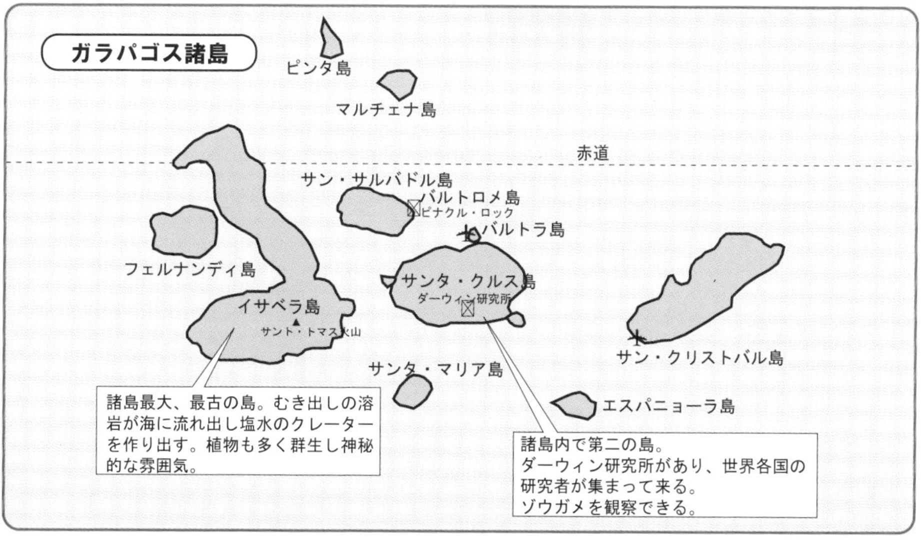

ガラパゴス諸島
ピンタ島
マルチェナ島
赤道
サン・サルバドル島
バルトロメ島
ピナクル・ロック
バルトラ島
フェルナンディナ島
サンタ・クルス島
ダーウィン研究所
イサベラ島
サント・トマス火山
サン・クリストバル島
サンタ・マリア島
エスパニョーラ島
諸島最大、最古の島。むき出しの溶岩が海に流れ出し塩水のクレーターを作り出す。植物も多く群生し神秘的な雰囲気。
諸島内で第二の島。
ダーウィン研究所があり、世界各国の研究者が集まって来る。
ゾウガメを観察できる。

ヴェネズエラ・ボリバル共和国 Bolovarian Republic of Venezuela

地方行政管理区分 23州（states） 1首都地区（capital district） 1連邦保護領（federal dependency）
面積 91.2万km² **人口** 3,091万人 **首都** カラカス（596万人） **日本との時差** −13時間
主要言語 スペイン語など **宗教** カトリック **通貨** ボリバル・フエルテ
世界遺産の数 3（自然遺産 1 文化遺産 2 複合遺産 0） 世界遺産条約締約年 1990年

❶**コロとその港**（Coro and its Port）
文化遺産（登録基準(iv)(v)） 1993年
★【危機遺産】2005年 ファルコン州
②**カナイマ国立公園**（Canaima National Park）
自然遺産（登録基準(vii)(viii)(ix)(x)） 1994年 ボリバル州
❸**カラカスの大学都市**
（Ciudad Universitaria de Caracas）
文化遺産（登録基準(i)(iv)） 2000年 カラカス首都地区

スリナム共和国 Republic of Suriname

地方行政管理区分 10地区（districts）
面積 16.4万km² **人口** 53.8万人 **首都** パラマリボ（24万人） **日本との時差** −12時間
主要言語 オランダ語、英語、スリナム語など **宗教** キリスト教、ヒンドゥー教、イスラム教
通貨 スリナム・ドル
世界遺産の数 2（自然遺産 1 文化遺産 1 複合遺産 0） 世界遺産条約締約年 1997年

①**中央スリナム自然保護区**
（Central Suriname Nature Reserve）
自然遺産（登録基準(ix)(x)） 2000年 シパリウィニ地区
❷**パラマリボ市街の歴史地区**
（Historic Inner City of Paramaribo）
文化遺産（登録基準(ii)(iv)） 2002年 パラマリボ地区

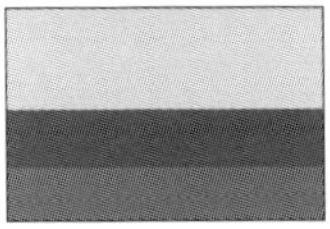

コロンビア共和国 Republic of Colombia

地方行政管理区分 32県（departments） 1首都地域（capital district）
面積 114万km² **人口** 4,722万人 **首都** ボゴタ（825万人） **日本との時差** −14時間
主要言語 スペイン語 **宗教** カトリックなど **通貨** コロンビア・ペソ
世界遺産の数 9（自然遺産 2 文化遺産 6 複合遺産 1） 世界遺産条約締約年 1983年

❶**カルタヘナの港、要塞、建造物群**（Port, Fortresses and Group of Monuments, Cartagena）
文化遺産（登録基準(iv)(vi)） 1984年 ボリバル県
②**ロス・カティオス国立公園**（Los Katios National Park）
自然遺産（登録基準(ix)(x)） 1994年 チョコ県
❸**サンタ・クルーズ・デ・モンポスの歴史地区**（Historic Centre of Santa Cruz de Mompox）
文化遺産（登録基準(iv)(v)） 1995年 ボリバル県
❹**ティエラデントロ国立遺跡公園**（National Archaeological Park of Tierradentro）
文化遺産（登録基準(iii)） 1995年 カウカ県
❺**サン・アグスティン遺跡公園**（San Agustin Archaeological Park）
文化遺産（登録基準(iii)） 1995年 ウィラ県
⑥**マルペロ動植物保護区**（Malpelo Fauna and Flora Sanctuary）
自然遺産（登録基準(vii)(ix)） 2006年 カウカ県
❼**コロンビアのコーヒーの文化的景観**（Coffee Cultural Landscape of Columbia）
文化遺産（登録基準(v)(vi)） 2011年 カルダス県、リサラルダ県、バジェ・デル・カウカ県
❽**カパック・ニャン、アンデス山脈の道路網**（Qhapaq Nan, Andean Road System）
文化遺産（登録基準(ii)(iii)(iv)(vi)） 2014年 ナリーニョ県
コロンビア／エクアドル／ボリヴィア／ペルー／チリ／アルゼンチン
⑨**チリビケテ国立公園－ジャガーの生息地**
（Chiribiquete National Park – "The Maloca of the Jaguar"）
複合遺産（登録基準(iii)(ix)(x)） 2018年 グアビアーレ県ソラノ

エクアドル共和国 Republic of Ecuador

地方行政管理区分　24州（provinces）
面積　25.6万km²　**人口**　1,542万人　**首都**　キト（267万人）　**日本との時差**-14時間
主要言語　スペイン語、ケチュア語など　**宗教**　カトリックなど　**通貨**　米ドル
世界遺産の数　5（**自然遺産**　2　**文化遺産**　3　**複合遺産**　0）　**世界遺産条約締約年**　1975年

①**ガラパゴス諸島**（Galapagos Islands）
　自然遺産（登録基準（vii）（viii）（ix）（x））　1978年／2001年
　ガラパゴス州
❷**キト市街**（City of Quito）
　文化遺産（登録基準（ii）（iv））　1978年
　ピチンチャ州
③**サンガイ国立公園**（Sangay National Park）
　自然遺産（登録基準（vii）（viii）（ix）（x））　1983年
　モロナーサンチアゴ州、チンボラソ州、ツングラグア州
❹**サンタ・アナ・デ・ロス・リオス・クエンカの歴史地区**
　（Hisotric Centre of Santa Ana de los Rios de Cuenca）
　文化遺産（登録基準（ii）（iv）（v））　1999年　アスアイ州
❺**カパック・ニャン、アンデス山脈の道路網**
　（Qhapaq Nan, Andean Road System）
　文化遺産（登録基準（ii）（iii）（iv）（vi））　2014年
　カルチ州、インバブーラ州、ピチンチャ州、コトパクシ州、チンボラソ州、カニャール州、
　アスアイ州、グアヤス州、ロハ州
　コロンビア／エクアドル／ボリヴィア／ペルー／チリ／アルゼンチン

ペルー共和国 Republic of Peru

地方行政管理区分　25県（regions）　1特別区（province）
面積　128.5万km²　**人口**　3,115万人　**首都**　リマ（885万人）　**日本との時差**-14時間
主要言語　スペイン語、ケチュア語、アイマラ語など　**宗教**　カトリックなど　**通貨**　ヌエボ・ソル
世界遺産の数　13（**自然遺産**　2　**文化遺産**　9　**複合遺産**　2）　**世界遺産条約締約年**　1982年

❶**クスコ市街**（City of Cuzco）
　文化遺産（登録基準（iii）（iv））　1983年　中部クスコ県
[2]**マチュ・ピチュの歴史保護区**（Historic Sanctuary of Machu Picchu）
　複合遺産（登録基準（i）（iii）（vii）（ix））　1983年　中部クスコ県
❸**チャビン（考古学遺跡）**（Chavin（Archaeological Site））
　文化遺産（登録基準（iii））　1985年　中部アンカッシュ県
④**ワスカラン国立公園**（Huascaran National Park）
　自然遺産（登録基準（vii）（viii））　1985年　中部アンカッシュ県ワラス地方、ユンガイ地方ほか
❺**チャン・チャン遺跡地域**（Chan Chan Archaeological Zone）
　文化遺産（登録基準（i）（iii））　1986年　★【危機遺産】1986年　中部リベルタ県
⑥**マヌー国立公園**（ManuNational Park）
　自然遺産（登録基準（ix）（x））1987年／2009年　中部マドレ・デ・ディオス県、中部クスコ県
❼**リマの歴史地区**（Historic Centre of Lima）
　文化遺産（登録基準（iv））　1988年／1991年　中部リマ県
[8]**リオ・アビセオ国立公園**（Rio Abiseo National Park）
　複合遺産（登録基準（iii）（vii）（ix）（x））　1990年／1992年　北部サン・マルティン県
❾**ナスカとパルパの地上絵**（Lines and Geoglyphs of Nasca and Palpa）
　文化遺産（登録基準（i）（iii）（iv））　1994年　中部イカ県

❿アレキパ市の歴史地区（Historical Centre of the City of Arequipa）
文化遺産（登録基準(i)(iv)）　2000年　南部アレキパ県

⓫スペ渓谷のカラルの聖都（Sacred City of Caral - Supe）
文化遺産（登録基準(ii)(iii)(iv)）　2009年　中部リマ県

⓬カパック・ニャン、アンデス山脈の道路網（Qhapaq Nan, Andean Road System）
文化遺産（登録基準(ii)(iii)(iv)(vi)）　2014年
北部ラ・リベルタ県
中部アンカシュ県、ワヌコ県、リマ県、フニン県
南部クスコ県、プーノ県
コロンビア／エクアドル／ボリヴィア／ペルー／チリ／アルゼンチン

⓭チャンキーヨの太陽観測と儀式の中心地
（Chankillo Solar Observatory and ceremonial center）
文化遺産（登録基準(i)(iv)）　2021年

大西洋
ボゴタ
ガイアナ
ギアナ高地
スリナム
ギアナ
コロンビア
ブランコ川
ジャプラ川
ネグロ川
アマゾン川
マナウス
サンルイス
アマゾン盆地
マラニョン川
ジュルア川
プルス川
マデイラ川
タパジョス川
シングー川
トカンチンス川
ペルー
リオブランコ
ブラジル
アラグアイア川
サンフランシスコ川
レシフェ
リマ
ボリヴィア
ブラジル高原
サルバドール
チチカカ湖
ラパス
サンタクルス
マットグロッソ高原
ゴイヤス
ブラジリア
スクレ
ポトシ
パラグアイ川
ベロオリゾンテ
カパック・ニャン、アンデス山脈の道路網
❽コロンビア 9か所
❺エクアドル 24か所
⓬ペルー 54か所
❼ボリヴィア 3か所
❻チリ 34か所
❾アルゼンチン 13か所
パラグアイ
サンパウロ
リオデジャネイロ
アスンシオン
イグアス
⑥ブラジル
③アルゼンチン
※ブラジル、アルゼンチン各々の国で登録。2物件
パラナ川
ウルグアイ川
③ブラジル
❷アルゼンチン
アコンカグア山
太平洋
チリ
ウルグアイ
サンティアゴ
ブエノスアイレス
モンテビデオ
アルゼンチン

ボリヴィア多民族国 Plurinational State of Bolivia

地方行政管理区分　9県（departments）
面積　109.9万km²　**人口**　1082.5万人　　**首都**　ラパス（76万人）※法律上はスクレ
日本との時差-13時間　　**主要言語**　スペイン語、ケチュア語、アイマラ語など
宗教　カトリック　　**通貨**　ボリヴィアーノ
世界遺産の数　7（自然遺産　1　文化遺産　6　複合遺産　0）　世界遺産条約締約年　1976年

❶**ポトシ市街**（City of Potosi）
　文化遺産（登録基準(ii)(iv)(vi)）　1987年
　★【危機遺産】2014年　ポトシ県
❷**チキトスのイエズス会伝道施設**（Jesuit Missions of the Chiquitos）
　文化遺産(登録基準(iv)(v))　1990年　サンタ・クルス県
❸**スクレの歴史都市**（Historic City of Sucre）
　文化遺産(登録基準(iv))　1991年　チュキサカ県
❹**サマイパタの砦**（Fuerte de Samaipata）
　文化遺産（登録基準(ii)(iii)）　1998年　サンタ・クルス県
❺**ティアワナコ：ティアワナコ文化の政治・宗教の中心地**
　(Tiwanaku:Spiritual and Political Centre of the Tiwanaku Culture)
　文化遺産(登録基準(iii)(iv))　2000年　ラパス県
⑥**ノエル・ケンプ・メルカード国立公園**（Noel Kempff Mercado National Park）
　自然遺産(登録基準(ix)(x))　2000年
　サンタ・クルス県
❼**カパック・ニャン、アンデス山脈の道路網**
　(Qhapaq Nan, Andean Road System)
　文化遺産(登録基準(ii)(iii)(iv)(vi))　2014年
　ラパス県
　コロンビア／エクアドル／ボリヴィア／ペルー／チリ／アルゼンチン

ブラジル連邦共和国 Federative Republic of Brazil

地方行政管理区分　26州（states）　1連邦直轄区（federal district）
面積　851万km²　**人口**　20,040万人　**首都**　ブラジリア（298万人）　**日本との時差**-12時間
主要言語　ポルトガル語　　**宗教**　カトリック、プロテスタントなど　　**通貨**　レアル
世界遺産の数　23（自然遺産　7　文化遺産　15　複合遺産　1）　世界遺産条約締約年　1977年

❶**オウロ・プレートの歴史都市**（Historic Town of Ouro Preto）
　文化遺産(登録基準(i)(iii))　1980年　ミナス・ジェライス州
❷**オリンダの歴史地区**（Historic Centre of the Town of Olinda）
　文化遺産(登録基準(ii)(iv))　1982年　ペルナンブコ州
❸**グアラニー人のイエズス会伝道所：サン・イグナシオ・ミニ、ノエストラ・セニョーラ・デ・ロレト、サンタ・マリア・マジョール(アルゼンチン)、サン・ミゲル・ミソオエス遺跡(ブラジル)**
　(Jesuit Missions of the Guaranis: San Ignacio Mini, Santa Ana, Nuestra Senora de Loreto and Santa Maria Mayor(Argentina), Ruins of Sao Miguel das Missoes(Brazil))
　文化遺産(登録基準(iv))　1983年／1984年　リオ・グレンデ・ド・スル州　ブラジル／アルゼンチン
❹**サルヴァドール・デ・バイアの歴史地区**（Historic Centre of Salvador de Bahia）
　文化遺産(登録基準(iv)(vi))　1985年　バイア州
❺**コンゴーニャスのボン・ゼズス聖域**（Sanctuary of Bom Jesus do Congonhas）
　文化遺産(登録基準(i)(iv))　1985年　ミナス・ジェライス州
⑥**イグアス国立公園**（Iguacu National Park）
　自然遺産(登録基準(vii)(x))　1986年　パラナ州
❼**ブラジリア**（Brasilia）
　文化遺産(登録基準(i)(iv))　1987年　ブラジリア連邦区

❽セラ・ダ・カピバラ国立公園（Serra da Capivara National Park）
文化遺産（登録基準（iii））　1991年　ピアウイ州
❾サン・ルイスの歴史地区（Historic Centre of Sao Luis）
文化遺産（登録基準（iii）（iv）（v））　1997年　マラニャン州
❿ディアマンティナの歴史地区（Historic Centre of the Town of Diamantina）
文化遺産（登録基準（ii）（iv））　1999年　ミナスジェライス州
⑪ブラジルが発見された大西洋森林保護区
（Discovery Coast Atlantic Forest Reserves）
自然遺産（登録基準（ix）（x））　1999年　バーイア州、エスピリト・サント州
⑫大西洋森林南東保護区（Atlantic Forest South-East Reserves）
自然遺産（登録基準（vii）（ix）（x））　1999年　サンパウロ州、パラナ州
⑬中央アマゾン保護区群（Central Amazon Conservation Complex）
自然遺産（登録基準（ix）（x））　2000年／2003年　アマゾナス州
⑭パンタナル保護地域（Pantanal Conservation Area）
自然遺産（登録基準（vii）（ix）（x））　2000年
マトグロッソ州、マトグロッソドスル州
⓯ゴイヤスの歴史地区（Historic Centre of the Town of Goias）
文化遺産（登録基準（ii）（iv））　2001年　ゴイアス州
⑯ブラジルの大西洋諸島：フェルナンド・デ・ノロニャ島とロカス環礁保護区
（Brazilian Atlantic Islands : Fernando de Noronha and Atol das Rocas Reserves）
自然遺産（登録基準（vii）（ix）（x））　2001年　ベルナンブコ州
⑰セラード保護地域：ヴェアデイロス平原国立公園とエマス国立公園
（Cerrado Protected Areas : Chapada dos Veadeiros and Emas National Parks）
自然遺産（登録基準（ix）（x））　2001年　ゴイアス州
⓲サン・クリストヴァンの町のサンフランシスコ広場
（Sao Francisco Square in the Town of Sao Cristovao）
文化遺産（登録基準（ii）（iv））　2010年　セルジッペ州
⓳リオ・デ・ジャネイロ：山と海との間のカリオカの景観群
（Rio de Janeiro: Carioca Landscapes between the Mountain and the Sea）
文化遺産（登録基準（vi））　2012年　リオ・デ・ジャネイロ州
⓴パンプーリャ湖の近代建築群（Pampulha Modern Ensemble）
文化遺産（登録基準（i）（ii）（iv））　2016年　ミナス・ジェライス州ベオロリゾンテ市
㉑ヴァロンゴ埠頭の考古学遺跡
（Valongo Wharf Archaeological Site）
文化遺産（登録基準（vi））　2017年　リオデジャネイロ州
㉒パラチとイーリャ・グランデー文化と生物多様性
（Paraty and Ilha Grande – Culture and Biodiversity）
複合遺産（登録基準（（v）（x））　2019年　リオデジャネイロ州／サンパウロ州
㉓ロバート・ブール・マルクスの仕事場（Sítio Roberto Burle Marx）
文化遺産（登録基準（ii）（iv））　2021年　バーハ・グァラチバ地区

パラグアイ共和国　Republic of Paraguay

地方行政管理区分　17県（departments）　1首都（capital city）
面積　40.7万km^2　**人口**　686万人　**首都**　アスンシオン（52万人）　**日本との時差**−13時間
主要言語　スペイン語、グァラニー語　**宗教**　カトリックなど　**通貨**　グァラニー
世界遺産の数　1（自然遺産　0　文化遺産　1　複合遺産　0）　**世界遺産条約締約年**　1988年

❶ラ・サンティシマ・トリニダード・デ・パラナとヘスス・デ・タバランゲのイエズス会伝道所
（Jesuit Missions of La Santisima Trinidad de Parana and Jesus de Tavarangue）
文化遺産（登録基準（iv））　1993年
イタプア県

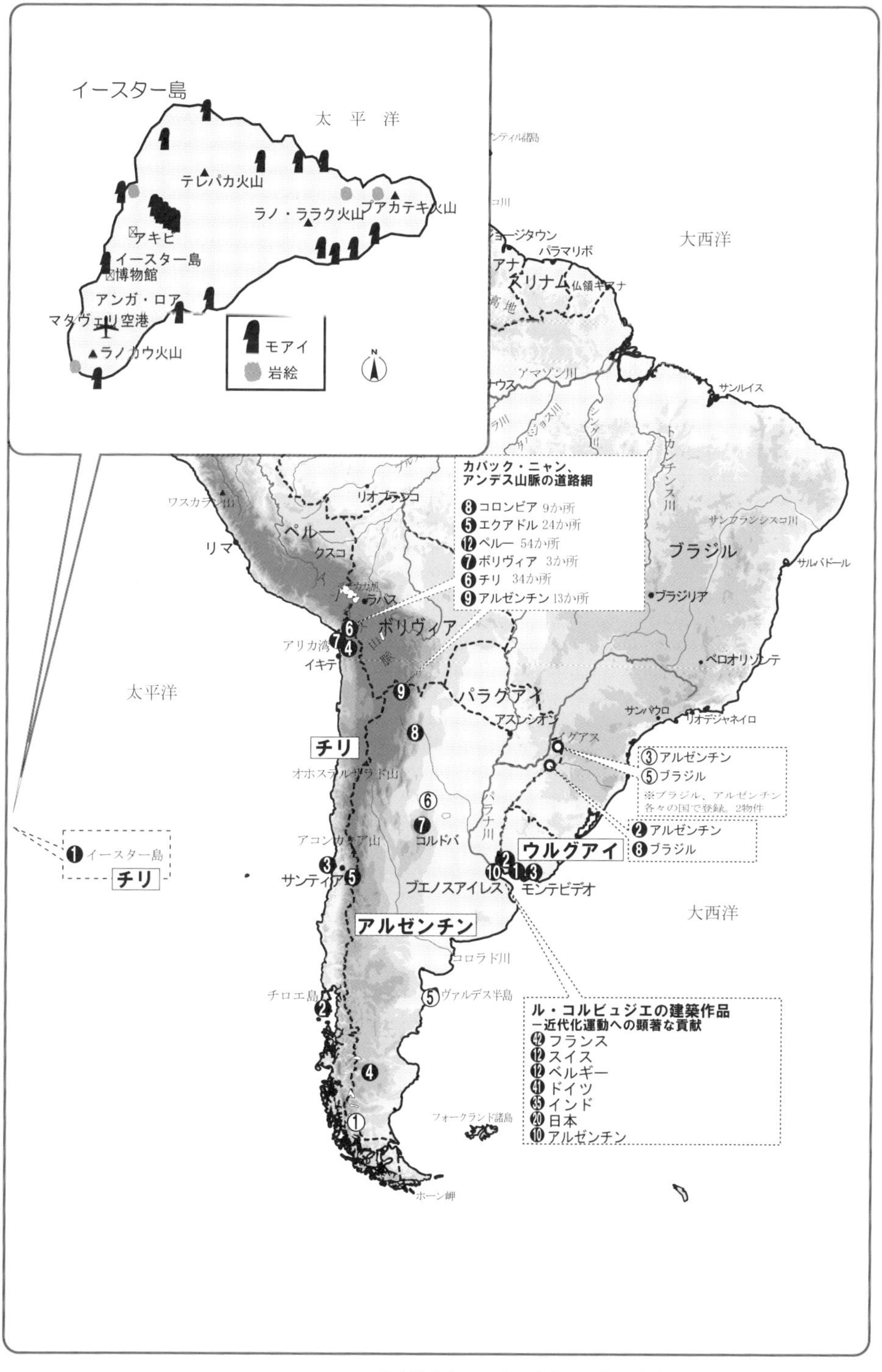
イースター島
太平洋
テレパカ火山
ラノ・ララク火山
プアカテキ火山
アキビ
イースター島博物館
アンガ・ロア
マタヴェリ空港
ラノカウ火山
モアイ
岩絵
N
ジョージタウン
パラマリボ
スリナム
仏領ギアナ
大西洋
アマゾン川
サンルイス
トカンチンス川
カパック・ニャン、
アンデス山脈の道路網
8 コロンビア 9か所
5 エクアドル 24か所
12 ペルー 54か所
7 ボリヴィア 3か所
6 チリ 34か所
9 アルゼンチン 13か所
ワスカラン山
リオブランコ
ペルー
リマ
クスコ
サンフランシスコ川
ブラジル
サルバドール
ブラジリア
ラパス
ボリヴィア
アリカ湾
イキテ
ベロオリゾンテ
太平洋
パラグアイ
サンパウロ
リオデジャネイロ
アスンシオン
イグアス
チリ
③アルゼンチン
⑤ブラジル
※ブラジル、アルゼンチン各々の国で登録、2物件
オホスデルサラド山
パラナ川
2 アルゼンチン
8 ブラジル
アコンカグア山
コルドバ
ウルグアイ
1 イースター島
チリ
サンティアゴ
ブエノスアイレス
モンテビデオ
大西洋
アルゼンチン
コロラド川
チロエ島
ヴァルデス半島
ル・コルビュジエの建築作品
－近代化運動への顕著な貢献
42 フランス
12 スイス
12 ベルギー
41 ドイツ
35 インド
20 日本
10 アルゼンチン
フォークランド諸島
ホーン岬

○自然遺産 ●文化遺産 □複合遺産 ★危機遺産

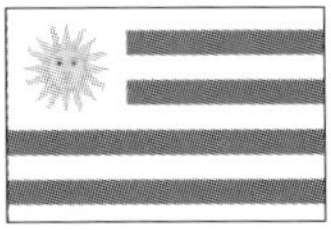

ウルグアイ東方共和国 Oriental Republic of Uruguay

地方行政管理区分　19県（departments）
面積　17.6万km²　**人口**　335万人　**首都**　モンテビデオ（132万人）　**日本との時差**－12時間
主要言語　スペイン語、ポルトガル語　**宗教**　カトリックなど　**通貨**　ウルグアイ・ペソ
世界遺産の数　3（自然遺産　0　文化遺産　3　複合遺産　0）　**世界遺産条約締約年**　1989年

❶コロニア・デル・サクラメントの歴史地区
（Historic Quarter of the City of Colonia del Sacramento）
文化遺産（登録基準（iv））　1995年
コロニア県

❷フライ・ベントスの文化的・産業景観
（Fray Bentos Cultural-Industrial Landscape）
文化遺産（登録基準（ii）（iv））　2015年
リオ・ネグロ県

❸エンジニア、エラディオ・ディエステの作品：アトランティダの聖堂
（The work of engineer Eladio Dieste: Church of Atlántida）
文化遺産（登録基準（iv））　2021年　カネロネス県エスタシオン・アトランティダ

チリ共和国 Republic of Chile

地方行政管理区分　15州（regions）
面積　75.7万km²　**人口**　1,765万人　**首都**　サンティアゴ（616万人）　**日本との時差**－13時間
主要言語　スペイン語　**宗教**　カトリック教　**通貨**　チリ・ペソ
世界遺産の数　7（自然遺産　0　文化遺産　7　複合遺産　0）　**世界遺産条約締約年**　1980年

❶ラパ・ヌイ国立公園（Rapa Nui National Park）
文化遺産（登録基準（i）（iii）（v））　1995年
バルパライソ州バスクワ島（イースター島）

❷チロエ島の教会群（Churches of Chiloe）
文化遺産（登録基準（ii）（iii））　2000年
ロス・ラゴス州（チロエ島）

❸海港都市バルパライソの歴史地区
（Historic Quarter of the Seaport City of Valparaiso）
文化遺産（登録基準（iii））　2003年
バルパライソ州バルパライソ市

❹ハンバーストーンとサンタ・ラウラの硝石工場群
（Humberstone and Santa Laura Saltpeter Works）
文化遺産（登録基準（ii）（iii）（iv））　2005年
★【危機遺産】2005年
タラパカ州イキケ県

❺セウェルの鉱山都市（Sewell Mining Town）
文化遺産（登録基準（ii））　2006年
オヒギンス州カチャポアル県マチャリ市

❻カパック・ニャン、アンデス山脈の道路網（Qhapaq Nan, Andean Road System）
文化遺産（登録基準（ii）（iii）（iv）（vi））　2014年
アリカ・イ・パリナコータ州、アントファガスタ州、アタカマ州
コロンビア／エクアドル／ボリヴィア／ペルー／チリ／アルゼンチン

❼アリカ・イ・パリナコータ州のチンチョーロ文化の集落とミイラ製造法
（Settlement and Artificial Mummification of the Chinchorro Culture in the Arica and Parinacota Region）
文化遺産（登録基準（iii）（v））　2021年 アリカ・イ・パリナコータ州

アルゼンチン共和国 **Argentine Republic**

地方行政管理区分 23州（provinces） 1特別区（autonomous city）
面積 277万km² **人口** 4,389万人 **首都** ブエノスアイレス(289万人) **日本との時差**－12時間
主要言語 スペイン語、英語、伊語、独語、仏語 **宗教** カトリック **通貨** アルゼンチン・ペソ
世界遺産の数 11（自然遺産 5 文化遺産 6 複合遺産 0） **世界遺産条約締約年** 1978年

①**ロス・グラシアレス国立公園**（Los Glaciares National Park）
自然遺産(登録基準(vii)(viii)) 1981年 サンタクルス州

❷**グアラニー人のイエズス会伝道所：サン・イグナシオ・ミニ、ノエストラ・セニョーラ・デ・ロレト、サンタ・マリア・マジョール(アルゼンチン)、サン・ミゲル・ミソオエス遺跡(ブラジル)**
(Jesuit Missions of the Guaranis: San Ignacio Mini, Santa Ana, Nuestra Senora de Loreto and Santa Maria Mayor(Argentina), Ruins of Sao Miguel das Missoes(Brazil))
文化遺産(登録基準(iv)) 1983年／1984年
ミシオネス州 アルゼンチン／ブラジル

③**イグアス国立公園**（Iguazu National Park）
自然遺産(登録基準(vii)(x)) 1984年 ミシオネス州

❹**ピントゥーラス川のラス・マーノス洞窟** (Cueva de las Manos, Rio Pinturas)
文化遺産(登録基準(iii)) 1999年
サンタクルス州

⑤**ヴァルデス半島** (Peninsula Valdes)
自然遺産(登録基準(x)) 1999年 チュプト州

⑥**イスチグアラスト・タランパヤ自然公園群**
(Ischigualasto / Talampaya Natural Parks)
自然遺産(登録基準(viii)) 2000年
サンジュアン州、ラ・リオジャ州

❼**コルドバのイエズス会地区と領地**
(Jesuit Block and Estancias of Cordoba)
文化遺産(登録基準(ii)(iv)) 2000年 コルドバ州

❽**ウマワカの渓谷**（Quebrada de Humahuaca）
文化遺産(登録基準(ii)(iv)(v)) 2003年
フフイ州

❾**カパック・ニャン、アンデス山脈の道路網**
(Qhapaq Nan, Andean Road System)
文化遺産(登録基準(ii)(iii)(iv)(vi)) 2014年
フフイ州、サルタ州、トゥクマン州、カタマルカ州、ラ・リオハ州、サンファン州、メンドーサ州
コロンビア／エクアドル／ボリヴィア／ペルー／チリ／アルゼンチン

❿**ル・コルビュジエの建築作品－近代化運動への顕著な貢献**
(The Architectural Work of Le Corbusier, an Outstanding Contribution to the Modern Movement)
文化遺産(登録基準(i)(ii)(vi)) 2016年
ブエノスアイレス州ラ・プラタ
フランス／スイス／ドイツ／ベルギー／日本／インド／アルゼンチン

⑪**ロス・アレルセス国立公園**
(Los Alerces National Park)
自然遺産(登録基準(vii)(x))
2017年 チュプト州

グラフで見るユネスコの世界遺産

登録物件数上位国

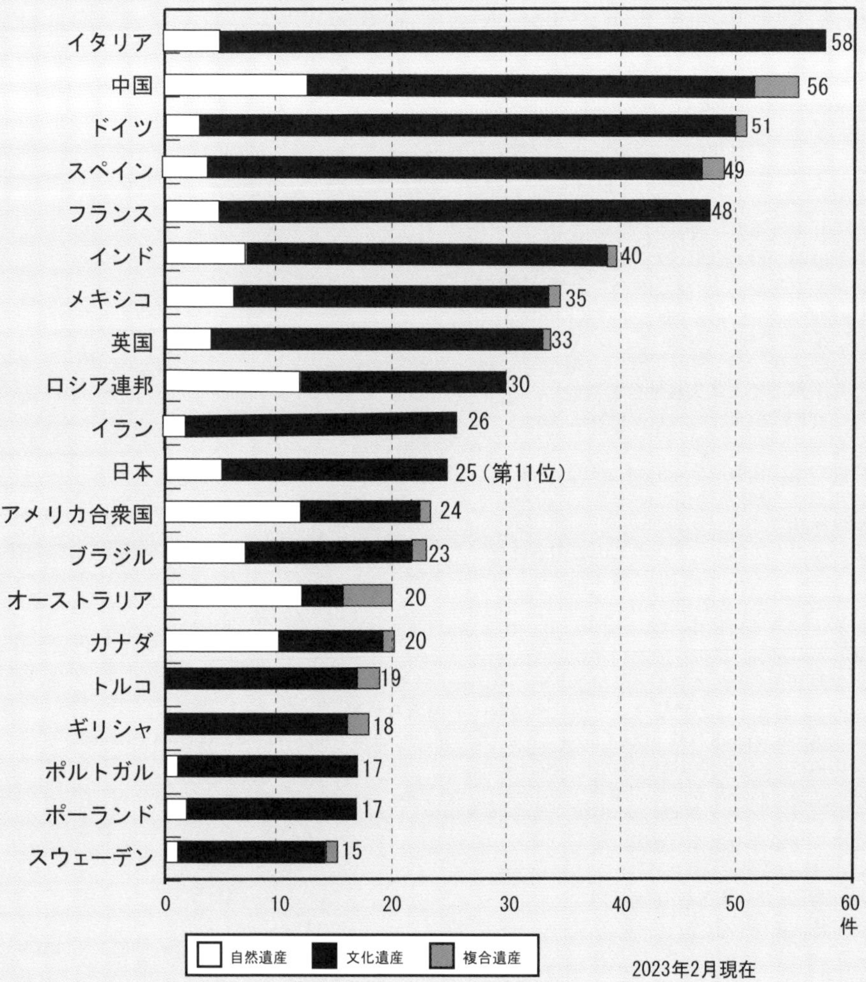

イタリア
中国
ドイツ
スペイン
フランス
インド
メキシコ
英国
ロシア連邦
イラン
日本
アメリカ合衆国
ブラジル
オーストラリア
カナダ
トルコ
ギリシャ
ポルトガル
ポーランド
スウェーデン
58
56
51
49
48
40
35
33
30
26
25（第11位）
24
23
20
20
19
18
17
17
15
0
10
20
30
40
50
60
件
自然遺産
文化遺産
複合遺産

2023年2月現在

索　引

泉州：宋元中国の世界海洋商業・貿易センター
(Quanzhou: Emporium of the World in Song-Yuan China)
第44回世界遺産委員会福州（中国）会議　2021年7月登録
文化遺産　登録基準(iv)
中国　福建省泉州市

国名（167の国と地域）地域別

○自然遺産　●文化遺産　◎複合遺産

〈ヨーロッパ・北米〉

50か国（546物件 ○72 ●478 ◎11）

〈ラテンアメリカ・カリブ〉

28か国（146物件 ○38 ●101 ◎7）

○自然遺産 ●文化遺産 ◎複合遺産

※複数国にまたがる物件をそれぞれの国でカウントしているため、（ ）内の物件数の合計には差異が生じます。

物件名（50音順）

【　ア　】
●アアプラヴァシ・ガート（モーリシャス）……32
●アイアンブリッジ峡谷（英国）……100
●アイガイの考古学遺跡(現在名 ヴェルギナ)（ギリシャ）81
●アイスレーベンおよびヴィッテンベルクにあるルター記念碑（ドイツ）……107
●アイット–ベン–ハドゥの集落（モロッコ）……37
○アイルとテネレの自然保護区（ニジェール）★……24
●アヴィニョンの歴史地区：法王庁宮殿、司教建造物群とアヴィニョンの橋（フランス）……89
●アヴィラの旧市街と塁壁外の教会群（スペイン）……95
●アウクスブルクの水管理システム（ドイツ）……109
●アウシュヴィッツ・ビルケナウのナチス・ドイツ強制・絶滅収容所（1940-1945）（ポーランド）……112
●アガデスの歴史地区（ニジェール）……24
●アクイレリアの考古学地域とバシリカ総主教聖堂（イタリア）……84
●アクスム（エチオピア）……27
○アグテレック・カルストとスロヴァキア・カルストの鍾乳洞群（ハンガリー／スロヴァキア）……114, 115
●アグラ城塞（インド）……52
●アグリジェントの考古学地域（イタリア）……84
●アクルの旧市街（イスラエル）……80
●アシヴィスイットーニピサット、氷と海に覆われたイヌイットの狩猟場（デンマーク）……124
●アジャンター石窟群（インド）……52
●アシャンティの伝統建築物（ガーナ）……23
●アスキアの墓（マリ）★……23
●アスマラ：現代的なアフリカ都市（エリトリア）……27
●アソーレス諸島のアングラ・ド・エロイズモの町の中心地区（ポルトガル）……98
●アタプエルカの考古学遺跡（スペイン）……96
○アツィナナナの雨林群（マダガスカル）★……32
●アッシジの聖フランチェスコのバシリカとその他の遺跡群（イタリア）……84
●アッシュル(カルア・シルカ)（イラク）★……39
●アッパー・スヴァネチ（ジョージア）……128
●アテネのアクロポリス（ギリシャ）……81
◎アトス山（ギリシャ）……81
●アニの考古学遺跡（トルコ）……79
●アハサー・オアシス、進化する文化的景観（サウジアラビア）……41
●アブ・シンベルからフィラエまでのヌビア遺跡群（エジプト）……34
●アフマダーバードの歴史都市（インド）……53
●アブ・ミナ（エジプト）★……34
●アフロディシャス遺跡（トルコ）……79
●アーヘン大聖堂（ドイツ）……107
●アボメイの王宮群（ベナン）……23
●奄美大島、徳之島、沖縄島北部及び西表島（日本）……69
●アマルフィターナ海岸（イタリア）……84
●アミアン大聖堂（フランス）……89
●アムステルダムのシンゲル運河の内側にある17世紀の環状運河地域（オランダ）……103
●アムラ城塞（ヨルダン）……39
●アユタヤの歴史都市（タイ）……55
●アラゴン地方のムデハル様式建築（スペイン）……95
○アラビアン・オリックス保護区（オマーン）<登録抹消物件>……42
●アランフエスの文化的景観（スペイン）……96
●アリカ・イ・パリナコータ州のチンチョーロ文化の集落とミイラ製造法（チリ）……154
●アル・アインの文化遺跡群（ハフィート、ヒリ、ビダー・ビント・サウド、オアシス地域群）（アラブ首長国連邦）……43
●アルカラ・デ・エナレスの大学と歴史地区（スペイン）96
○アルガン岩礁国立公園（モーリタニア）……37
●アルコバサの修道院（ポルトガル）……98
●アルジェのカスバ（アルジェリア）……36
●アル・ズバラ考古学遺跡（カタール）……43
●アルスラーンテペの墳丘（トルコ）……79
○アルタイ・ゴールデン・マウンテン（ロシア連邦）……130
●アルタの岩画（ノルウェー）……122
●アルダビールのシェイフ・サフィール・ディーン聖殿の建築物群（イラン）……45
○アルダブラ環礁（セイシェル）……28
●アルタミラ洞窟とスペイン北部の旧石器時代の洞窟芸術（スペイン）……95
●アルデシュ県のショーヴェ・ポンダルク洞窟として知られるポンダルク装飾洞窟（フランス）……90
●アルビの司教都市（フランス）……90
●アルフェルトのファグス工場（ドイツ）……108
●アルプス山脈周辺の先史時代の杭上住居群（オーストリア／フランス／ドイツ／イタリア／スロヴェニア／スイス）……111, 90, 108, 85, 115, 110
●アルベロベッロのトゥルッリ（イタリア）……83
●アルル、ローマおよびロマネスク様式のモニュメント（フランス）……89
●アレキパ市の歴史地区（ペルー）……149
○アレハンドロ・デ・フンボルト国立公園（キューバ）…143
●アワッシュ川下流域（エチオピア）……27
●安徽省南部の古民居群–西逓村と宏村（中国）……63
●アンコール（カンボジア）……55
●アンジャル（レバノン）……40
●アンティグア海軍造船所と関連考古学遺跡群（アンティグア・バーブーダ）……145
●アンティグア・グアテマラ（グアテマラ）……141
●アンテケラのドルメン遺跡（スペイン）……97
●アントニ・ガウディの作品群（スペイン）……95
●アンボヒマンガの王丘（マダガスカル）……32

【　イ　】
○イヴィンド国立公園（ガボン）……25
●イヴレーア、20世紀の産業都市（イタリア）……85
●イエスの生誕地：ベツレヘムの聖誕教会と巡礼の道（パレスチナ）……40
●イェリング墳丘、ルーン文字石碑と教会（デンマーク）…124
○イエローストーン国立公園（アメリカ合衆国）……134
○イグアス国立公園（アルゼンチン）……155
○イグアス国立公園（ブラジル）……151
○イシマンガリソ湿潤公園（南アフリカ）……31
○イシュケウル国立公園（チュニジア）……35
●イスタンブールの歴史地区（トルコ）……78
○イスチグアラスト・タランパヤ自然公園群（アルゼンチン）……155
○イースト・レンネル（ソロモン諸島）★……71
●イスファハンのイマーム広場（イラン）……45
●イスファハンの金曜モスク（イラン）……46
●イタリアのロンゴバルド族　権力の場所（568～774年）（イタリア）……85
●市場町ベリンゾーナの3つの城、防壁、土塁（スイス）…110
●イチャン・カラ（ウズベキスタン）……48
●厳島神社（日本）……68
◎イビサの生物多様性と文化（スペイン）……96
●イベリア半島の地中海沿岸の岩壁画（スペイン）……96

○自然遺産　●文化遺産　◎複合遺産　★危機遺産

【 ウ 】

【 エ 】

【 オ 】

○自然遺産 ● 文化遺産 ◎ 複合遺産 ★危機遺産

索引

○自然遺産 ● 文化遺産 ◎ 複合遺産 ★危機遺産

【 ケ 】

【 コ 】

○自然遺産 ● 文化遺産 ◎ 複合遺産 ★危機遺産

索引

【 サ 】

【 シ 】

○自然遺産 ● 文化遺産 ◎ 複合遺産 ★危機遺産

索引

【 ス 】

【 セ 】

【 ソ 】

【 タ 】

○自然遺産 ● 文化遺産 ◎ 複合遺産 ★危機遺産

索引

【 チ 】

【 ツ 】

【 テ 】

○自然遺産　●文化遺産　◎複合遺産　★危機遺産

索引

【 ト 】

【 ナ 】

【 ニ 】

【 ネ 】

【 ノ 】

【 ハ 】

○自然遺産 ● 文化遺産 ◎ 複合遺産 ★危機遺産

【 ヒ 】

【 フ 】

○自然遺産　● 文化遺産　◎ 複合遺産　★危機遺産

【ヘ】

【ホ】

○自然遺産　●文化遺産　◎複合遺産　★危機遺産

索引

【 マ 】

【 ミ 】

【 ム 】

【 メ 】

【 モ 】

【 ヤ 】

【 ユ 】

【 ヨ 】

【 ラ 】

○自然遺産 ● 文化遺産 ◎ 複合遺産 ★危機遺産

○自然遺産 ● 文化遺産 ◎ 複合遺産 ★危機遺産

索引

〈著者プロフィール〉

古田 陽久（ふるた・はるひさ　FURUTA Haruhisa）
世界遺産総合研究所 所長

1951年広島県生まれ。1974年慶応義塾大学経済学部卒業、1990年シンクタンクせとうち総合研究機構を設立。アジアにおける世界遺産研究の先覚・先駆者の一人で、「世界遺産学」を提唱し、1998年世界遺産総合研究所を設置、所長兼務。毎年の世界遺産委員会や無形文化遺産委員会などにオブザーバー・ステータスで参加、中国杭州市での「首届中国大運河国際高峰論壇」、クルーズ船「にっぽん丸」、三鷹国際交流協会の国際理解講座、日本各地の青年会議所（JC）での講演など、その活動を全国的、国際的に展開している。これまでにイタリア、中国、スペイン、フランス、ドイツ、インド、メキシコ、英国、ロシア連邦、アメリカ合衆国、ブラジル、オーストラリア、ギリシャ、カナダ、トルコ、ポルトガル、ポーランド、スウェーデン、ベルギー、韓国、スイス、チェコ、ペルー、インドネシア、タイなど68か国、約300の世界遺産地を訪問している。HITひろしま観光大使(広島県観光連盟)、防災士(日本防災士機構)現在、広島市佐伯区在住。

【専門分野】世界遺産制度論、世界遺産論、自然遺産論、文化遺産論、危機遺産論、地域遺産論、日本の世界遺産、世界無形文化遺産、世界の記憶、世界遺産と教育、世界遺産と観光、世界遺産と地域づくり・まちづくり

【著書】「世界の記憶遺産60」(幻冬舎)、「ユネスコ遺産ガイドー世界編ー総合版」、「ユネスコ遺産ガイドー日本編ー総集版」、「世界遺産ガイドー未来への継承編ー」、「世界遺産データ・ブック」、「世界無形文化遺産データ・ブック」、「世界の記憶データ・ブック」、「誇れる郷土データ・ブック」、「世界遺産ガイド」シリーズ、「ふるさと」「誇れる郷土」シリーズなど多数。

【執筆】連載「世界遺産への旅」、「世界記憶遺産の旅」、日本政策金融公庫調査月報「連載『データで見るお国柄』」、「世界遺産を活用した地域振興ー『世界遺産基準』の地域づくり・まちづくりー」（月刊「地方議会人」）、中日新聞・東京新聞サンデー版「大図解危機遺産」、「現代用語の基礎知識2009」(自由国民社) 世の中ペディア「世界遺産」など多数。

【テレビ出演歴】TBSテレビ「ひるおび」、「NEWS23」、「Nスタニュース」、テレビ朝日「モーニングバード」、「やじうまテレビ」、「ANNスーパーJチャンネル」、日本テレビ「スッキリ!!」、フジテレビ「めざましテレビ」、「スーパーニュース」、「とくダネ!」、「NHK福岡ロクいち！」など多数。

【ホームページ】「世界遺産と総合学習の杜」**http://www.wheritage.net/**

世界遺産マップス　ー地図で見るユネスコの世界遺産ー 2023改訂版

2023年（令和5年）2月 28 日　初版 第1刷

著　　者　古田陽久
企画・編集　世界遺産総合研究所
発　　行　シンクタンクせとうち総合研究機構 ©
〒731-5113
広島市佐伯区美鈴が丘緑三丁目4番3号
TEL＆FAX　082-926-2306
電子メール　wheritage@tiara.ocn.ne.jp
インターネット　http://www.wheritage.net
出版社コード　86200

Complied and Printed in Japan, 2023　ISBN978-4-86200-263-1 C1526 Y2727E

発行図書のご案内

世界遺産シリーズ

世界遺産データ・ブック 2022年版 新刊	最新のユネスコ世界遺産1154物件の全物件名と登録基準、位置を掲載。ユネスコ世界遺産の概要も充実。世界遺産学習の上での必携の書。	978-4-86200-253-2 本体 2727円 2021年9月発行
世界遺産事典−1154全物件プロフィール− 2022改訂版 新刊	世界遺産1154物件の全物件プロフィールを収録。 2020改訂版	978-4-86200-254-9 本体 2727円 2021年9月発行
世界遺産キーワード事典 2020改訂版 新刊	世界遺産に関連する用語の紹介と解説	978-4-86200-241-9 本体 2600円 2020年7月発行
世界遺産マップス −地図で見るユネスコの世界遺産 2023改訂版 新刊	世界遺産1157物件の位置を地域別・国別に整理	978-4-86200-263-1 本体 2727円 2023年2月発行
世界遺産ガイド−世界遺産条約採択40周年特集−	世界遺産の40年の歴史を特集し、持続可能な発展を考える。	978-4-86200-172-6 本体 2381円 2012年11月発行
世界遺産フォトス −写真で見るユネスコの世界遺産−	世界遺産の多様性を写真資料で学ぶ。	4-916208-22-6 本体 1905円 1999年8月発行
世界遺産フォトス 第2集−多様な世界遺産−		4-916208-50-1 本体 2000円 2002年1月発行
世界遺産フォトス 第3集−海外と日本の至宝100の記憶−		978-4-86200-148-1 本体 2381円 2010年1月発行
世界遺産入門−平和と安全な社会の構築−	世界遺産を通じて「平和」と「安全」な社会の大切さを学ぶ	978-4-86200-191-7 本体 2500円 2015年5月発行
世界遺産学入門−もっと知りたい世界遺産−	新しい学問としての「世界遺産学」の入門書	4-916208-52-8 本体 2000円 2002年2月発行
世界遺産学のすすめ−世界遺産が地域を拓く−	普遍的価値を顕す世界遺産が、閉塞した地域を拓く	4-86200-100-9 本体 2000円 2005年4月発行
世界遺産概論＜上巻＞＜下巻＞	世界遺産の基礎的事項をわかりやすく解説	上巻 978-4-86200-116-0 下巻 978-4-86200-117-7 2007年1月発行 本体 各 2000円
世界遺産ガイド−ユネスコ遺産の基礎知識−2022改訂版 新刊	混同しやすいユネスコ三大遺産の違いを明らかにする	978-4-86200-256-3 本体 2727円 2021年9月発行
世界遺産ガイド−世界遺産条約編−	世界遺産条約を特集し、条約の趣旨や目的などポイントを解説	4-916208-34-X 本体 2000円 2000年7月発行
世界遺産ガイド −世界遺産条約とオペレーショナル・ガイドラインズ編−	世界遺産条約とその履行の為の作業指針について特集する	978-4-86200-128-3 本体 2000円 2007年12月発行
世界遺産ガイド−世界遺産の基礎知識編− 2009改訂版	世界遺産の基礎知識をQ&A形式で解説	978-4-86200-132-0 本体 2000円 2008年10月発行
世界遺産ガイド−図表で見るユネスコの世界遺産編−	世界遺産をあらゆる角度からグラフ、図表、地図などで読む	4-916208-89-7 本体 2000円 2004年12月発行
世界遺産ガイド−情報所在源編−	世界遺産に関連する情報所在源を各国別、物件別に整理	4-916208-84-6 本体 2000円 2004年1月発行
世界遺産ガイド−自然遺産編− 2020改訂版 新刊	ユネスコの自然遺産の全容を紹介	978-4-86200-234-1 本体 2600円 2020年4月発行
世界遺産ガイド−文化遺産編− 2020改訂版 新刊	ユネスコの文化遺産の全容を紹介	978-4-86200-235-8 本体 2600円 2020年4月発行
世界遺産ガイド−文化遺産編−	1. 遺跡	4-916208-32-3 本体 2000円 2000年8月発行
	2. 建造物	4-916208-33-1 本体 2000円 2000年9月発行
	3. モニュメント	4-916208-35-8 本体 2000円 2000年10月発行
	4. 文化的景観	4-916208-53-6 本体 2000円 2002年1月発行
世界遺産ガイド−複合遺産編− 2020改訂版 新刊	ユネスコの複合遺産の全容を紹介	978-4-86200-236-5 本体 2600円 2020年4月発行
世界遺産ガイド−危機遺産編− 2020改訂版 新刊	ユネスコの危機遺産の全容を紹介	978-4-86200-237-2 本体 2600円 2020年4月発行
世界遺産ガイド−文化の道編−	世界遺産に登録されている「文化の道」を特集	978-4-86200-207-5 本体 2500円 2016年12月発行
世界遺産ガイド−文化的景観編−	文化的景観のカテゴリーに属する世界遺産を特集	978-4-86200-150-4 本体 2381円 2010年4月発行
世界遺産ガイド−複数国にまたがる世界遺産編−	複数国にまたがる世界遺産を特集	978-4-86200-151-1 本体 2381円 2010年6月発行

世界遺産ガイド－日本編－ 2022改訂版 新刊	978-4-86200-252-5 本体2727円 2021年8月発行 日本にある世界遺産、暫定リストを特集
日本の世界遺産 －東日本編－	978-4-86200-130-6 本体2000円 2008年2月発行
日本の世界遺産 －西日本編－	978-4-86200-131-3 本体2000円 2008年2月発行
世界遺産ガイド－日本の世界遺産登録運動－	4-86200-108-4 本体2000円 2005年12月発行 暫定リスト記載物件はじめ世界遺産登録運動の動きを特集
世界遺産ガイド－世界遺産登録をめざす富士山編－	978-4-86200-153-5 本体2381円 2010年11月発行 富士山を世界遺産登録する意味と意義を考える
世界遺産ガイド－北東アジア編－	4-916208-87-0 本体2000円 2004年3月発行 北東アジアにある世界遺産を特集、国の概要も紹介
世界遺産ガイド－朝鮮半島にある世界遺産－	4-86200-102-5 本体2000円 2005年7月発行 朝鮮半島にある世界遺産、暫定リスト、無形文化遺産を特集
世界遺産ガイド－中国編－ 2010改訂版	978-4-86200-139-9 本体2381円 2009年10月発行 中国にある世界遺産、暫定リストを特集
世界遺産ガイド－モンゴル編－ 新刊	978-4-86200-233-4 本体2500円 2019年12月発行 モンゴルにあるユネスコ遺産を特集
世界遺産ガイド－東南アジア諸国編－ 新刊	978-4-86200-262-4 本体3500円 2023年1月発行 東南アジア諸国にあるユネスコ遺産を特集
世界遺産ガイド－ネパール・インド・スリランカ編－	978-4-86200-221-1 本体2500円 2018年11月発行 ネパール・インド・スリランカにある世界遺産を特集
世界遺産ガイド－オーストラリア編－	4-86200-115-7 本体2000円 2006年5月発行 オーストラリアにある世界遺産を特集、国の概要も紹介
世界遺産ガイド－中央アジアと周辺諸国編－	4-916208-63-3 本体2000円 2002年8月発行 中央アジアと周辺諸国にある世界遺産を特集
世界遺産ガイド－中東編－	4-916208-30-7 本体2000円 2000年7月発行 中東にある世界遺産を特集
世界遺産ガイド－知られざるエジプト編－	978-4-86200-152-8 本体2381円 2010年6月発行 エジプトにある世界遺産、暫定リスト等を特集
世界遺産ガイド－アフリカ編－	4-916208-27-7 本体2000円 2000年3月発行 アフリカにある世界遺産を特集
世界遺産ガイド－イタリア編－	4-86200-109-2 本体2000円 2006年1月発行 イタリアにある世界遺産、暫定リストを特集
世界遺産ガイド－スペイン・ポルトガル編－	978-4-86200-158-0 本体2381円 2011年1月発行 スペインとポルトガルにある世界遺産を特集
世界遺産ガイド－英国・アイルランド編－	978-4-86200-159-7 本体2381円 2011年3月発行 英国とアイルランドにある世界遺産等を特集
世界遺産ガイド－フランス編－	978-4-86200-160-3 本体2381円 2011年5月発行 フランスにある世界遺産、暫定リストを特集
世界遺産ガイド－ドイツ編－	4-86200-101-7 本体2000円 2005年6月発行 ドイツにある世界遺産、暫定リストを特集
世界遺産ガイド－ロシア編－	978-4-86200-166-5 本体2381円 2012年4月発行 ロシアにある世界遺産等を特集
世界遺産ガイド－ウクライナ編－ 新刊	978-4-86200-260-0 本体2600円 2022年3月発行 ウクライナにある世界遺産等を特集
世界遺産ガイド－コーカサス諸国編－ 新刊	978-4-86200-227-3 本体2500円 2019年6月発行 コーカサス諸国にある世界遺産等を特集
世界遺産ガイド－アメリカ合衆国編－ 新刊	978-4-86200-214-3 本体2500円 2018年1月発行 アメリカ合衆国にあるユネスコ遺産等を特集
世界遺産ガイド－メキシコ編－	978-4-86200-202-0 本体2500円 2016年8月発行 メキシコにある世界遺産等を特集
世界遺産ガイド－カリブ海地域編－ 新刊	4-86200-226-6 本体2600円 2019年5月発行 カリブ海地域にある主な世界遺産を特集
世界遺産ガイド－中米編－	4-86200-81-1 本体2000円 2004年2月発行 中米にある主な世界遺産を特集
世界遺産ガイド－南米編－	4-86200-76-5 本体2000円 2003年9月発行 南米にある主な世界遺産を特集

世界遺産ガイド-地形・地質編-	978-4-86200-185-6 本体 2500円 2014年5月発行 世界自然遺産のうち、代表的な「地形・地質」を紹介
世界遺産ガイド-生態系編-	978-4-86200-186-3 本体 2500円 2014年5月発行 世界自然遺産のうち、代表的な「生態系」を紹介
世界遺産ガイド-自然景観編-	4-916208-86-2 本体 2000円 2004年3月発行 世界自然遺産のうち、代表的な「自然景観」を紹介
世界遺産ガイド-生物多様性編-	4-916208-83-8 本体 2000円 2004年1月発行 世界自然遺産のうち、代表的な「生物多様性」を紹介
世界遺産ガイド-自然保護区編-	4-916208-73-0 本体 2000円 2003年5月発行 自然遺産のうち、自然保護区のカテゴリーにあたる物件を特集
世界遺産ガイド-国立公園編-	4-916208-58-7 本体 2000円 2002年5月発行 ユネスコ世界遺産のうち、代表的な国立公園を特集
世界遺産ガイド-名勝・景勝地編-	4-916208-41-2 本体 2000円 2001年3月発行 ユネスコ世界遺産のうち、代表的な名勝・景勝地を特集
世界遺産ガイド-歴史都市編-	4-916208-64-1 本体 2000円 2002年9月発行 ユネスコ世界遺産のうち、代表的な歴史都市を特集
世界遺産ガイド-都市・建築編-	4-916208-39-0 本体 2000円 2001年2月発行 ユネスコ世界遺産のうち、代表的な都市・建築を特集
世界遺産ガイド-産業・技術編-	4-916208-40-4 本体 2000円 2001年3月発行 ユネスコ世界遺産のうち、産業・技術関連遺産を特集
世界遺産ガイド-産業遺産編-保存と活用	4-86200-103-3 本体 2000円 2005年4月発行 ユネスコ世界遺産のうち、各産業分野の遺産を特集
世界遺産ガイド-19世紀と20世紀の世界遺産編-	4-916208-56-0 本体 2000円 2002年7月発行 激動の19世紀、20世紀を代表する世界遺産を特集
世界遺産ガイド-宗教建築物編-	4-916208-72-2 本体 2000円 2003年6月発行 ユネスコ世界遺産のうち、代表的な宗教建築物を特集
世界遺産ガイド-仏教関連遺産編 新刊	4-86200-223-5 本体 2600円 2019年2月発行 ユネスコ世界遺産のうち仏教関連遺産を特集
世界遺産ガイド-歴史的人物ゆかりの世界遺産編-	4-916208-57-9 本体 2000円 2002年9月発行 歴史的人物にゆかりの深いユネスコ世界遺産を特集
世界遺産ガイド-人類の負の遺産と復興の遺産編-	978-4-86200-173-3 本体 2000円 2013年2月発行 世界遺産から人類の負の遺産と復興の遺産を学ぶ
世界遺産ガイド-未来への継承編 新刊	4-916208-242-6 本体 3500円 2020年10月発行 2022年の「世界遺産条約採択50周年」に向けて
ユネスコ遺産ガイド-世界編- 総合版 新刊	4-916208-255-6 本体 3500円 2022年2月発行 世界のユネスコ遺産を特集
ユネスコ遺産ガイド-日本編- 総集版 新刊	4-916208-250-1 本体 3500円 2021年4月発行 日本のユネスコ遺産を特集

世界の文化シリーズ

世界遺産の無形版といえる「世界無形文化遺産」についての希少な書籍

世界無形文化遺産データ・ブック 新刊 2022年版	978-4-86200-257-0 本体 2727円 2022年3月 世界無形文化遺産の仕組みや登録されているものを地域別・国別に整理。
世界無形文化遺産事典 2022年版 新刊	978-4-86200-258-7 本体 2727円 2022年3月 世界無形文化遺産の概要を、地域別・国別・登録年順に掲載。

世界の記憶シリーズ

ユネスコのプログラム「世界の記憶」の全体像を明らかにする日本初の書籍

世界の記憶データ・ブック 新刊 2017～2018年版	978-4-86200-215-0 本体 2778円 2018年1月発行 ユネスコ三大遺産事業の一つ「世界の記憶」の仕組みや427件の世界の記憶など、プログラムの全体像を明らかにする日本初のデータ・ブック。

ふるさとシリーズ

誇れる郷土データ・ブック 新刊 ーコロナ後の観光振興ー2022年版	978-4-86200-261-7 本体2727円 2022年6月発行 ユネスコ遺産（世界遺産、世界無形文化遺産、世界の記憶）を活用した観光振興策を考える。「訪れてほしい日本の誇れる景観」も特集。
誇れる郷土データ・ブック ー世界遺産と令和新時代の観光振興ー2020年版	978-4-86200-231-0 本体2500円 2019年12月発行 令和新時代の観光振興につながるユネスコの世界遺産、世界無形文化遺産、世界の記憶、それに日本遺産などを整理。
誇れる郷土データ・ブック ー2020東京オリンピックに向けてー2017年版	978-4-86200-209-9 本体2500円 2017年3月発行 2020年に開催される東京オリンピック・パラリンピックを見据えて、世界に通用する魅力ある日本の資源を都道府県別に整理。
誇れる郷土ガイドー日本の歴史的な町並み編ー	978-4-86200-210-5 本体2500円 2017年8月発行 日本らしい伝統的な建造物群が残る歴史的な町並みを特集
誇れる郷土ガイドー北海道・東北編 新刊	978-4-86200-244-0 本体2600円2020年12月 北海道・東北地方のユネスコ遺産を生かした地域づくりを提言
誇れる郷土ガイドー関東編ー 新刊	978-4-86200-246-4 本体2600円 2021年2月 関東地方のユネスコ遺産を生かした地域づくりを提言
誇れる郷土ガイドー中部編ー 新刊	978-4-86200-247-1 本体2600円 2021年3月 中部地方のユネスコ遺産を生かした地域づくりを提言
誇れる郷土ガイドー近畿編ー 新刊	978-4-86200-248-8 本体2600円 2021年3月 近畿地方のユネスコ遺産を生かした地域づくりを提言
誇れる郷土ガイドー中国・四国編ー 新刊	978-4-86200-243-3 本体2600円2020年12月 中国・四国地方のユネスコ遺産を生かした地域づくりを提言
誇れる郷土ガイドー九州・沖縄編ー 新刊	978-4-86200-245-7 本体2600円 2021年2月 九州・沖縄地方のユネスコ遺産を生かした地域づくりを提言
誇れる郷土ガイドー口承・無形遺産編ー	4-916208-44-7 本体2000円 2001年6月発行 各都道府県別に、口承・無形遺産の名称を整理収録
誇れる郷土ガイドー全国の世界遺産登録運動の動きー	4-916208-69-2 本体2000円 2003年1月発行 暫定リスト記載物件はじめ全国の世界遺産登録運動の動きを特集
誇れる郷土ガイドー全国47都道府県の観光データ編ー 2010改訂版	978-4-86200-123-8 本体2381円 2009年12月発行 各都道府県別の観光データ等の要点を整理
誇れる郷土ガイドー全国47都道府県の誇れる景観編ー	4-916208-78-1 本体2000円 2003年10月発行 わが国の美しい自然環境や文化的な景観を都道府県別に整理
誇れる郷土ガイドー全国47都道府県の国際交流・協力編ー	4-916208-85-4 本体2000円 2004年4月発行 わが国の国際交流・協力の状況を都道府県別に整理
誇れる郷土ガイドー日本の国立公園編ー	4-916208-94-3 本体2000円 2005年2月発行 日本にある国立公園を取り上げ、概要を紹介
誇れる郷土ガイドー自然公園法と文化財保護法ー	978-4-86200-129-0 本体2000円 2008年2月発行 自然公園法と文化財保護法について紹介する
誇れる郷土ガイドー市町村合併編ー	978-4-86200-118-4 本体2000円 2007年2月発行 平成の大合併により変化した市町村の姿を都道府県別に整理
日本ふるさと百科ーデータで見るわたしたちの郷土ー	4-916208-11-0 本体1429円 1997年12月発行 事物・統計・地域戦略などのデータを各都道府県別に整理
環日本海エリア・ガイド	4-916208-31-5 本体2000円 2000年6月発行 環日本海エリアに位置する国々や日本の地方自治体を取り上げる

シンクタンクせとうち総合研究機構

事務局　〒731-5113　広島市佐伯区美鈴が丘緑三丁目４番３号

書籍のご注文専用ファックス　082-926-2306　電子メールwheritage@tiara.ocn.ne.jp